Wolfgang Pasche

Abiturwissen

Deutsch

Literaturgeschichte

Klett Lerntraining

Wolfgang Pasche ist Gymnasiallehrer für Deutsch und Geschichte
in Baden-Württemberg.

Bibliografische Information der Deutschen Nationalbibliothek
Die Deutsche Nationalbibliothek verzeichnet diese Publikation in der Deutschen Nationalbibliografie; detaillierte bibliografische Daten sind im Internet über http://dnb.ddb.de abrufbar.

Auflage 5. 4. 3. 2. | 2013 2012 2011 2010
Die letzten Zahlen bezeichnen jeweils die Auflage und das Jahr des Druckes.
Dieses Werk folgt der neuesten Rechtschreibung und Zeichensetzung.
Ausnahmen bilden Texte, bei denen künstlerische, philologische, lizenzrechtliche oder andere Gründe einer Änderung entgegenstehen.

Internetadresse: www.klett.de/lernhilfen
Umschlaggestaltung: know idea GmbH, Freiburg, mit Franziska Döhler
Umschlagfoto: aboutpixel.de (macka), Berlin
Satz: Klaus Bauer, Bondorf
Reproduktion: Meyle + Müller, Medien-Management, Pforzheim
Druck: Mediahaus Biering GmbH, München
Printed in Germany
ISBN: 978-3-12-929762-9

9 783129 297629

Vorwort

Liebe Abiturientin, lieber Abiturient,

Sie wollen sich gründlich und intensiv mit einem Thema beschäftigen, um eine gute Note zu erzielen. Abiturwissen Deutsch Literaturgeschichte bietet Ihnen dazu besonders übersichtlich den kompletten und ausführlichen Abiturstoff.

Was macht dieses Buch besonders übersichtlich?

1. Die Zeitleisten zu Beginn eines Kapitels geben einen Überblick über die Epochen – Sie kennen dadurch die wichtigsten Autoren und Werke. Seitenverweise führen Sie zu der ausführlichen Darstellung im Buch.
2. Jedes Kapitel beginnt mit einer Kurz-Zusammenfassung. Sie führt in das Thema ein und nennt das Allerwichtigste.

   Eine ausführlichere Zusammenfassung finden Sie am Kapitelende.
3. Querverweise im Text ➛ vernetzen den Stoff und bieten einen vertiefenden Einblick. Alle Querverweise werden zur besseren Übersichtlichkeit am Kapitelende noch einmal separat aufgeführt.
4. Zu den wichtigsten Autoren gibt es Infokästen, auf die mit dem Symbol **S. ...** verwiesen wird.
5. Die wichtigsten Informationen auf den Punkt gebracht finden Sie in der Randspalte als Schnell-Lese-Straße.
6. Sie suchen ein Thema, einen Begriff? Das Stichwortverzeichnis ab S. 206 hilft Ihnen weiter.

Warum können Sie mit diesem Buch so gründlich arbeiten?

1. Der sehr ausführliche Text bietet Ihnen den kompletten Abiturstoff. Definitionen und besonders wichtige Begriffe sind farblich hervorgehoben.
2. Das besondere Extra dieses Buches sind die übersichtlichen Zeitleisten, mit denen Sie im Unterricht und in Prüfungen zeigen können, dass Sie eine sehr gute Note verdient haben.

Viel Erfolg im Abitur wünscht Ihnen

Ihr Klett Lerntraining-Team

Walther von der Vogelweide
Große Heidelberger Liederhandschrift
(Codex Manesse) um 1310

Ich saz uf eime steine
und dahte bein mit beine.
dar uf satzt ich den ellenbogen,
ich hete in mine hant gesmogen
daz kinne und ein min wange.
do dahte ich mir vil ange,
wie man zer welte solte leben.

Ich saß auf einem Stein und hatte
ein Bein über das andere geschlagen.
Darauf hatte ich den Ellenbogen gestütz
und hatte das Kinn und eine Wange
in meine Hand geschmiegt.
Da überlegte ich mir sehr genau,
wie man auf der Welt leben sollte.

Walther von der Vogelweide
→ **s. S. 9**

Die Kulturpolitik Karls des Großen ordnet die Ausbildung der Kleriker neu.
→ **s. S. 8**

Mittelhochdeutsche Zeit
An Kaiser und Fürstenhöfen wird von Laien Literatur für das höfische Publikum vorgetragen.
→ **s. S. 9**

Althochdeutsche Zeit 750 – 1050

Mittelhochdeutsche Zeit 1050 – 1350

Althochdeutsche Zeit
In Klöstern sammeln Kleriker mündliche Überlieferungen und schreiben sie auf. Ein Publikum gibt es nicht.
→ **s. S. 8**

1200 Nibelungenlied
Im Nibelungenlied werden Abenteuer ritterlicher Menschen geschildert, die Herren-, Gottes- und Minnedienst leisten.
→ **s. S. 9**

MITTELALTER UND BAROCK

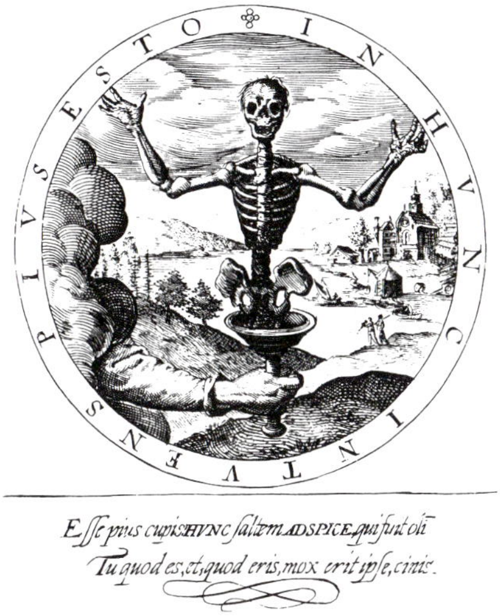

Claude Paradin:
Dévises héroiques. Lyon 1551

Bestandteile des Emblems:
Inscriptio (Aufschrift):
In hunc intuens pius esto! (Schau diesen an und sei fromm!)
Pictura (Bild):
Totengerippe, von der Hand eines wolkenverhüllten Wesens vor das Bild einer Landschaft gehalten.

Subscriptio (Unterschrift):
Deutendes Epigramm:
Esse pius cupis:
Hunc saltem adspice, qui fuit olim, Tu quod es, et, quod eris, mox erit ipse, cinis. (Du willst fromm sein: Sieh dir nur diesen an, der einst war, was du bist, und, was du sein wirst, bald schon selbst sein wird: Asche.)

Neuhochdeutsche Zeit
Bettelmönche und Laien richten sich in Städten an einzelne Leser. Predigten und Schwanksammlungen stehen im Vordergrund.
→ s. S. 9

1618 – 1648 Dreißigjähriger Krieg
Die Erfahrungen des Dreißigjährigen Krieges drücken sich in der Literatur aus. Einer gesteigerten Lebensfreude („carpe diem") stehen Todesängste und die Hoffnung auf das Jenseits („memento mori"/„vanitas") gegenüber.
→ s. S. 10

Neuhochdeutsche Zeit ab 1350

Barock 1600 – 1720

Die Bibelübersetzung von Martin Luther ist der entscheidende Anstoß zur Entstehung einer gemeinsamen deutschen Literatursprache.
→ s. S. 9

1636 Gryphius,
‚Tränen des Vaterlandes'
Das Sonett befasst sich mit den Schrecken des Dreißigjährigen Krieges und der Vergänglichkeit des Menschen.
→ s. S. 10

1669 Grimmelshausen,
‚Der abenteuerliche Simplicissimus Teutsch'
In fünf Büchern wird die Lebensgeschichte eines naiven Bauernjungen erzählt, in der sich viele autobiografische Details des Autors finden.
→ s. S. 14

Mittelalter und Barock

In diesem Kapitel erfahren Sie:

- Die althochdeutsche Literatur (ca. 750–1050) ist im Wesentlichen geistliche Gebrauchsliteratur. Sie hat aber auch germanische Ursprünge.
- Die mittelhochdeutsche Literatur (1050–1350) erreicht ihren Höhepunkt unter der höfisch-ritterlichen Kultur der Stauferkaiser.
- Sie zeigt sich im höfischen Roman (Wolfram von Eschenbach: ‚Parzival'), im Minnesang (Walther von der Vogelweide: Mädchenlieder) und im Heldenepos (Das Nibelungenlied).
- Die Zeit des Barock wird geprägt durch die Erfahrungen des Dreißigjährigen Krieges (1618–1648): Armut, Not, Hunger, Pestepidemien. Ihnen steht die enorme Prachtentfaltung an den absolutistischen Höfen gegenüber.
- Die Literatur des Barock drückt diese Gegensätze aus. Einer gesteigerten Lebensfreunde („carpe diem") stehen Todesängste und die Hoffnung auf das Jenseits („memento mori" / „vanitas") gegenüber. Wichtig werden vor allem Gedichte und der Schelmenroman.

Literatur des Mittelalters

Begriff des Mittelalters von Humanisten geprägt

Die deutsche Literatur ist im Mittelalter entstanden. Mit dem Begriff ‚Mittelalter' (medium aevum) haben die Humanisten der italienischen Renaissance (14./15. Jh.) die Zeit zwischen dem Niedergang der antiken Welt und ihrer Gegenwart bezeichnet. In dieser Übergangszeit hatte die deutsche Literatur den Charakter einer Zwischenwelt zwischen der lateinischen Schriftkultur, für deren Kontinuität die Kirche sorgte, und einer größtenteils verlorenen mündlichen Tradition, die wir nur aus späterer schriftlicher Aufzeichnung kennen. Eine deutsche Hochsprache, wie sie uns vertraut ist, bildete sich erst im Laufe des Mittelalters heraus. Im Hinblick auf die Sprachgeschichte lassen sich drei Phasen unterscheiden:

Deutsche Literatur zwischen lateinischer Schriftkultur und mündlicher Tradition

Die althochdeutsche Zeit (etwa von 750 bis 1050)

Kleriker schreiben überlieferte althochdeutsche Dichtung auf

Am Anfang der althochdeutschen Zeit steht die Kulturpolitik Karls des Großen, der von 768 bis 814 regierte. Er ordnete die Ausbildung der Kleriker und ließ von ihnen aufzeichnen, was noch an althochdeutscher Dichtung in der Überlieferung lebendig war (z. B. das Hildebrandslied).

Die mittelhochdeutsche Zeit (etwa von 1050 bis 1350)

Die zweite Periode, die mittelhochdeutsche Zeit, ist durch die Entstehung einer literarischen Öffentlichkeit im Bereich der volkssprachlichen Dichtung gekennzeichnet. Diese hatte ihren Platz in einer Laienkultur, nicht mehr im Klerus. Sie wurde am Kaiser- oder Fürstenhof vorgetragen, nicht mehr im Kloster, und mündlich verbreitet. Die ‚höfische' Literatur umfasste epische und lyrische Gattungen. Im Heldenepos (z.B. Nibelungenlied, um 1200) und im höfischen Roman (z.B. Wolfram von Eschenbach, 1170–1220, ‚Parzival', Gottfried von Straßburg, um 1200, ‚Tristan und Isolde') fanden Abenteuer (âventiure) ritterlicher Menschen poetische Gestaltung, die Herrendienst (Heeresfolge), Gottesdienst (Hilfe für Schwache, Teilnahme am Kreuzzug) und Minnedienst (Verehrung der Frau, der die Taten gelten) leisteten. Im Minnesang wurde dieser Dienst als Bewährung von Tugenden wie gutem Benehmen (zuht), Selbstbeherrschung (mâze), Pflichttreue (triuwe) und Beständigkeit (staete) besungen. Die Spruchdichtung (z.B. Walther von der Vogelweide, etwa 1170/75 bis um 1230) sprach politische Fragen der Zeit (z.B. Streit zwischen Kaiser und Papst) in kunstvoll gebauten Strophen an. Die dichterische Individualität trat ganz zurück. Dichtung erfüllte die Aufgabe festlicher Selbstdarstellung einer Elite.

Höfische Kultur als Grundlage der mittelhochdeutschen Dichtung

Höfische Literatur umfasst Epik und Lyrik

Herrendienst, Gottesdienst, Minnedienst

Die neuhochdeutsche Zeit (ab etwa 1350)

In der dritten, neuhochdeutschen Zeit bildete sich das Neuhochdeutsche heraus. Der Raum der literarischen Wirksamkeit verlagerte sich zunehmend in die Städte, welche in der Zeit der beginnenden Geldwirtschaft und des aufblühenden Handels an Bedeutung gewannen. In die Städte kamen nun die Prediger der im 13. Jahrhundert neu gegründeten Bettelorden (Franziskaner, Dominikaner), die sich in ihrer Sprache auf ihre Zuhörer einstellten. Schon vor Gutenbergs Erfindung erlaubte der Blockdruck die Verbreitung religiöser Erbauungsliteratur in Billigausgaben. Außerdem gab es in dieser Zeit zahlreiche Sammlungen von Schwänken und unterhaltsamen Geschichten auf Deutsch.

In der neuhochdeutschen Zeit verlagert sich die Literatur in die Städte

Den entscheidenden Anstoß zur Entstehung einer gemeinsamen deutschen Literatursprache gab aber erst Martin Luther (1483–1546) mit seiner Bibelübersetzung und seinen reformatorischen Schriften, die weite Verbreitung fanden. Doch gibt es im 16. Jahrhundert – wenn man von Luther absieht – keine bedeutende Literatur in dieser Sprache. Ja, es setzte nach Luther eine Verwilderung der deutschen Sprache ein. Deshalb beginnt der Barock, die erste literarische Bewegung, die sich als eine einheitliche Epoche deutscher Literatur erkennen lässt, mit Programmen zur Sprachpflege. Ohne deren Erfolg sind die darauf folgenden Epochen nicht denkbar.

Luthers Bibelübersetzung als Anstoß einer gemeinsamen deutschen Literatursprache

Die literarische Epoche des Barock

Sonett ‚Tränen des Vaterlandes' von Andreas Gryphius

Gedichte aus dem Dreißigjährigen Krieg

Von der Dichtung des Barock leben in unserer Erinnerung vor allem noch die Sonette des Andreas Gryphius S. 11, die sich mit den Schrecken des Dreißigjährigen Krieges (1618–1648) und mit der Vergänglichkeit des Menschen und seiner Werke befassen. Am bekanntesten ist wohl das folgende mit dem Titel ‚Tränen des Vaterlandes':

Wir sind doch nunmehr gantz / ja mehr denn gantz verheeret!
Der frechen Völcker Schaar / die rasende Posaun
Das vom Blutt fette Schwerdt / die donnernde Carthaun /
Hat aller Schweiß / und Fleiß / und Vorrath auffgezehret.
Die Türme stehn in Glutt / die Kirch ist umgekehret.
Das Rathauß ligt im Grauß / die Starcken sind zerhaun /
Die Jungfern sind geschänd't / und wo wir hin nur schaun
Ist Feuer / Pest / und Tod / der Hertz und Geist durchfähret.
Hir durch die Schantz und Stadt / rinnt allzeit frisches Blutt.
Dreymal sind schon sechs Jahr / als unser Ströme Flutt /
Von Leichen fast verstopfft / sich langsam fort gedrungen.
Doch schweig ich noch von dem / was ärger als der Tod /
Was grimmer denn die Pest / und Glutt und Hungersnoth /
Das auch der Seelen Schatz / so vilen abgezwungen.

Unbekannte Wörter und Wortdeutungen erschweren das Verständnis

Der Wortlaut macht dem heutigen Leser Schwierigkeiten. So sind die Wörter ‚Carthaun' (3: schweres Geschütz) und ‚Grauß' (6: Staub) nicht mehr gebräuchlich. Das Adjektiv ‚grimm' (13) würde heute ‚grimmig' lauten und eine abweichende Bedeutung haben (‚schmerzlich'). Die Verben ‚sich fortdrängen' (11) und ‚abzwingen' (14) kämen heute in anderem Kontext vor, wo sie etwas anderes bedeuten als „fließen" und „wegnehmen". Statt ‚als' (10) würde es heute ‚seit' heißen. Der Leser muss sich den Text also erst in seine Gegenwartssprache regelrecht ‚übersetzen'.

Beschreibung eines Ganzen durch Aufzählung seiner Teile

Fremd ist dem Leser von heute auch die Dichtersprache von damals, der er die Aussage des ‚lyrischen Ich' entnehmen soll. Der Eingang des Gedichts ist nach dem Prinzip gebaut, eine Sache aus ihren einzelnen Teilen zu beschreiben (enumeratio partium). Diese ‚Sache' ist die Verheerung Deutschlands durch den Krieg, die in Form einer Übertreibung (Hyperbel) genannt wird („ganz, ja mehr als ganz"). Der Krieg ist durch der „Völker Schar", die „Posaune" (das Kriegssignal), das „Schwert" und die Artillerie („Carthaun") charakterisiert. Dieser Krieg hat alles vernichtet, was die Menschen sich erarbeitet und erspart haben

(„Schweiß", „Fleiß" und „Vorrat"). Auch hier wird ein Ganzes (Arbeit) in seinen Teilen vorgestellt. Nach dem gleichen Prinzip ist auch die zweite Strophe (5–8) gebaut, in der die Verwüstung gezeigt wird, die der Krieg in den Städten („Türme", „Kirche", „Rathaus") und bei den Menschen angerichtet hat („Jungfrauen ... geschändet" „die Starken ... zerhauen"). Am Ende erfolgt eine Zusammenfassung in Form eines dreigliedrigen Ausdrucks (Trikolon): „Feuer, Pest und Tod" (8) erfüllen Herz und Geist der Menschen.

Die dritte Strophe (9–11) bringt ein Bild für die Verluste an Leib und Leben („rinnt allzeit frisches Blut") und führt es in einer Steigerung (Klimax) weiter, indem die Zeitangabe ‚allzeit' durch die Nennung der Zeitdauer („dreimal ... sechs Jahre") überhöht und das Bild vom rinnenden Blut dadurch gesteigert wird, dass nun die Fülle der Leichen das Fließen der Ströme behindert (Hyperbel). Mit einer Ausweitung des Verheerungsthemas (amplificatio) geht der Sprecher nun auf die Verheerungen ein, die der Krieg in den Seelen angerichtet hat; gemeint ist die Tatsache, dass viele Menschen dem angestammten Glauben – für Gryphius war es der lutherische – abschwören mussten, wenn sie unter die Herrschaft der anderen, d.h. katholischen Konfession geraten waren. Das hält der Sprecher für schlimmer als Tod, Pest, Brand und Hungersnot (12/3). Denn der „Seelen Schatz" besteht in dem Glauben des Menschen, durch den Kreuzestod Christi erlöst zu sein. Der Krieg ging ja – abgesehen von seinen dynastischen Verwicklungen – darum, ob die Menschen künftig diese Erlösung auf katholische oder protestantische Weise erringen sollten. Die alleinige Wichtigkeit des ewigen Heils ergibt sich für Gryphius aus der Erfahrung, dass alles Irdische der Vergänglichkeit anheim gegeben ist, nicht lange währen wird, auf sein eigenes Ende verweist.

Bildsteigerung

Ausweitung des Themas

Das ewige Heil ist am wichtigsten

Erfahrung der Vergänglichkeit

ANDREAS GRYPHIUS (1616–1664)

- Geboren 2.10.1616 und gestorben 16.7.1664 in Glogau, Schlesien
- Verlor mit 4 Jahren den Vater, mit 12 die Mutter
- War Hauslehrer (1634–1636) und Jurist (ab 1638)
- 1644–1647 Studienreise nach Paris, Florenz, Rom, Venedig, Straßburg, Amsterdam und Stettin
- Ab 1650 diente er dem Fürsten von Glogau als Syndikus der Stände
- Bedeutendster Sonettdichter des 17. Jahrhunderts

Verwendung vorgegebener Bilder (Embleme)

Die Idee, das Thema der Vergänglichkeit auf diese Weise zu behandeln, musste der Dichter nicht selbst erfinden. Er konnte den Gedanken vielmehr der Tradition entnehmen. In vielen Emblembüchern war ein literarischer Motivvorrat gespeichert. Ein Beispiel eines Emblems zum Thema des Gedichts finden Sie auf der Auftaktseite (➤ S. 7).

Sonettform aus der italienischen Literatur übernommen

Die Form des Gedichts, das Sonett, ist aus der italienischen Literatur übernommen. Es besteht aus zwei vierzeiligen Strophen, den ‚Quartetten', und zwei dreizeiligen Strophen, den ‚Terzetten'. Die Verse sind jambische Sechsheber mit Zäsur nach der dritten Hebung, so genannte ‚Alexandriner'. Sie haben in den umschließenden Zeilen 1, 4, 5, 8, 11 und 14 weibliche Endungen (◡ – ◡). Das Reimschema lautet abba abba cce dde.

Der Absolutismus

Territorialherren als eigentliche Sieger des Dreißigjährigen Krieges

In der Literatur des 17. Jahrhunderts spiegelt sich der Dreißigjährige Krieg (1618–1648), die letzte Phase der Auseinandersetzung zwischen den christlichen Konfessionen, zwischen Reformation und Gegenreformation. Doch weder Protestanten noch Katholiken waren Sieger in diesem Krieg. Es wurde lediglich der Augsburger Religionsfriede von 1555 wiederhergestellt, der den Reichsständen die Autonomie in kirchlichen Fragen überließ (Cuius regio, eius religio = „Wer über das Land herrscht, bestimmt die Konfession"). So waren die eigentlichen Gewinner dieses Krieges die absolutistisch regierenden Territorialfürsten. Sie schufen nach französischem Vorbild in ihren Residenzen eine einheitliche Verwaltung, eine zentrale Polizei und Armee sowie einen gesellschaftlichen und kulturellen Mittelpunkt. Infolge dieser Machtkonzentration in der Residenz verlor der Adel größtenteils seine Eigenständigkeit und wurde zum Hofadel. Die Gesellschaft erhielt nun die Struktur einer Pyramide, an deren Spitze der Herrscher steht und in der der gesellschaftliche Rang der Adligen und der im Hofdienst stehenden Bürgerlichen dadurch festgelegt wird, wie nahe jemand dem Herrscher ist. Deshalb wird in der Barockkultur den äußeren Zeichen des Ansehens (Anrede, Titel, Platz bei Feierlichkeiten, Ehrenzeichen auf der Kleidung usw.) ein hoher Wert beigemessen. Wenn sich die Dichtersprache in einer solchen Kultur vorgeprägter Bilder, Wendungen, Themen und Motive bedient, kommt in ihr notwendigerweise nicht individuelles Leben, Denken, Fühlen zum Ausdruck, sondern etwas Allgemeines, das für alle gilt. Sie ist unpersönlich, d. h. sie ist repräsentativ. Nicht was jemand ist, sondern was er bedeutet, findet Beachtung. Das gesellschaftliche Leben ist von Rolle, Maske, Ritual, Zeremoniell, Etikette, Regel und Spielregel bestimmt. Das Leben ist Theater, Vorstellung und Verstellung. Sowohl das Leben bei Hof wie auch das

Die Residenz ist politischer und gesellschaftlicher Mittelpunkt

Barockkultur bestimmt durch äußere Zeichen des Ansehens

Dichtung drückt Allgemeines, nicht Persönliches aus

Das Leben, die Welt als Theater

öffentliche Geschehen in der Stadt sind Schaustellung, Szene. Der Fürst ist sozusagen der erste Schauspieler im Staat. Jeder Blick, jede Geste des Herrschers ist Zeichen, wird beobachtet, befolgt, weitergegeben und hat Auswirkungen auf Karrieren und Lebensschicksale von Untertanen. Diesem System höfischer Repräsentation entspricht genau der repräsentative Charakter der Dichtung, d. h. auch sie ist eine Art von Staatsaktion, indem sie die geltenden Werte, Bedeutungen und Orientierungen zur Sprache bringt, die es den Menschen ermöglichen, die Kultur und die Verhältnisse, unter denen sie leben, trotz Krieg, Pest, Mord und Brand für eine sinnvolle Welt zu halten.

Der Fürst als erster Schauspieler im Staat

In der Prachtentfaltung des Absolutismus mit seinen großartigen Schlossanlagen und aufwendigen Festen hatte auch die Dichtung ihren Platz. Sie diente dem Fürstenlob und der Selbstdarstellung der höfischen Gesellschaft. Niemals wieder haben Dichter so viele öffentliche Aufträge erhalten.

Die Dichtung als Diener der Selbstdarstellung der höfischen Gesellschaft

Diese Gelegenheitsdichtung widerspricht nur vordergründig der religiösen Thematik der beiden in eigener Regie verfassten Gedichte von Gryphius. Denn beides gehört zusammen: Die Welt ist Schein, ist Theater. Die eigentliche Wirklichkeit wartet im Jenseits auf den Menschen.

Autoren und Werke

Die deutschen Barockdichter gehören fast ausnahmslos der kleinen, um 1600 etwa vier von tausend der Bevölkerung ausmachenden Akademikerschicht an, die in der ständischen Ordnung eine Sonderstellung einnahm. Der absolutistische Herrscher war in vielfacher Hinsicht auf ihre Dienste angewiesen.

Die Dichter gehören zu einer exklusiven Akademikerschicht

Wie Andreas Gryphius stammten viele Autoren aus Schlesien. Martin Opitz (1597–1639) stand im diplomatischen Dienst der protestantischen schlesischen Herzöge. **Paul Fleming (1609–1640)** war Arzt und schrieb lateinische und deutsche Gedichte. **Christian Hoffmann von Hofmannswaldau (1617–1679)** war Jurist und Gesandter seiner Vaterstadt Breslau. Die Kirchenlieder des evangelischen Pfarrers **Paul Gerhardt (1607–1676)** und des katholischen Arztes und Priesters **Johann Scheffler (1624–1677)**, den man Angelus Silesius (d. h. ‚Der schlesische Bote') nannte, werden noch heute im Gottesdienst gesungen. **Hans Jakob Christoph von Grimmelshausen (1622–1676)** führte als Soldat ein unruhiges Leben, bis er heiratete, wieder katholisch wurde, eine Schultheißenstelle bekam und zu schreiben begann.

Die dominierende Gattung des Barock war die Lyrik. Neben den ernsten Gedichten gibt es auch die Schäferdichtung (Bukolik). Das sind Rollengedichte, in denen sich die Liebenden in der Maske von Schäfer und Schäferin besingen. Die lyrischen Autoren verfassten aber auch Dramen (Tragödien nach dem Vorbild

Lyrik als dominierende Gattung

des römischen Dichters Seneca, 2–66) und Operntexte, die jedoch heute kaum noch Verwendung finden. Dagegen erregt der Schelmenroman **‚Der abenteuerliche Simplicissimus Teutsch'** von Grimmelshausen (1669) immer noch lebhaftes Interesse. In fünf Büchern wird dort die Lebensgeschichte eines naiven Bauernjungen erzählt, in der sich viele autobiografische Details finden.

Schelmenroman

Alle Querverweise im Überblick:

Gryphius: S. 10 ➛ 11 Personenkasten
Emblembücher: S. 12 ➛ 7

Zusammenfassung:

Mittelalter und Barock

Im Barock beschäftigen sich die Dichter mit den Verheerungen des Dreißigjährigen Krieges, die auf die Hinfälligkeit des Menschen und die Vergänglichkeit aller Dinge hinweisen. Krieg, Zerstörung, Tod und Elend werden aus der Perspektive des christlichen Jenseitsglaubens beurteilt. Weil alles Irdische dazu bestimmt ist zu vergehen, soll der Mensch den Blick auf Gott und die Ewigkeit richten.

Die **literarische Technik** ist durch folgende Mittel bestimmt:
- Darstellung eines Ganzen durch Aufzählung seiner Teile
- Stilmittel der aus der Antike tradierten Rhetorik
- Bilder und Motive aus dem Repertoire der Emblembücher
- Streng geregelte Gedichtform (Sonett).

Die absolutistischen Territorialfürsten konzentrieren ihre Macht in den Residenzen, wo sie Hof halten und eine Kultur der festlichen Selbstdarstellung zelebrieren. Neben Architektur, bildender Kunst, Musik und Tanz trägt auch die Dichtung zu dieser Kultur bei. Sie hat daher öffentlichen Charakter, indem sie Gedanken zum Ausdruck bringt, die von allgemeiner Bedeutung sind, ohne diese als persönliche Äußerung zu kennzeichnen. Die Welt wird als Theater angesehen, als Schein, während die Wahrheit im Jenseits liegt, nur im Glauben zugänglich ist.

Kupferstich von Daniel Chodowiecki zu Lessings ‚Minna von Barnhelm'

Gotthold Ephraim Lessing
Lessing begründet das bürgerliche Trauerspiel als Medium gesellschaftlicher Kritik und politischer Auseinandersetzung.

1767 Minna von Barnhelm
➢ **s. S. 23**

1772 Emilia Galotti
➢ **s. S. 23**

1779 Nathan der Weise
➢ **s. S. 18**

1724 – 1804

1729 – 1781

Immanuel Kant
Kant ermuntert den Menschen sich „aus seiner selbstverschuldeten Unmündigkeit" zu befreien und fordert ihn auf, „sich seines Verstandes ohne Leitung eines anderen zu bedienen". Der Mensch soll über alles nachdenken und sich dabei gegen Bevormundung und Fremdbestimmung wehren.

1781 Kritik der reinen Vernunft
➢ **s. S. 20**

1784 Beantwortung der Frage: Was ist Aufklärung?

1788 Kritik der praktischen Vernunft

„Emilia Galotti". Stahlstich

AUFKLÄRUNG

Die Sultansfamilie mit dem Christensohn und der Judentochter als leiblichen Kindern eines Muslims verkörpert die ‚Menschenfamilie':

„Sind Christ und Jude eher Christ und Jude
Als Mensch? Ah! wenn ich einen mehr in Euch
gefunden hätte, dem es genügt, ein Mensch
zu heißen!" (Nathan der Weise V.1310–13)

Wieland: Geschichte des Agathon
Vorläufer des Entwicklungs- oder Bildungsromans
➛ **s. S. 24**

1730

1766

Gottsched: Versuch einer kritischen Dichtkunst für die Deutschen
Die theoretische Grundlage seiner Theaterreform, die er 1727–1741 durchführte.
➛ **s. S. 24**

Aufklärung

In diesem Kapitel erfahren Sie:

- Die Aufklärung (ca. 1680 – 1800) ist eine Epoche, die in ganz Europa die Literatur und das Geistesleben prägt. Jetzt kommen Ideen wie Toleranz, die Vernunft als oberstes Prinzip des Denkens, Forderungen nach einer freiheitlichen Gesellschaft und radikale Kritik an gesellschaftlichen, staatlichen und kirchlichen Autoritäten auf.
- Die Literatur der Aufklärung wird durch das Drama Lessings bestimmt (‚Nathan der Weise'), aber auch durch lehrreiche Fabeln und Lyrik.

Lessings dramatisches Gedicht ‚Nathan der Weise'

Handlung des Dramas

Die Handlung von Lessings S. 22 Lehrstück in fünf Akten spielt im Jahr 1192 während des dritten Kreuzzuges in Jerusalem:

Dort residiert Sultan Saladin. Er hat mit dem englischen König Richard Löwenherz und dem französischen König Philipp II. August, nachdem ihnen die Einnahme des Hafens Akkon gelungen war, Waffenstillstand geschlossen. Dieser wurde nur von Rittern des Templerordens gebrochen. Einige von ihnen hat Saladin gefangen genommen und hinrichten lassen. Einen hat er allerdings verschont, weil er ihn an seinen verschollenen Bruder Assad erinnerte. Dieser darf sich nun frei in Jerusalem bewegen und verliebt sich in Recha, die Adoptivtochter des reichen Juden Nathan, nachdem er sie aus den Flammen ihres brennenden Hauses gerettet hat. Am Ende stellt sich heraus, dass der Tempelherr und Recha Geschwister und Kinder von des Sultans Bruder Assad sind, der eine Deutsche geheiratet hatte und ihr in ihre Heimat gefolgt war. Er war später im Heiligen Land gefallen. Dieser Familiengeschichte, die nach der Art des analytischen Dramas allmählich aufgedeckt wird, entspricht eine Gleichniserzählung in der Mitte des Stücks, die Geschichte von den drei Ringen. Mit ihr versucht Nathan dem Sultan klarzumachen, warum keine der drei Religionen Judentum, Christenglaube und Islam den Anspruch erheben kann, die absolute Wahrheit zu besitzen. Vielmehr könne sich Wahrheit nur im Handeln des Menschen erweisen, der das Gute tut.

Boccaccios Decamerone als Quelle für die Ringgeschichte

Die Ringgeschichte hatte Lessing in dem Novellenbuch ‚Il Decamerone' von Boccaccio (I 3) gefunden: Ein Ring, dessen Besitz den Erben der wahren Religion kenntlich macht, kommt auf einen Mann, der seine drei Söhne gleichermaßen liebt. Er lässt deshalb noch zwei gleiche Ringe anfertigen, sodass der echte Ring nicht mehr erkannt werden kann.

Lessing deutet die alte Ringparabel auf neue Weise. Diese Deutung hat drei Teile. Der erste betrifft die bisherige Geschichte, in der die drei monotheistischen Religionen Judentum, Christentum und Islam sich jeweils im alleinigen Besitz der Wahrheit wähnten und einander „des falschen Spiels" beschuldigten. Im zweiten Teil erscheint diese Geschichte in der Sicht aufklärerischer Kritik, welche die Selbstbezogenheit der Offenbarungsreligionen tadelt. Diese hat dazu geführt, dass „der Ring" seine „Wunderkraft" nicht entfalten konnte. Im dritten Teil, der von der Zukunft handelt, wird die Konsequenz aus der bisherigen Geschichte der Religionen gezogen. Dabei wird angedeutet, dass diese der Vorsehung Gottes entspricht, der eine „Erziehung des Menschengeschlechts" (➛ S. 20, 33) beabsichtigt, bei der die Echtheitsprobe nicht mehr in dogmatischem Streit, sondern im sittlichen Wettkampf besteht. Gott wollte, „die Tyrannei des einen Rings nicht länger (...) dulden", sondern erwartet von den Menschen, dass „jeder seiner unbestochnen, von Vorurteilen freien Liebe" nacheifre, dem Andersgläubigen mit „Sanftmut", mit „Verträglichkeit" und „Wohltun" begegne und so seine „Ergebenheit in Gott" beweise.

Lessing deutet die Parabel um

Die Tyrannei einer einzigen Religion soll unterbleiben

Die um die Ringerzählung herum angeordnete dramatische Handlung veranschaulicht diese im sittlichen Wettkampf bestehende Echtheitsprobe. Sie beginnt bereits mit Akten der „unbestochenen, von Vorurteilen freien Liebe", wenn der Mohammedaner Saladin den christlichen Tempelherrn freilässt und dieser das Judenmädchen Recha aus den Flammen rettet. Sie schließt damit, dass sich die Angehörigen der verschiedenen Religionen und gesellschaftlichen Stände, der mohammedanische Fürst Saladin, der adlige Christ aus dem Templerorden, der bürgerliche jüdische Kaufmann Nathan usw., als Repräsentanten der einen Menschheitsfamilie umarmen. Und selbst der ‚böse' Mensch, der Patriarch, der Nathan verderben will, muss dem Plan der Vorsehung gehorchen, indem er zur Aufdeckung der verwandtschaftlichen Beziehungen beiträgt. Das Ziel ist nicht die Beseitigung der Unterschiede. Denn der Richter rät dazu, „die Sache völlig" zu belassen, „wie sie liegt", der angestammten Religion treu zu bleiben (V. 2031–35). Das Ziel ist vielmehr Toleranz und Verständigung mit den Angehörigen anderer gesellschaftlicher Gruppen, Stände, Konfessionen, Nationen, denen ja nicht ihre Identität genommen werden darf:

Dramenhandlung veranschaulicht die Ringparabel

Plan der Vorsehung

Toleranz und Verständigung als Ziel

Kann ich von dir verlangen, daß du deine
Vorfahren Lügen strafst, um meinen nicht
zu widersprechen? Oder umgekehrt. (1987–89)

Frage nach dem ‚rechten' Glauben ist falsch gestellt

Die Frage nach dem ‚rechten Glauben', wie sie von der Kirche gestellt wird, ist für die Förderung des menschlichen Zusammenlebens ungeeignet. Die Verständigung beginnt damit, dass nach den „Gründen" gefragt wird, aus denen jemand seine „Geschichte (...) auf Treu und Glauben" annimmt (1976–78), und dass man diese Gründe respektiert, ohne sie selbst zu übernehmen. Am Ende allerdings wird der Mensch die geschichtlich entstandenen Offenbarungsreligionen nicht mehr nötig haben:

„Sie wird gewiß kommen, die Zeit der Vollendung, da der Mensch ... das Gute tun wird, weil es das Gute ist, nicht weil willkürliche Belohnungen darauf gesetzt sind, die seinen flatterhaften Blick ehedem bloß heften und stärken sollten, die innern bessern Belohnungen desselben zu erkennen." (Die Erziehung des Menschengeschlechts § 85)

Die literarische Epoche der Aufklärung

Aufklärung = Zeitalter der Kritik

In einer Anmerkung der Vorrede zur ersten Auflage seiner ‚Kritik der reinen Vernunft' hat der Philosoph Immanuel Kant 1781 die Epoche der Aufklärung folgendermaßen charakterisiert:

„Unser Zeitalter ist das eigentliche Zeitalter der Kritik, der sich alles unterwerfen muß. Religion, durch ihre Heiligkeit, und Gesetzgebung, durch ihre Majestät, wollen sich gemeiniglich derselben entziehen. Aber alsdann erregen sie gerechten Verdacht wider sich und können auf unverstellte Achtung nicht Anspruch machen, die die Vernunft nur demjenigen bewilligt, was ihre freie und öffentliche Prüfung hat aushalten können."

Brisanz der Aufklärung: Alles muss sich vor der Vernunft bewähren

Das Zeitalter der Aufklärung ist dadurch gekennzeichnet, dass sich „alles" der Kritik „unterwerfen muß". Kirche und Staat werden als diejenigen Instanzen angeführt, die sich der Kritik besonders hartnäckig widersetzen. Der Aufbruch aus erstarrten, traditionellen, der Überprüfung bisher entzogenen Bindungen setzte in diesem Zeitalter in ganz Europa auf allen Lebensgebieten ein.

Der Untertan wird zum Bürger

Im absolutistischen Staat war der Mensch auf einen Binnenraum individueller Freiheit beschränkt. Solange der Hof den akademisch gebildeten und literarisch tätigen Bürger in Dienst nahm, behielt dieser Binnenraum seinen privaten Charakter. Im Lauf des 18. Jahrhunderts wurde er jedoch durch die Beschäftigung mit dem aufklärerischen Gedankengut zu einem Raum öffentlichen Diskurses neben und schließlich im Gegensatz zu der von der Obrigkeit kontrollierten Öffentlichkeit. Die Bildung verlagerte sich von den Höfen in die

Bürgerhäuser. Hier wurde im bewussten Gegensatz zu der lockeren Moral, die bei Hofe herrschte, und zu den Intrigen, mit denen man dort Karriere machte, eine Ethik entwickelt, in der Wahrhaftigkeit, Treue und Mitleid als höchste Tugenden galten. Als Weg zu diesem Ziel aber wurde die Aufklärung angesehen, wie sie Immanuel Kant 1783 als „Ausgang des Menschen aus seiner selbstverschuldeten Unmündigkeit" definiert hat. Da er unter Unmündigkeit „das Unvermögen" versteht, „sich seines Verstandes ohne Leitung eines anderen zu bedienen", ist Aufklärung also ein Programm, über alles nachzudenken und sich dabei gegen Bevormundung und Fremdbestimmung zu wehren. Dieses Nachdenken führte auch zu einer Kehre in der Auffassung vom Verhältnis zwischen Staat und Bürger. Während der Mensch im Barockzeitalter die Ordnung der Gesellschaft als vorgegeben akzeptierte und seine Rolle in ihr zu finden suchte, wird nun von der Frage ausgegangen, inwieweit ihm die Gesellschaft, in der er lebt, seine ihm als Mensch zustehenden Rechte, z. B. das Recht auf Gleichstellung, auf Unversehrtheit, auf Meinungsfreiheit, gewährt. Aufklärung hatte so das Streben nach politischer Emanzipation zur Folge.

Aufklärung als Ausgang des Menschen aus seiner selbstverschuldeten Unmündigkeit

Politische Emanzipation

Menschenrechte

Da dem Bürger noch die politischen Möglichkeiten fehlten, seine Ansprüche in direkter Auseinandersetzung mit dem herrschenden Regime zur Geltung zu bringen, artikulierte er sie auf literarische Weise, vor allem auf der Bühne des Theaters, das zwar noch vom Fürsten subventioniert wurde, sich nun jedoch allmählich vom Hoftheater zum Nationaltheater wandelte.

Literatur als Medium politischer Auseinandersetzung

Lessing schuf das bürgerliche Trauerspiel (➤ S. 23 f., 36, 94) als Medium gesellschaftlicher Kritik und politischer Auseinandersetzung. Er beseitigte die Standesklausel, d. h. die Vorschrift, dass in der Tragödie nur Personen hohen Standes auftreten können. Für Lessing sind die „Großen dieser Welt" nur als **Menschen** von Interesse, ein König etwa als Gatte, Vater, Freund, eine Fürstin als Schwester, Freundin, Mutter. Ein hoher Stand verleihe zwar dem Schicksal des Helden größere Dimensionen, wecke jedoch kein Mitleid. Jede gewaltsame Stilisierung wie die Trennung der Stände u. Ä. verhindere die ‚Nachahmung der Natur', in der die Charaktere gemischt, die Stände im Umgang miteinander, die Sprachebenen wechselnd, Handlungen auf Örtlichkeiten und Zeitspannen verteilt sind. Deshalb setzt er der klassizistischen Tragödie das Drama Shakespeares als Vorbild entgegen.

Bürgerliches Trauerspiel als Medium gesellschaftlicher Kritik

Mischung der dramatischen Elemente

Die moralische Wirkung des Theaters wird von Lessing folgendermaßen definiert:

„Die Bestimmung der Tragödie ist diese: sie soll unsere Fähigkeit, Mitleid zu fühlen, erweitern. Sie soll uns nicht bloß lehren, gegen diesen oder jenen Unglücklichen Mitleid zu fühlen, sondern sie soll uns so weit fühlbar machen, daß uns der Unglückliche zu allen Zeiten und unter allen Gestalten rühren und für sich ein-

Wirkung der Tragödie ist die moralische Sensibilisierung dem Mitmenschen gegenüber nehmen muß (...) Der mitleidigste Mensch ist der beste Mensch, zu allen gesellschaftlichen Tugenden, zu allen Arten der Großmut der aufgelegteste. Wer uns also mitleidig macht, macht uns besser und tugendhafter, und das Trauerspiel, das jenes tut, tut auch dieses, oder – es tut jenes, um dieses tun zu können." (An Nicolai, 13. 11. 1756)

Um diese Wirkung zu erreichen, sind nach Lessings Meinung Schlüssigkeit der Handlung, Natürlichkeit der Charaktere und Folgerichtigkeit ihrer Beweggründe und Entscheidungen wichtiger als die Einhaltung der tradierten Regeln.

Autoren

Autoren sind meist Pfarrerssöhne

Die wichtigsten Autoren der Aufklärung neben Lessing sind: **Johann Christoph Gottsched (1700–1766), Christian Fürchtegott Gellert (1715–1769), Christoph Martin Wieland (1733–1813)**. Sie sind fast alle Pfarrerssöhne, die neben anderen Fächern (Jura, Medizin) immer auch Theologie studierten.

Hauslehrer, Lehrstuhl oder Fürstendienst

Auf dem Weg zu einer eigenen Existenz haben sie oft längere Zeit als Hauslehrer gewirkt. Eine dauernde materielle Lebenssicherung wurde entweder auf dem Lehrstuhl einer Universität oder aber im unmittelbaren Fürstendienst erreicht. Die Möglichkeit, als freier Schriftsteller zu existieren, war – wie das Beispiel Lessings zeigt – noch nicht gegeben.

GOTTHOLD EPHRAIM LESSING (1729–1781)

- 22.1.1729 in Kamenz in der Lausitz geboren, besuchte der Pfarrerssohn die Fürstenschule in Meißen
- Studierte in Leipzig Theologie, Philosophie und Medizin, wandte sich gegen den Willen des Vaters dem Theater zu
- 1758 Übersiedlung nach Berlin
- 1767 Dramaturg am Hamburger Nationaltheater
- Begründete das Bürgerliche Trauerspiel
- 1770–1781 Bibliothekar der Herzoglichen Bibliothek in Braunschweig
- 15.12.1781 in Braunschweig gestorben

Werke

Es sind Werk und Persönlichkeit Lessings, die die Aufklärungsepoche in der literarischen Rezeption und auch im Literaturunterricht der Schule lebendig halten. Als Kritiker trug er entscheidend zur Entwicklung der Dichtungslehre und Ästhetik des 18. Jahrhunderts bei. Als Dramatiker gelang ihm die Schaffung eines deutschen bürgerlichen Schauspiels, das seine englischen und französischen Vorbilder übertraf. Als theologischer Schriftsteller begründete er die moderne Religionsphilosophie. Als einer der Ersten versuchte er die Existenz eines ‚freien Schriftstellers' zu führen. Der Versuch scheiterte, weil das Bürgertum weder ökonomisch noch politisch in der Lage war, eine solche Existenz zu ermöglichen, wie es in England und Frankreich bereits der Fall war. Doch hat kein anderer Autor die publizistischen Medien im Bereich der neu gebildeten ‚bürgerlichen Öffentlichkeit' unter teilweiser Umgehung der Zensur so konsequent und wirksam zur Aufklärung seines Zeitalters zu nutzen verstanden.

Lessings überragende Bedeutung

Lessing: ‚Minna von Barnhelm oder Das Soldatenglück', Lustspiel (1767)

Im Siebenjährigen Krieg (1756–63) stand Sachsen auf der Seite Österreichs und wurde von den Preußen besetzt. Einer ihrer Offiziere streckte einer besetzten Stadt aus eigenen Mitteln die Kriegskontribution vor. Diese Tat fand die Bewunderung eines sächsischen Edelfräuleins. Die beiden verlobten sich. Nach dem Krieg wurde Major von Tellheim abgedankt und der Kollaboration verdächtigt. Da er auch verarmt war, meinte er, seiner Braut Minna von Barnhelm nicht mehr würdig zu sein, und kehrte nach Berlin zurück. Minna aber reiste ihm nach und überzeugte ihn davon, dass ihre Liebe wichtiger sei als sein übertriebener Ehrenstandpunkt. Minnas Ring-Intrige entspricht noch den Kunstmitteln der klassizistischen Komödie, doch sind die Figuren nicht mehr als Typen, sondern als Charaktere gezeichnet. Auch in der Thematik wird das Muster überwunden, da der Inhalt eng an die historische Situation gebunden ist: „Die Anmut und Liebenswürdigkeit der Sächsinnen überwindet den Wert, die Würde, den Starrsinn der Preußen", wie Goethe in ‚Dichtung und Wahrheit' (7. Buch) bemerkt.

Ein ernsthaftes Lustspiel zeigt versöhnlich, aber nicht unkritisch die Misere der Untertanen nach dem Krieg der Fürsten

Lessing: ‚Emilia Galotti', bürgerliches Trauerspiel (1772)

Lessings Quelle ist eine Erzählung des römischen Historikers Livius (III, 44–48) von Virginia, die von ihrem Vater getötet wurde, damit sie nicht ein Opfer der Zudringlichkeit des damals regierenden Appius Claudius werde. Der Tat folgte ein Volksaufstand, der zur Vertreibung des Tyrannen führte. Der politische Rahmen entfällt hier. Die Handlung wird in das zeitgenössische Italien

Aufklärung über die politischen Zustände unter dem Absolutismus verlegt. Der Prinz von Guastalla lässt den Grafen Appiani ermorden und dessen Verlobte Emilia auf sein Lustschloss bringen. Emilia, die nicht ganz sicher ist, ob sie den Verführungskünsten des Prinzen standhalten würde, bittet den Vater, dass er sie töte und so ihre Ehre bewahre. Die Gräfin Orsina, die frühere Geliebte des Prinzen, hatte Galotti den Dolch in die Hand gegeben (IV, 7), damit er den Verführer töten könne. Doch dieser wagt es nicht, den Einbruch des Fürsten in seine Privatsphäre und dessen Missachtung der bürgerlichen Tugend zu rächen. Er meint, es bleibe nur der Weg, dem fürstlichen Begehren den Gegenstand seiner Lust wegzunehmen. So tötet er seine Tochter statt des Prinzen. Die Unschuldigen sterben in diesem Stück, die Schuldigen bleiben am Leben. So wird die Ungerechtigkeit des Machthabers und seiner Helfer herausgestellt und dadurch ‚Aufklärung' über das absolutistische Herrschaftssystem geleistet.

Johann Christoph Gottsched (1700–1766): Versuch einer kritischen Dichtkunst für die Deutschen (1730): Theoretische Grundlage seiner Theaterreform, die er 1727–1741 im Bündnis mit der Neuberin, der Leiterin einer Schauspieltruppe, durchführte.

Christian Fürchtegott Gellert (1715–1769): Fabeln und Erzählungen, eines der beliebtesten und meistgelesenen Bücher der Aufklärung.

Christoph Martin Wieland (1733–1813): Geschichte des Agathon (1766 f.), Vorläufer des Entwicklungs- oder Bildungsromans, d. h. jener Gattung, die die psychologisch folgerichtige Entfaltung eines Menschen aus seinen Anlagen und Erfahrungen schildert, aufgrund derer er in mannigfachen Auseinandersetzungen mit seiner gesellschaftlichen Umwelt zur harmonischen Persönlichkeit heranreift (vgl. Goethes ‚Wilhelm Meister').

Alle Querverweise im Überblick:

„Erziehung des Menschengeschlechts": S. 19 ➤ 20, 33
Bürgerliches Trauerspiel: S. 21 f. ➤ 23 f., 36, 94

Zusammenfassung:

Aufklärung

Die Epoche der Aufklärung wird durch **neue Themen** geprägt: **Toleranzgebot**, **Humanitätsidee**, kritische Überprüfung der traditionellen Antworten, Spannung zwischen bürgerlicher Moral und adliger Standesethik, Vernunftreligion in Konkurrenz zu kirchlicher Offenbarungsreligion, Nachdenken über den absolutistischen Staat und die Menschenrechte. **Die Literatur bekommt eine didaktische Aufgabe**.

Dominierende Gattungen sind das Drama, lehrhafte Kleinformen (Fabel, Beispielerzählung, Lehrgedicht) und Lehrschriften zu literarischen und religiösen Problemen.

Lessings Drama „Nathan der Weise" veranschaulicht die Ideen der Aufklärung. Die Angehörigen der verschiedenen Religionsgemeinschaften, Nationen und Stände sollen sich in ihrer Andersartigkeit gegenseitig respektieren (Toleranzgebot) und sich als Menschen miteinander verständigen (Humanitätsidee). Sie sollen sich **nicht im Besitz der Wahrheit wähnen**, sondern sich im **Gebrauch** ihrer **Vernunft** um Erkenntnis der Wahrheit bemühen (Gedanke der Kritik). Religion besteht nicht aus Dogmen, die fraglos angenommen werden müssen, sondern verwirklicht sich im sittlichen Empfinden und Handeln (Vorrang der Moral). Dabei wird von der Vorstellung einer durch die Vorsehung geordneten Welt ausgegangen (Haltung des Optimismus). Die Diskrepanz zwischen der verbesserungswürdigen historischen Wirklichkeit und dem geschichtsphilosophischen Ziel zu überwinden, wird als Aufgabe des Menschen angesehen (Erziehungsgedanke). Der Schriftsteller hat bei der Bewältigung dieser Aufgabe eine wichtige Rolle zu spielen (Auffassung von der didaktischen Funktion von Literatur).

Die Aufklärung ist das „**eigentliche Zeitalter der Kritik**" (Kant), der sich nunmehr auch Kirche und Staat ausgesetzt sehen. Die traditionellen Bindungen lösen sich auf. Auf der Grundlage des Empirismus (experimentelle Methode) und des Rationalismus (Logik, Mathematik) beginnt der Siegeszug der modernen Naturwissenschaften. Eine Vernunftreligion (Deismus) tritt in Konkurrenz zu der von der Kirche verkündeten Offenbarungsreligion. Mit ihr ist der Optimismus verbunden, in der „besten aller möglichen Welten" zu leben (Leibniz).

Das **Bürgertum entwickelt ein neues Selbstverständnis** (Vernunftethik vs. adlige Standesethik). Es schafft sich in der Literatur eine eigene Öffentlichkeit in Konkurrenz zur amtlichen Öffentlichkeit des absolutistischen Staates, in der es sich auf seine politischen Rechte (Menschenrechte; Widerstand gegen ungerechte Herrschaft) besinnt.

Das Theater wird zum Medium dieser Selbstbesinnung. In seiner Kritik an Gottsched schafft Lessing das ‚**bürgerliche Trauerspiel**', mit dem er Mitleid erregen und die Menschen moralisch bessern will. Bei den literarischen Techniken behält Lessing für das Drama Gottscheds Fünfaktschema bei, wählt aber den Blankvers (reimloser Fünfakter) oder Prosa statt des Alexandriners für die Figurenrede. Der Vers kann auf mehrere Sprecher verteilt sein, d.h. es wird nicht mehr deklamiert, sondern man spricht miteinander. Die Sprache hält sich (im Gegensatz zum barocken Sprachschmuck) auf einer mittleren Stilebene, soll für jedermann verständlich sein.

Johann Wolfgang von Goethe
Durch die Begegnung des jungen Goethe mit dem nur fünf Jahre älteren Herder 1770/71 in Straßburg bekommt die Sturm und Drang-Bewegung den entscheidenden Anstoß.

1773 Götz von Berlichingen
→ **s. S. 35**

1774 Die Leiden des jungen Werther
→ **s. S. 28**

1774 Urfaust
→ **s. S. 35**

1749 – 1832

Friedrich Schiller
Um den jungen Schiller bildet sich in Schwaben ein Kreis junger Dichter, die das zweite Zentrum des Sturm und Drang bilden.

1781 Die Räuber
→ **s. S. 36**

1784 Kabale und Liebe
→ **s. S. 36**

1759 – 1805

Grabenheim bei Wetzlar, Goethes „Walheim". Nach einer Zeichnung von Carl Stuhl.

„So vertraulich, so heimlich hab' ich nicht leicht ein Plätzchen gefunden, und dahin lass' ich mein Tischchen aus dem Wirtshause bringen und meinen Stuhl, trinke meinen Kaffee da, und lese meinen Homer."
(Werther, am 26. Mai 1771)

STURM UND DRANG

Schiller: ‚Kabale und Liebe'. Kupferstich aus der ‚Minerva', 1819, von J.H. Ramberg

1751 – 1792

Jakob Michael Reinhold Lenz
Während Goethe und Schiller aus der Schaffensperiode des ‚Sturm und Drang' herausfinden, zerbricht Lenz an ihr. Er erkrankt mit 26 an einer Schizophrenie und wird nur 41 Jahre alt.

1774 Der Hofmeister oder Vorteile der Privaterziehung
➢ **s. S. 37**

Sturm und Drang

In diesem Kapitel erfahren Sie:

- Der Sturm und Drang (ca. 1770–1789) ist eine Epoche, die nach dem gleichnamigen Schauspiel (1776) von Friedrich Maximilian Klinger bezeichnet wird.
- In ihr rebellieren junge Autoren gegen erstarrte gesellschaftliche Konventionen und den Rationalismus der Aufklärung.
- Es sind vor allem Dramen, in denen diese Ideen zum Ausdruck kommen. Goethes Briefroman ‚Werther' bleibt dagegen singulär.

Goethe: ‚Die Leiden des jungen Werther' (1774)

Ein europäischer ‚Bestseller' des 18. Jahrhunderts

Der ‚Werther' war Goethes größter Bucherfolg. Die Erstfassung von 1774 erreichte bis 1790 dreißig, die Zweitfassung von 1787 bis zu seinem Tode fünfundzwanzig Auflagen. 1775 wurde das Buch ins Französische, 1779 ins Englische, 1781 ins Italienische übersetzt. Überall in Europa kannte man Goethe als Verfasser des ‚Werther' (➛ S. 193). Dieser Erfolg beruhte darauf, dass Goethe hier dem Lebensgefühl einer ganzen Generation Ausdruck gegeben hat:

Eine gescheiterte Existenz als Romanheld

In der Rolle des Ich-Erzählers schüttet der Briefschreiber, ein junger literarisch gebildeter und künstlerisch interessierter Mann, dem Leser sein Herz aus. Er scheitert mit der Kraft seiner Gefühle und der Leidenschaft seiner Empfindungen an dem Widerstand, den die Welt ihm entgegensetzt. Er lebt in keiner dauerhaften Beziehung, die ihn trägt und hält, sondern ist ganz allein mit seiner hoffnungslosen Liebe zu einer Frau, die einem anderen gehört. Nachdem er auch beruflich gescheitert ist, vermag er keinen anderen Sinn in seinem Leben mehr zu entdecken als diese Liebe und geht angesichts ihrer Hoffnungslosigkeit freiwillig aus der Welt.

Überwindung einer eigenen Lebenskrise durch literarische Gestaltung

Von besonderer Bedeutung ist der Umstand, dass hier ein Autor sich aus einer eigenen Lebenskrise dadurch befreit hat, dass er sie literarisch gestaltete. Eines seiner Gestaltungsmittel ist eine neue Sprache der Leidenschaft mit zahlreichen Wiederholungen, Ausdruckshäufungen, Ellipsen (griech. = Auslassung), Steigerungen usw. Ein Beispiel aus dem Abschiedsbrief Werthers an Lotte:

„Jetzt noch mein, dein! dein, o Geliebte! Und einen Augenblick – getrennt, geschieden – vielleicht auf ewig? – Nein, Lotte, nein – Wie kann ich vergehen? Wie kannst du vergehen? Wir sind ja! – Vergehen! – (...) Tot, Lotte, eingescharrt der kalten Erde, so eng! so finster! – (...) Ich stürzte neben das Grab hin – ergriffen, erschüttert, geängstet, zerrissen mein Innerstes, aber ich wußte nicht, wie mir geschah – wie mir geschehen wird – Sterben! Grab! Ich verstehe die Worte nicht!"

Sprache des Herzens statt Sprache der Vernunft

Die Erregtheit Werthers, die der Autor zum Ausdruck bringen will, spiegelt sich in der Häufung von Gedankenstrichen. Doch ist diese Passage Teil einer wohl überlegten Komposition, die auf der Einteilung in zwei Bücher beruht, die einander in einer Fülle von Details entsprechen:

Gegenüberstellung von Entsprechungen als Kompositionsprinzip

Während im ersten Buch, das von der Jugend- und Glücksphase Werthers handelt, die Ich-Erzählsituation vorherrscht, ist das zweite Buch um die auktoriale Perspektive eines Herausgeberberichts erweitert, in der Werthers Schicksal als Krankengeschichte erscheint. So wird die Geschichte zuerst von innen und dann von außen erzählt. Während die Handlung zunächst gelassen dahergeht, nimmt sie an Tempo immer mehr zu, um schließlich – nach dem Ritardando der Ossian-Einlage – in die Katastrophe herabzustürzen. Der einleitende Teil des ersten Buches zeigt Werthers Gegensatz zur bürgerlichen Welt, der des zweiten Buches sein Versagen im höfischen Dienst. Damit wird der andere Strang der Erzählung deutlich, der neben der Liebeshandlung herläuft.

Anteilnahme und Distanz

Durch diese literarische Technik wird die Geschichte immer in der Schwebe zwischen tiefer Anteilnahme an einem problematischen Menschen und kühler Diagnostik gehalten, werden die Einzelheiten zur Aussage von Werthers Weltsicht und zum Krankheitssymptom zugleich.

Diese Weltsicht, die Goethe selber geteilt und von der er sich durch ihre literarische Darstellung zugleich distanziert hatte, wird an vielen Stellen des ‚Werther' zur Sprache gebracht, z. B. in dem Brief vom 26. 5. 1771:

Eine Schlüsselstelle für die Weltsicht des ‚Sturm und Drang'

„Ungefähr eine Stunde von der Stadt liegt ein Ort, den sie Wahlheim nennen. Die Lage an einem Hügel ist sehr interessant, und wenn man oben auf dem Fußpfade zum Dorf herausgeht, übersieht man auf einmal das ganze Tal. Eine gute Wirtin, die gefällig und munter in ihrem Alter ist, schenkt Wein, Bier, Kaffee; und was über alles geht, sind zwei Linden, die mit ihren ausgebreiteten Ästen den kleinen Platz vor der Kirche bedecken, der ringsum mit Bauernhäusern, Scheuern und Höfen eingeschlossen ist. So vertraulich, so heimlich hab' ich nicht leicht ein Plätzchen gefunden, und dahin lass' ich mein Tischchen aus dem Wirtshause bringen und meinen Stuhl, trinke meinen Kaffee da, und lese meinen Homer. Das erstemal, als ich durch einen Zufall an einem schönen Nachmittage unter die Linden kam, fand ich das Plätzchen so einsam. Es war alles im Felde; nur ein Knabe von ungefähr vier Jahren saß an der Erde und hielt ein anderes, etwa halbjähriges, vor ihm zwischen seinen Füßen sitzendes Kind mit beiden Armen wider seine Brust, so daß er ihm zu einer Art von Sessel diente, und ungeachtet der

Munterkeit, womit er aus seinen schwarzen Augen herumschaute, ganz ruhig saß. Mich vergnügte der Anblick: ich setzte mich auf einen Pflug, der gegenüber stand, und zeichnete die brüderliche Stellung mit vielem Ergetzen. Ich fügte den nächsten Zaun, ein Scheunentor und einige gebrochene Wagenräder bei, alles wie es hinter einander stand, und fand nach Verlauf einer Stunde, daß ich eine wohlgeordnete, sehr interessante Zeichnung verfertigt hatte, ohne das mindeste von dem Meinen hinzuzutun. Das bestärkte mich in meinem Vorsatze, mich künftig allein an die Natur zu halten. Sie allein ist unendlich reich und sie allein bildet den großen Künstler. Man kann zum Vorteile der Regeln viel sagen, ungefähr was man zum Lobe der bürgerlichen Gesellschaft sagen kann. Ein Mensch, der sich nach ihnen bildet, wird nie etwas Abgeschmacktes und Schlechtes hervorbringen, wie einer, der sich durch Gesetze und Wohlstand modeln läßt, nie ein unerträglicher Nachbar, nie ein merkwürdiger Bösewicht werden kann; dagegen wird aber auch alle Regel, man rede was man wolle, das wahre Gefühl von Natur und den wahren Ausdruck derselben zerstören! Sag' du: ‚Das ist zu hart! sie schränkt nur ein, beschneidet die geilen Reben' etc. – Guter Freund, soll ich dir ein Gleichnis geben? Es ist damit wie mit der Liebe. Ein junges Herz hängt ganz an einem Mädchen, bringt alle Stunden seines Tages bei ihr zu, verschwendet alle seine Kräfte, all sein Vermögen, um ihr jeden Augenblick auszudrücken, daß er sich ganz ihr hingibt. Und käme da ein Philister, ein Mann, der in einem öffentlichen Amte steht, und sagte zu ihm: ‚Feiner junger Herr! Lieben ist menschlich, nur müßt Ihr menschlich lieben! Teilet Eure Stunden ein, die einen zur Arbeit, und die Erholungsstunden widmet Eurem Mädchen. Berechnet Euer Vermögen, und was Euch von Eurer Notdurft übrig bleibt, davon verwehr' ich Euch nicht, ihr ein Geschenk, nur nicht zu oft, zu machen, etwa zu ihrem Geburts- und Namenstage' etc. – Folgt der Mensch, so gibt's einen brauchbaren jungen Menschen, und ich will selbst jedem Fürsten raten, ihn in ein Kollegium zu setzen; nur mit seiner Liebe ist's am Ende, und wenn er ein Künstler ist, mit seiner Kunst. O meine Freunde! warum der Strom des Genies so selten ausbricht, so selten in hohen Fluten hereinbraust, und eure staunende Seele erschüttert? – Liebe Freunde, da wohnen die gelassenen Herren auf beiden Seiten des Ufers, denen ihre Gartenhäuschen, Tulpenbeete und Krautfelder zugrunde gehen würden, die daher in Zeiten mit Dämmen und Ableiten der künftig drohenden Gefahr abzuwehren wissen."

Goethe kennzeichnet hier die Weltsicht der ‚Sturm-und-Drang-Generation' durch folgende Merkmale:

Elemente der Weltsicht des ‚Sturm und Drang'

- durch die **Themen** Freundschaft, Liebe und Familie, die den Werten des gesellschaftlichen Lebens in der Stadt entgegengesetzt werden, (Themen)
- durch eine neue, gefühlsbetonte, die Fesseln bürgerlicher Vernunftethik sprengende Erlebnisweise der **Liebe** (40–56), (Liebeserlebnis)
- durch eine bis dahin unbekannte, auf Einfühlung beruhende Erfahrung der **Natur**, wozu auch die Idealisierung der patriarchalischen Welt gehört, wie sie Werther auf dem Lande erlebt, (Verhältnis zur Natur)
- durch ein dem Regelwerk der herrschenden Lehre zuwiderlaufendes Verständnis von **Kunst und Literatur** (27–38), (Keine Regeln für den Dichter)
- durch eine heftige **Kritik an** den Zuständen **der Gesellschaft** und die Bewertung gesellschaftlicher Pflichten als Einengung der individuellen Entfaltungsmöglichkeiten (47–63), (Kritik an der Gesellschaft)
- durch das Leitbild vom „Strom des Genies" (57), dem der Mensch bei seiner **Selbstverwirklichung** zu folgen habe und womit er die „staunende Seele" seiner Mitmenschen „erschüttert" (59), statt sich nach ihrer Nützlichkeitsmoral zu einem „brauchbaren jungen Menschen" zu entwickeln (54). („Strom des Genies" statt Nützlichkeitsethik)

Zugleich legt der Autor dem Briefschreiber einen Hinweis auf die negativen Seiten dieser Weltsicht in den Mund, wenn dieser von der „drohenden Gefahr" spricht, die solche Selbstverwirklichung mit sich bringt. Denn sie kann zur **Zerstörung jeglicher menschlichen Ordnung**, nämlich zur Überschwemmung der „Gartenhäuschen, Tulpenbeete und Krautfelder" führen (59–64). Die Form des Briefromans übernahm Goethe aus der Literatur der ‚Empfindsamkeit', die ihren Namen dem Roman ‚Sentimental Journey' von Laurence Sterne (1768) verdankt. Diese hatte sich gegen die einseitige Hochschätzung des Verstandes durch viele Aufklärer gewandt, indem sie Naturschwärmerei und Gefühlsseligkeit dagegensetzte.

Gefahr einer Zerstörung der Ordnung

Die literarische Epoche des ‚Sturm und Drang'

Goethes Begegnung mit Herder

Die literarische Bewegung, die durch die Begegnung des jungen Goethe mit dem nur fünf Jahre älteren Herder 1770/71 in Straßburg den entscheidenden Anstoß bekam, wurde später nach dem Titel eines Dramas von Klinger ‚Sturm und Drang' genannt. In ihr wenden junge Künstler die kritische Fähigkeit, welche die Aufklärung in den Gebildeten und literarisch Schaffenden ihrer Zeit geweckt hatte, gegen die Aufklärung selbst. Dadurch wurden die Positionen der Aufklärung in vier Bereichen korrigiert.

Der neue Naturbegriff

Naturbegriff als Symbol für die Harmonie aller Dinge und Wesen

Für die bürgerlichen Philosophen und Schriftsteller der Aufklärung war der Naturbegriff das Symbol für die verborgene Harmonie, die sie zwischen allen Bereichen der Wirklichkeit, geistigen wie materiellen, annahmen. Sie glaubten, jeder vernunftbegabte Mensch könne diese allgemeine Ordnung erkennen und sich in seinem Handeln nach ihren Regeln richten. Gegen den naiven Optimismus, der in dieser Auffassung enthalten war, wandte sich Jean-Jacques Rousseau (1712–1778) mit dem Hinweis auf die Widersprüche, die allenthalben festzustellen seien. So könne man zwar eine allgemeine Ordnung im Bereich der Naturgesetzlichkeiten beobachten, wie sie die Physik erforscht hat, doch erweise sich die menschliche Gesellschaft als unharmonisch, ungerecht und unvernünftig. Ging die Aufklärung davon aus, dass sich der Mensch zunehmend vervollkommnen werde, wenn er der Vernunft, d. h. der Stimme der Natur, folge, so kehrt Rousseau dieses Verhältnis in das Gegenteil um: Der Mensch sei als natürliches Wesen gut, schlecht und unnatürlich sei die Gesellschaft. Das Vernunftprinzip fordere deshalb eine Rückkehr in den natürlichen, vorgesellschaftlichen Zustand, also die Abwendung von der Unvernunft der vielen Vorschriften, Regeln und Traditionen, die überall die freie Entfaltung des Menschen behinderten (➝ S. 187).

Rousseau weist auf Widersprüche hin

Einengung durch Regeln und Traditionen ist unnatürlich

Die Auffassung vom Künstler als ‚Genie'

Künstler soll der Natur, nicht der Tradition folgen

Während im Barock und in der Aufklärung das Dichten als eine lern- und lehrbare Kunst galt, die nach Regeln vorgeht und sich nach Vorbildern, vor allem aus der antiken Literatur, richtet, wird sie nun als eine Sache der schöpferischen Eigenständigkeit angesehen. Regeln und Vorbilder habe zwar derjenige nötig, der dichten wolle, dem aber das ‚Genie' fehle, für den wahren Dichter seien sie Hindernisse seines Schöpferdranges. Dem nach den Regeln der Kunst arbeitenden gelehrten Dichter stellt Johann Gottfried Herder (1744–1803) das Genie entgegen, das nach den Gesetzen der Natur schafft, d. h. in dessen Dichtung „Seele und Mund in den festen Bund gebracht" sind, welcher „Sicherheit und Festigkeit des Ausdrucks" ermöglicht. In der Literatur seiner Zeit beklagt Herder, dass „die Kunst kam und die Natur auslöschte".

Der Sinn für Geschichte

Herder setzte nicht nur der einseitigen Hochschätzung des zergliedernden Verstandes einen Vernunftbegriff entgegen, der die „ganze Seele" des Menschen, Herz, Gefühl, Empfindung, mit umfasst, er ersetzte nicht nur den Typus des gelehrten Dichters durch das Ideal des schöpferischen ‚Genies'. Er stellte auch dem linearen Entwicklungsmodell der Aufklärer, nach dem Gottes Vorsehung den Menschen auf eine „Bahn" führe, „auf welcher das Geschlecht zu seiner Vollkommenheit gelangt" (Lessing: Die Erziehung des Menschengeschlechts § 93 (➤ S. 19 f.), ein Geschichtsbild entgegen, in dem jeder Nation und jeder Stufe der Kultur ihr eigenes Recht gelassen wird.

Verstand ↔ ganze Seele

Gelehrter Dichter ↔ Genie

Lineares Geschichtsmodell ↔ Eigenrecht der Zeiten und Völker

Das Wort ‚Volk' wird von den jungen Schriftstellern der ‚Sturm-und-Drang-Generation' mit Ehrfurcht und Begeisterung verwendet, worin sich auch eine Distanzierung von der ‚galanten' höfischen Literatur und der kosmopolitischen Orientierung des Adels ausdrückt. Als Beispiel für den „Kinderton" der Volksdichtung führt Herder das Lied ‚Sah ein Knab' ein Röslein stehn' an, das Goethe 1771 in Straßburg nachdichtet. Im gleichen Jahr übernimmt er auch die Shakespeare-Begeisterung seines Lehrmeisters Herder, wenn er in seiner Rede ‚Zum Shakespeares Tag' die innere Form seiner Stücke folgendermaßen charakterisiert:

Volk ↔ galante höfische Literatur

Shakespeare-Begeisterung

„Shakespeares Theater ist ein schöner Raritätenkasten, in dem die Geschichte der Welt vor unsern Augen an dem unsichtbaren Faden der Zeit vorbeirollt. Seine Pläne sind, nach dem gemeinen Stil zu reden, keine Pläne, aber seine Stücke drehen sich alle um den geheimen Punkt (…), in dem das Eigentümliche unseres Ichs, die prätendierte Freiheit unseres Wollens, mit dem notwendigen Gang des Ganzen zusammenstößt (…)."

Bürgerlicher Individualismus

Wenn Herder lehrt, dass jede Zeit und jedes Volk seine Besonderheiten hat, so ist das auch gegen den Alleinanspruch der Hofkultur des Absolutismus gerichtet. Wenn die Epochen und Nationen im Ganzen der Geschichte ihren Eigenwert haben, so auch das Bürgertum innerhalb der ständischen Gesellschaft. Wie im Wirtschaftsleben der einzelne Unternehmer sich zu behaupten wusste, so trat im Bereich künstlerischer und literarischer Tätigkeit das Individuum mit dem Anspruch schöpferischer Eigenständigkeit aus den traditionellen Bindungen heraus. Der Mensch in seiner Individualität – das ist der Schritt über das Menschenbild der Aufklärung hinaus – ist auch das literarische Thema des ‚Sturm und Drang'.

Eigenwert der Epochen, Völker und Individuen gegen den Anspruch der Hofkultur

Individuum als literarisches Thema der Epoche

Autoren

Zwei Kreise: Um Goethe in Straßburg und Frankfurt, um Schiller in Schwaben

Im ‚Sturm und Drang' lassen sich zwei Zentren unterscheiden. In Straßburg und Frankfurt sammelte sich eine Gruppe um den jungen Goethe (1749–1832), die stark von Herder (1744–1803) beeinflusst wurde.

Nur Goethe vertritt alle drei Gattungen

In Schwaben bildete sich ein Kreis um den jungen Schiller (1759–1805). Während Goethe die Epoche in allen drei Gattungen repräsentierte (im Roman mit dem ‚Werther', in der Lyrik mit seinen Gedichten, die 1770/71 in Straßburg und 1772–75 in Frankfurt entstanden, im Drama mit dem ‚Götz' u.a.), ist bei den anderen Autoren die dramatische Gattung vorherrschend.

Außer Goethe sind die Autoren der Epoche von einfacher Herkunft

Abgesehen von Goethe, der als Patriziersohn aus einer freien Reichsstadt nie solche Ohnmachtserfahrungen gemacht hat, wie sie der Bürger in den deutschen Duodezfürstentümern kannte, waren die übrigen Autoren einfacher Herkunft. Wenn sie typische Standeskonflikte der Zeit gestalten, so sprechen sie aus eigener Erfahrung.

Sie sind jung und sterben früh (mit Ausnahme von Goethe und Herder)

Sie sind fast alle um die Jahrhundertmitte geboren und erreichen – außer Goethe, der 82, und Herder, der 59 Jahre alt wird – kein hohes Alter. Schiller stirbt mit 46 an einer Lungenentzündung, Lenz (1751–1792) erkrankt mit 26 an einer Schizophrenie und wird nur 41 Jahre alt.

Goethe tritt Ende 1775 in den Dienst des Herzogs von Sachsen-Weimar und holt Herder und Schiller dorthin. Als Lenz mit seinen sozialen Reformideen in Weimar Unruhe hervorruft, sorgt er für dessen Ausweisung. Dabei waren die beiden in Straßburg so eng befreundet, dass der Dichter Schubart (1739–1791) in einer Rezension des ‚Hofmeister' von Lenz das Stück als eine „neue ganz eigentümliche Schöpfung unseres Shakespeare, des unsterblichen Dr. Goethe" bezeichnete.

Zukunftsweisende Bedeutung der Dramen von Lenz

Doch während Goethe und auch Schiller aus dieser Schaffensperiode des ‚Sturm und Drang' bald herausfanden, zerbrach Lenz an ihr. Andererseits aber war er seiner Zeit auch in einer Weise voraus, die Goethe nicht erkannte. Er nahm das soziale realistische Drama Büchners (➛ S. 72, 82) voraus, der in ihm seinen poetischen Lehrmeister sah. Beide wurden erst lange nach ihrem Tode aufgeführt, die ‚Soldaten' von Lenz z. B. 1863 in Wien, Büchners ‚Woyzeck' erst 1913 in München.

Werke

Dominierende Gattung im ‚Sturm und Drang' ist das Drama, weil in ihm gesellschaftliche Konfliktsituationen dargestellt werden können. Die Wahl der Romanform für den ‚Werther' durch Goethe bildet eine Ausnahme (➤ S. 28). Von weitreichender Wirkung war Goethes Sturm-und-Drang-Lyrik als Prototyp der Erlebnislyrik. Die Form, die die Sturm-und-Drang-Dramen kennzeichnet, hat Goethe in seiner Shakespeare-Rede (➤ S. 33) erläutert. Es komme alles auf „den geheimen Punkt" an, an dem ein unverwechselbares Ich „mit dem notwendigen Gang des Ganzen zusammenstößt".

Die Gattungen im ‚Sturm und Drang'

J. W. von Goethe: ‚Götz von Berlichingen mit der eisernen Hand.' Ein Schauspiel (1773)

In der Gestalt des Ritter Götz, einer ‚Kraftnatur', einer urwüchsigen Persönlichkeit, wird der kraftlosen Gegenwart ein Muster an Freiheitsdrang, Treue und Aufrichtigkeit entgegengehalten. Während Götz die patriarchalische Welt des Mittelalters verkörpert, steht sein Jugendfreund Weislingen für die neue Ordnung des Absolutismus. Während man in Götz' Kreisen auf Treu und Glauben miteinander umgeht, zeichnet sich das Hofleben durch Intrige, Lüge und Wortbruch aus. Das spiegelt sich auch in dem Gegensatz der einfachen, derben und treuherzigen Sprache, wie sie auf Berlichingen üblich ist, und der eleganten, ironischen und mehrdeutigen Ausdrucksweise bei Hofe. Das Schauspiel besteht aus einer bunten Kette von 56 Szenen in fünf Akten, von denen manche nur einen kurzen Wortwechsel enthalten.

Götz, der volkstümliche Held, gegen Weislingen, die ‚Hofschranze'

J. W. von Goethe: ‚Urfaust' (1774)

Auch die frühe Fassung des ‚Faust', die uns durch die Abschrift einer Weimarer Hofdame bekannt ist, trägt in ihrer lockeren Szenenfolge und ihrer Mischung aus tragischen und komischen Elementen das Gepräge des Vorbilds Shakespeare. Diese Fassung enthält zunächst Fausts großen Monolog, in dem er erlebt, wie sein Wissensdrang an die dem Menschen gesetzten Grenzen stößt; dann folgen Fausts Dialog mit seinem Famulus Wagner, Mephistos Schülergespräch mit der Universitätssatire, der Auftritt in Auerbachs Keller sowie die Gretchen-Tragödie bis zur Kerkerszene (ohne die Stimme „ist gerettet").

Auch der ‚Urfaust' ist ein Shakespeare-Drama

Friedrich Schiller: ‚Die Räuber.' Ein Schauspiel (1781)

Große Wirkung der Uraufführung der ‚Räuber'

Am 13. Januar 1782 wurde das Stück, das nach dem Muster Shakespeares in 15 Szenen an verschiedenen Orten spielt, mit großem Erfolg in Mannheim uraufgeführt. „Es war eine allgemeine Auflösung wie ein Chaos, aus dessen Nebeln eine neue Schöpfung hervorbricht (...)", heißt es in einem Bericht über das Bühnenereignis.

In Sprache, Dramenform und Thematik sind die ‚Räuber' ein Sturm-und-Drang-Stück, in der Lösung der Konflikte zeigt sich aufklärerisches Denken. Doch wird dieses auch zugleich in Frage gestellt:

Im Drama sind drei Konflikte angelegt: Generationskonflikt, Bruderkonflikt und Liebesrivalität

In dem Drama sind dreierlei Konflikte miteinander verbunden, der Generationskonflikt (Motiv des verlorenen Sohnes: Ev. Luk. 5,11–32), der Bruderkonflikt (Geschichte von Kain und Abel: AT Gen 4,1–16) und die Liebesrivalität zwischen den Brüdern. Dieses Problemgeflecht wird in ein Verständnis- und Bewertungsmuster hineingestellt, in dem die Konflikte – ganz dem Interesse des aufgeklärten Jahrhunderts entsprechend – als Kampf zwischen Tugend und Laster erscheinen. Es wird im Drama ein moralisches Gericht abgehalten. Die bewahrte Tugend garantiert nach diesem Verständnis- und Bewertungsmuster die Ordnung der Welt. Sollte sie gestört worden sein, muss sie durch Tugend wiederhergestellt werden. Die aufklärerische Überzeugung vom sittlichen Bau der Welt, von der durch Natur und Vernunft gleichermaßen bestimmten Ordnung der Dinge, wird von Schiller beibehalten. Doch teilt er nicht mehr den Optimismus der Aufklärer, in der besten aller Welten zu Hause zu sein. Vielmehr sind für ihn Tugend und Laster ineinander verwickelt: Karl und Franz haben das Motiv der Rache aus ungerechtfertigter Zurücksetzung gemeinsam. Zudem erscheint der eigentlich Lasterhafte, Franz, zuerst als tugendhaft, während der wahre Tugendheld, Karl, zuerst zum Räuber und Mörder wird. Dadurch ist das traditionelle Schema von Gut und Böse durchbrochen.

Kampf zwischen Tugend und Laster

Friedrich Schiller: ‚Kabale und Liebe.' Ein bürgerliches Trauerspiel (1784)

Dramatischer Prozess in das Innere der Figur verlegt

In dem (zunächst ‚Luise Millerin' genannten) Stück versucht Schiller, zeittypische Themen und Probleme der bürgerlichen Welt auf die Bühne zu bringen. In den ‚Räubern' wurde der dramatische Konflikt noch als Widerspruch zwischen Personen behandelt, die sich in ihrer Gegensätzlichkeit scharf umrissen gegenüberstehen. Hier hat Schiller den dramatischen Prozess konsequent in das Innere einer Person verlegt. In der Gestalt der Luise Miller stellt sich das Bürgertum selbst in Frage, in seiner Verwundbarkeit, aber auch in seiner Stärke:

Auch hier spielt der Generationskonflikt eine entscheidende Rolle: Beide Väter greifen in die Liebeserwartungen der Kinder in der Überzeugung ein, dass diese Eingriffe zum Besten der Kinder geschehen. Der Präsident denkt an die gesellschaftliche Karriere seines Sohnes, der Musikus Miller ist um die Tugend und den guten Ruf seiner Tochter besorgt. Schiller gelingt es, ein Privatgeschehen (die Liebe zwischen Luise und Ferdinand) mit den allgemeinen gesellschaftlichen Verhältnissen (der Spannung zwischen Adel und Bürgertum) so zu verbinden, dass sich im Einzelfall die Probleme eines ganzen Zeitalters spiegeln. Durch diese Probleme ist die Krise innerhalb der Liebesbeziehung bedingt. Denn beide, Luise wie Ferdinand, sind in einem Maße fremdbestimmt, dass sie am Widerspruch zwischen der ihnen zugemuteten Rolle und ihren eigenen Lebenswünschen scheitern müssen. Die Fremdbestimmung durch die Väter erweist sich als stärker im Vergleich zu der neuen, selbstbestimmten Liebeswahl. In diesem Sinn der Unmöglichkeit einer Selbstbestimmung wird das Drama zu einer Tragödie der Aufklärung. Das wird mit Hilfe der Gegenfigur der Lady Milford verdeutlicht, die als Einzelgängerin das Ideal der Selbstbestimmung verkörpert, weil sie sich aus den von ihr als unzumutbar erkannten Beziehungen zu lösen versteht. Eine solche Möglichkeit sieht Schiller in England gegeben, nicht jedoch in Deutschland.

Starker Einfluss von Lessings ‚Emilia Galotti': Parallelfiguren Luise / Emilia, Ferdinand / Appiani, Miller / Odoardo, Wurm / Marinelli, Lady Milford / Gräfin Orsina

Konflikt durch fehlende Selbstbestimmung

Jakob Michael Reinhold Lenz: ‚Der Hofmeister oder Vorteile der Privaterziehung.' Eine Komödie (1774)

Dank der Bearbeitung durch Bertolt Brecht ist dieses Stück 1950 wieder auf die deutsche Bühne gelangt. Als frühestes Beispiel einer Sozialkomödie mit grotesken Zügen, an dem sich z. B. Georg Büchner orientiert hat, ist es von der traditionellen Literaturgeschichte lange ignoriert worden. Das Stück behandelt die Geschichte des Hauslehrers Läuffer, eines aus ärmlichen Verhältnissen stammenden Predigersohnes, der bei einer kleinen Adelsfamilie angestellt wird. Von seinem Arbeitgeber kurz gehalten und gedemütigt, verführt er die Tochter des Hauses, die von ihm schwanger wird und bei einer alten Frau Unterschlupf findet. Läuffer flieht aus Angst vor den Folgen zu einem Dorfschulmeister, wo er jedoch entdeckt, von seinem Arbeitgeber angeschossen und mit einem Schmerzensgeld beruhigt wird. Um nicht wieder in solche Situationen zu geraten, entmannt Läuffer sich selbst.

Sozialkomödie mit grotesken Zügen

Brecht spitzt das zentrale Thema des Stücks zu und vereinfacht seine Darstellung, sodass die Sozialkritik verschärft wird. Er zeigt, dass Läuffer nicht nur ausgebeutet wird, sondern sich selbst ausbeutet. Es ist die Selbstkastrierung der bürgerlichen deutschen Intellektuellen, die „nicht nur die Revolution anderer Völker, sondern auch ihr eigenes Privatleben nur ‚im Geiste erleben' " (B. Brecht in den Anmerkungen zu seiner Bearbeitung, (➤ S. 148).

Brechts Zuspitzung

Goethes Lyrik der ‚Sturm-und-Drang-Periode' (1770–75):

Goethes Lyrik als Beginn einer neuen Epoche

Mit Goethes Lyrik beginnt ein neuer Abschnitt in der Literaturgeschichte: ‚Willkommen und Abschied' 1770, ‚Mailied' 1771, ‚Mahomets Gesang' 1772, ‚Prometheus' 1773, ‚Ganymed' 1773.

Erlebnislyrik

Diese Lyrik gibt dem Drang nach Selbstverwirklichung, nach Tätigkeit und nach lebendiger Natur- und Liebeserfahrung Ausdruck. Die Themen, welche diese Lyrik bestimmen, sind das Erlebnis der Liebe, in dem die Empfindung nicht nur dem Du der Geliebten gilt, sondern das All der Natur mit umfasst, die neue Erfahrung der Natur, die als ständig und in Fülle wirkend aufgefasst wird, und das Gefühl der eigenen Kraft, die sich im poetischen Schaffensakt ihrer selbst gewiss und in der Prometheus-Gestalt symbolisiert wird.

Prometheus-Symbol

Distanz zur gesellschaftlichen Wirklichkeit der Zeit

In dieser Lyrik ist die damalige gesellschaftliche Wirklichkeit ausgeklammert. Der Dichter zielt in seinem Drang nach Selbstverwirklichung und Selbstbestätigung weit über seinen Lebenskreis hinaus. Er gestaltet das eine Prinzip der aufgeklärten bürgerlichen Gesellschaft, die individuelle Selbstbestimmung, der in der historischen Wirklichkeit noch viele Hindernisse im Wege stehen, im Bereich des Fiktiven, d. h. in der Dichtung.

Alle Querverweise im Überblick:

‚Werther': S. 28 ➝ 193
Naturbegriff – sinnliche Erfahrung: S. 32 ➝ 187
„Erziehung des Menschengeschlechts": S. 33 ➝ 19 f.
Lenz und die Dramen Georg Büchners: S. 34 ➝ 72, 82
Romanform in Goethes ‚Werther': S. 35 ➝ 28
Goethe: „Rede zum Shakespeare-Tag": S. 35 ➝ 33
Lenz ‚Hofmeister' – Bertolt Brecht": S. 37 ➝ 148

Zusammenfassung:

Sturm und Drang

In der Epoche des Sturm und Drang treten **junge Schriftsteller** an die Öffentlichkeit, die **im Sinn der Aufklärung gebildet** waren. Sie **erweiterten kritisch deren Positionen** und betonten vor allem, dass der Optimismus, mit dem man an eine harmonische Ordnung der Welt glaubte, die Widersprüche in der Gesellschaft verharmlose, durch die eine freie Entfaltung der Menschen behindert werde. Die **Künstler schaffen aufgrund ihrer schöpferischen Eigenständigkeit (‚Genie')**, durch Tradition und Regeln würden sie dagegen nur behindert. Die Geschichte stelle nicht einen linearen Prozess menschlicher Vervollkommnung dar, vielmehr hätten die einzelnen Epochen und Völker einen Eigenwert. Auch jeder Stand und der einzelne Mensch hätten einen eigenen Wert und der Sinn des Lebens liege in der freien Entfaltung der Individualität.

Menschliche Beziehungen im kleinen Kreis (Freundschaft, Liebe, Familie) und einfache Lebensverhältnisse auf dem Lande werden dem gesellschaftlichen Leben in der Stadt und bei Hofe gegenübergestellt. Berufliche Pflichten sowie Rücksicht auf Standesunterschiede werden als Einengung der individuellen Entfaltungsmöglichkeiten erlebt. Der Freitod erscheint als letzter Ausweg aus dem „Kerker" des Lebens.

Die **künstlerische Tätigkeit** wird nicht als Anwendung erlernter Regeln angesehen, sondern **durch den „Strom des Genies"** erklärt, das sich **an der Natur orientiert**. Die Gefahr wird angedeutet, die in der Verabsolutierung einer Seite dieser Gegensätze (Selbstverwirklichung, Ausleben des Genies, Freiheit von Standespflichten) liegt.

Der **‚Werther'-Roman** Goethes ist ein einzigartiger **(Skandal-)Erfolg**. Er ist durch die monologische Wendung des **empfindsamen Briefromans** geprägt. Ein auktorialer Erzähler bringt die Sprache des Gefühls (Interjektionen, unvollständige Sätze, Gedankenstriche, Wiederholungen, Ellipsen) zum Ausdruck.

Auch die ‚Sturm-und-Drang'-Lyrik Goethes bleibt singulär. Sie ist durch individuelle Gefühlsaussagen in Liebes- und Naturgedichten oder Hymnen in freien Rhythmen geprägt. Die führende Gattung dieser Epoche ist aber das Drama. In ihm dominiert die Offene Form nach dem Muster Shakespeares.

Ab 1775 Regierungsmitglied in Weimar

1786 Italienische Reise
→ **s. S. 44**

Johann Wolfgang von Goethe (1749–1832)

Anselm Feuerbach: Iphigenie. 1871

1787 Iphigenie auf Tauris
→ **s. S. 49**

„Das Land der Griechen
mit der Seele suchend“
(Iphigenie, Vers 12)

ab 1790 Faust
→ **s. S. 50**

Ab 1784 Rat in weimarischen Diensten

Friedrich Schiller (1759 – 1805)

1800 Maria Stuart
➛ **s. S. 51**

1804 Wilhelm Tell
➛ **s. S. 51**

Goethe-Schiller-Denkmal von 1857 in Weimar

„Dass man uns in unsern Arbeiten verwechselt, ist mir sehr angenehm; es zeigt, dass wir immer mehr die Manier los werden und ins allgemeine Gute übergehen." (Goethe an Schiller, 26.12.1795)

Klassik

In diesem Kapitel erfahren Sie:

- Die Klassik (ca. 1786–1805) ist eine Epoche, die maßgeblich von Johann Wolfgang von Goethe und Friedrich Schiller geprägt wird.
- Sie beginnt mit der Italienreise Goethes und erreicht ihren Höhepunkt mit der engen Zusammenarbeit der beiden in Weimar.
- Als Reaktion auf die blutigen Unruhen der Französischen Revolution von 1789 bezieht sich die Klassik auf das Muster der griechischen und römischen Antike.
- Ihre Leitideen sind Harmonie und Humanität, Gerechtigkeit und Freiheit. Diese Ideen werden in den Dramen, im Bildungsroman und in der Gedankenlyrik veranschaulicht.

Johann Wolfgang von Goethe: ‚Das Göttliche' (1783)

Goethes Gedichte zeigen den Weg vom ‚Sturm und Drang' zur ‚Klassik'

Goethes S. 48 Weg vom ‚Sturm und Drang' zur Klassik wird an der Gedichtfolge erkennbar, die er für eine Werkausgabe angeordnet hatte: Zwei Hymnen sollten den Reigen eröffnen, ‚Prometheus' (1773), in dessen Empörerhaltung das Selbstbild des schöpferischen Genies Ausdruck findet, und ‚Ganymed' (1774), dessen Emporstreben keine Grenzen kennt. Dann folgt die Ode ‚Grenzen der Menschheit' (1781), in der die ‚Sturm-und-Drang'-Haltung zurückgenommen wird. Denn nun heißt es:

Ablösung von der eigenen ‚Sturm und Drang'-Periode

Denn mit Göttern
Soll sich nicht messen
Irgend ein Mensch (...) (11–13)

Neue Einschätzung von Leben und Tod

Damit ist ein Ablösungsprozess vom Sturm und Drang markiert, der sich auch in der Einschätzung des Todes zeigt. Während im Sturm und Drang das Leben als Kerker und der Tod als Weg in die Freiheit angesehen wird, wird nun die Endlichkeit als Wesensmerkmal des Menschen akzeptiert:

Was unterscheidet
Götter von Menschen?
Daß viele Wellen
Vor jenen wandeln,
Ein ewiger Strom:
Uns hebt die Welle,
Verschlingt die Welle,
Und wir versinken (...) (29–36)

Mit der Erkenntnis, dass der Wirkungskreis des Menschen begrenzt ist, nimmt Goethe Abschied von seiner ‚Sturm-und-Drang'-Periode.

Begrenztheit des menschlichen Daseins

Das zentrale Thema der Klassik ist der Konflikt zwischen Erde und Himmel, Trieb und Geist, Natur und Freiheit, Leben und Ideal. Die Frage lautet, wie man sie versöhnen, d. h. wie man als Mensch in Freiheit sittlich handeln kann, ohne die eigene Natur zu vergewaltigen. Goethe ist auf anderem Wege zu diesem Thema gekommen als Schiller S. 48. Wenn sich die Inhalte seiner Lyrik seit seinen ‚Sturm-und-Drang'-Jahren so gewandelt haben, so spiegelt sich darin eine Veränderung der äußeren Lebensumstände. Goethe war 1775 der Einladung des Herzogs von Sachsen-Weimar gefolgt und als Regierungsmitglied, ab 1779 mit Ministerrang, in dessen Dienst getreten. Damit begann für ihn ein völlig neues Leben, das ihn zwang, sich täglich an den widrigen Verhältnissen des Alltags abzuarbeiten. Er musste sich ‚von Amts wegen' mit den sozialen Problemen und den ökonomischen Fragen des kleinen Fürstentums beschäftigen. Karl August, der Herzog, wollte mit Goethes Hilfe in Weimar einen für seine Zeit modernen Staat entwickeln.

Goethes Gang nach Weimar in den Staatsdienst

Zwang der Alltagsarbeit am ‚natürlichen' Menschen

Schiller hatte – wie viele junge Leute – die Revolution als Beginn einer neuen Zeit begrüßt, war als Autor des Dramas ‚Die Räuber' noch 1792 vom Konvent der Französischen Republik zum Ehrenbürger ernannt worden. Doch sah er unter dem Eindruck der Hinrichtung Königs Ludwig XVI. und des Terrorregimes von Robespierre (1793) diese Revolution als gescheitert an, weil sie „unter gewaltsamer Aufhebung aller bisherigen Ordnungen" dem „natürlichen Menschen" mit seiner Selbstsucht und Gewalttätigkeit den Staat überlassen habe, statt ihn zu einer Sache des „moralischen Menschen" zu machen. In seinem Lehrgedicht ‚Das Ideal und das Leben' (1795) bestimmt er die Position des Menschen zwischen Natur und Freiheit als Situation zwischen Olymp, dem Sitz der Götter, und Orkus, dem Reich des Todes, und beschreibt den Olymp als „des Ideales Reich" (30), in dem der Mensch „frei von jeder Zeitgewalt" (23) ist und dem „engen, dumpfen Leben" (29) entfliehen kann. Dieses Reich wird als „der Schönheit Sphäre" (81) definiert, „wo die reinen Formen wohnen" (122), d. h. wo die Kunst zu Hause ist und der Tod keine Macht hat und der Mensch daher die „Angst des Irdischen" (28) überwinden kann. Im ‚Schönen' aber nimmt das ‚Gute' „Gestalt" (26) an, sodass der Mensch durch die Kunst zur Moral erzogen wird. Daher fordert der Dichter:

Revolution muss Sache des ‚moralischen', nicht des ‚natürlichen' Menschen sein

Der Mensch zwischen Orkus und Olymp

Aber flüchtet aus der Sinne Schranken
In die Freiheit der Gedanken,
Und die Furchterscheinung ist entflohn,
Und der ew'ge Abgrund wird sich füllen;
Nehmt die Gottheit auf in euren Willen,
Und sie steigt von ihrem Weltenthron …

Die sittlichen Gebote in den eigenen Willen aufnehmen

Die literarische Epoche der Weimarer Klassik

Der Begriff ‚klassisch' bezeichnet mustergültige Werke

Entsprechend der Bedeutung des lateinischen Adjektivs wurden Kunstwerke und Dichtungen als ‚klassisch' bezeichnet, die man für mustergültig hielt. Das traf besonders auf die Werke der antiken Überlieferung zu, die Goethe auf seiner italienischen Reise studierte und nach deren Vorbild er die eigenen Werke überarbeitete, die er auf die Reise mitgenommen hatte, z.B. die ‚Iphigenie'.

Das Antike-Bild der Klassiker

Während Goethe in den antiken Kunstdenkmälern lebendige Zeugnisse einer Kultur sah, die durch eine ungezwungene, der Natur entsprechende Schönheit ausgezeichnet war, sah Schiller im antiken Griechentum ein Beispiel für die Harmonie zwischen Ideal und Leben, Freiheit und Natur.

Goethe sieht die Antike als Künstler, Schiller als Denker

Goethe erlebte die Antike als Künstler, Schiller als Denker. Beide begegneten einem ‚Bild' von der Antike, das vor allem auf den Schriften des Kunsthistorikers Johann Joachim Winckelmann (1717–1768) beruhte, der ihre Werke mit der Formel von der „edlen Einfalt und stillen Größe" charakterisiert hatte. Eine kritische Erforschung des Altertums setzte erst im 19. Jahrhundert ein.

Zusammenarbeit zwischen Goethe und Schiller

Eigentlich ist die klassische Epoche gleichbedeutend mit der Zeit, in der Goethe und Schiller ständig in Verbindung standen und ihre Werke durch Anregung und Kritik des jeweils anderen Brief- oder Gesprächspartners erst ihre endgültige Form fanden. So wäre z.B. ohne Schillers wiederholtes Drängen und seine dauernde detaillierte Anregung und Kritik die Faust-Dichtung nie zum Abschluss gekommen. Es hatte anfangs mehrere Jahre gedauert, bis die beiden so verschiedenen Menschen ihre Distanz überwanden (ca. 1788–1794) und eine fruchtbare Zusammenarbeit begann. Goethe sah in dem zehn Jahre Jüngeren den ‚Stürmer und Dränger', den er in sich selbst bereits zur Ruhe gebracht hatte. Schiller, dem Goethe kalt, selbstbezogen und verschlossen erschien, sah den Unterschied zwischen sich und dem prominenten Älteren so:

„Seine Philosophie mag ich auch nicht ganz; sie holt zuviel aus der Sinnenwelt, wo ich aus der Seele hole. Überhaupt ist seine Vorstellungsart zu sinnlich und betastet mir zuviel. Aber sein Geist wirkt und forscht nach allen Direktionen und strebt, sich ein Ganzes zu erbauen – und das macht mir ihn zum großen Mann." (1.11.1790 an Körner.)

Bildung zur Humanität als Aufgabe der Zeit

Was die „Gemüter" damals „in Spannung setzt", sind die Ereignisse der Französischen Revolution und die Krise des europäischen Feudalsystems. Dieser historischen Situation, die auch durch die ökonomischen Verhältnisse der Frühindustrialisierung, Arbeitsteilung und Profitorientierung, gekennzeichnet ist, setzen die Klassiker ihr Programm einer Bildung zur Humanität entgegen.

Programm einer ästhetischen Erziehung

Zweckfreie Menschenbildung

Die theoretische Begründung für das Programm einer Bildung zur Humanität durch Kunst und Dichtung hat Schiller in seinen theoretischen Schriften geliefert. Das Ziel hatte Kant (➛ S. 20) in seiner Vorlesung über Pädagogik so formuliert:

„Kinder sollen nicht dem gegenwärtigen, sondern dem zukünftig möglichen besseren Zustand des menschlichen Geschlechts, das ist: der Idee der Menschheit, und deren ganzer Bestimmung angemessen, erzogen werden."

Dichtung als Organ einer solchen Bildung

Von Herder stammte die Idee, dass dieses Ziel durch die Begegnung mit großer Dichtung zu erreichen sei, bei der sie nicht mehr – wie bisher – als Muster der Stilbildung (Barock) oder als Exempel moralischer Belehrung (Aufklärung) vermittelt, sondern als vornehmstes Organ einer zweckfreien Bildung des Menschen selbst angesehen wird. Die Eigenschaft, aufgrund deren Dichtung zu einem solchen Organ werden kann, nennt Schiller ‚das Schöne'. Dieses hat Kant „das Symbol des Sittlich-Guten" genannt (Kritik der Urteilskraft § 59), woraus Schiller die Formel bildete: „Schönheit ist Freiheit in der Erscheinung", d. h. ein Charakter ist ‚schön', wenn in seinem Verhalten die Idee der Willensfreiheit und der moralischen Selbstbestimmung sozusagen anschaubar wird. In jedem wahrhaft poetischen Kunstwerk trete die Idee in die Welt der Erfahrung, werde so und nur so für den Leser, Hörer oder Zuschauer sinnlich erfahrbar und trage so zu seiner ‚ästhetischen' Erziehung und – da das Schöne Symbol des Guten ist – zu seiner sittlichen Bildung bei.

Im Schönen wird die Idee anschaubar

Das ‚Schöne' bindet Natur und Vernunft zusammen

Eine solche ästhetische Erziehung, d. h. sittliche Menschenbildung durch Begegnung mit Dichtung, in der die Idee anschaubar wird, ist nach Schiller nicht etwa nur eine erzieherische Möglichkeit unter anderen, sondern sie ist vielmehr durch nichts anderes zu ersetzen:

„Ohne das Schöne würde zwischen unsrer Naturbestimmung und unsrer Vernunftbestimmung ein immerwährender Streit sein, (…) würden wir unsre Menschheit versäumen (…)." (Über das Erhabene 1793)

Wandel der Menschen muss einer Veränderung des Staates vorausgehen

In seinen ‚Briefen über die ästhetische Erziehung des Menschen' überträgt Schiller sein Konzept auch in die Politik. Er lehnt – und Goethe stimmt ihm zu (Brief v. 28. 10. 1794 an Schiller) – jeden gewaltsamen Umsturz bestehender Ordnungen ab und lehrt, dass einer Umwandlung des Staates ein Wandel der Gesellschaft vorausgehen müsse. Einen solchen Wandel werde die ästhetische Erziehung der Menschen ermöglichen, weil sie nur so die moralische Selbstbestimmung erreichen können, die sie befähigt, ohne religiösen oder gesetzlichen Zwang spontan das Gute zu tun. So werde sich der „dynamische Staat der Rechte", in dem „der Mensch dem Menschen als Kraft begegnet und sein Wirken beschränkt", zuerst in den „ethischen Staat der Pflichten" verwandeln, in dem die „Majestät des Gesetzes" ihn bindet, schließlich aber zum „ästhetischen Staat" werden, in dem der Sinn für Kunst und Dichtung „Harmonie in die Gesellschaft" bringt, „weil er Harmonie in dem Individuum stiftet" (27. Brief).

Schillers Utopie vom ‚ästhetischen' Staat

Die ‚schöne Seele'

‚Charakterschönheit' und ‚schöne Seele'

Die Klassiker haben als Vollendung einer Bildung zur Humanität die sich selbst bestimmende Persönlichkeit angesehen, die in ihren Willen aufgenommen hat, was die Moral zu tun gebietet. In diesem Fall sprechen sie von ‚Charakterschönheit' oder von der ‚schönen Seele' (→ S. 50). Schiller wendet sich damit gegen Kants Auffassung, dass eine Handlung erst dadurch „ihren echten moralischen Wert" erhält, dass sie „ohne Neigung, lediglich aus Pflicht" getan wird (Grundlegung zur Metaphysik der Sitten). Dagegen macht Schiller geltend, dass nicht der Widerstreit zwischen Natur („Neigung") und Vernunft („Pflicht"), sondern ihre Übereinstimmung den Menschen zu einem harmonisierenden Ganzen machen könne:

Ablehnung der Pflichtenlehre Kants

Eine ‚schöne Seele' ist z. B. Goethes ‚Iphigenie' (→ S. 49), die durch ihr unbeirrtes ethisches Handeln reine Menschlichkeit verwirklicht und damit für die anderen Figuren zum Vorbild wird, sodass diese ihre Vorurteile überwinden und zur Versöhnung bereit sind.

Abwendung von der Wirklichkeit

Entfremdung des Menschen in der arbeitsteiligen Gesellschaft

Zum Erziehungsprogramm der Klassiker gehört auch eine bewusste Abwendung der Dichtung von der banalen prosaischen Wirklichkeit des wirtschaftenden und arbeitenden Menschen, der in Konkurrenz mit seinen Mitmenschen materielle Interessen wahrnehmen muss. Diese Wahrnehmung geschieht in einer zunehmend arbeitsteiligen und profitorientierten Gesellschaft, in der die Klassiker sowohl die Menschenbildung wie auch ihr Organ, die Kunst, gefährdet sehen. Die Arbeitsteilung behindere, wie Schiller sagt, die Erziehung zur Selbstbestimmung und entfremde den Menschen seiner wahren Natur:

„Ewig nur an ein einzelnes kleines Bruchstück des Ganzen gefesselt, bildet sich der Mensch selbst nur als Bruchstück aus; ewig nur das eintönige Geräusch des Rades, das er umtreibt, im Ohre, entwickelt er nie die Harmonie seines Wesens, und anstatt die Menschheit in seiner Natur auszuprägen, wird er bloß zu einem Abdruck seines Geschäfts, seiner Wissenschaft (...)." (Friedrich Schiller: Über die ästhetische Erziehung des Menschen, 6. Brief.)

Die Profitorientierung aber dränge die Kunst an den Rand des gesellschaftlichen Lebens:

Die Ausrichtung auf den Nutzen nimmt der Kunst ihre frühere Bedeutung

„Der Nutzen ist das große Idol der Zeit, dem alle Kräfte fronen und alle Talente huldigen sollen. Auf dieser groben Waage hat der geistige Verdienst der Kunst kein Gewicht, und, aller Aufmunterung beraubt, verschwindet sie von dem lärmenden Markt des Jahrhunderts."

Maß und Form

Das ‚Reich des Ideals', das die Dichtung dem Bürger erschließen soll, ist zugleich das Reich der „Gestalt", wie es in Schillers Gedicht ‚Das Ideal und das Leben' heißt (➤ S. 43), das Reich der künstlerischen Form. Das klassische Formideal enthielt die Forderung, die Ausdruckselemente des Verstandes (Aufklärung) und des Gefühls (Sturm und Drang) harmonisch zusammenwirken zu lassen. In der künstlerischen Gestaltung sollten Maß, Ordnung, Fasslichkeit, Symmetrie, Proportion, kalkulierte Zuordnung der Teile herrschen. Dazu gehört, dass der Künstler eine gewisse Distanz zu seinem Objekt hält, um nicht den Überblick zu verlieren. Das künstlerisch Gestaltete sollte naturgemäß bleiben, dürfte nicht wider die Schönheit sein, welche die Natur so oft in ihren Erscheinungen aufweist. Denn wie Goethe formuliert:

Klassische Form ist Harmonie von Verstand und Gefühl

„Das Schöne ist eine Manifestation geheimer Naturgesetze, die uns ohne dessen Erscheinung ewig wären verborgen geblieben." (Maximen und Reflexionen Nr. 719 HA.)

Griechische Antike als Muster

Die Weimarer Klassiker sahen das große, unerreichbare Vorbild für ihre Auffassungen im antiken Griechentum, das damals kanonischen Rang erhielt und im neuhumanistischen Gymnasium der Humboldt-Reform das wichtigste Fach wurde. Schiller sah in den Griechen der Antike ein Vorbild für das Leben überhaupt:

Kanonisierung des antiken Griechentums

„Die Griechen beschämen uns nicht bloß durch eine Simplizität, die unserm Zeitalter fremd ist; sie sind zugleich unsre Nebenbuhler, ja oft unsre Muster in den nämlichen Vorzügen, mit denen wir uns über die Naturwidrigkeit unsrer Sitten zu trösten pflegen. Zugleich voll Form und voll Fülle, zugleich philosophierend und bildend, zugleich zart und energisch sehen wir sie die Jugend der Phantasie mit der Männlichkeit der Vernunft in einer herrlichen Menschheit vereinigen." (Über die ästhetische Erziehung des Menschen, 6. Brief.)

Schiller: Griechen als Vorbild für Humanität

Autoren

Die beiden Autoren, auf deren Schaffen die Weimarer Klassik beruht, sind grundverschieden. Das betrifft ihre Begabung, ihre soziale Herkunft und ihre Lebensumstände.

JOHANN WOLFGANG VON GOETHE (1749–1832)

- 1749 (28. 8.) geb. in Frankfurt am Main, Sohn eines wohlhabenden Patriziers
- 1775 Ankunft in Weimar, Regierungsmitglied, ab 1779 als Minister
- 1786–88 Italienische Reise
- 1790 Zweite Reise nach Italien
- 1791 Leitung des Weimarer Hoftheaters (ab 1796 mit Schiller zusammen)
- 1794 Zusammenarbeit mit Schiller
- 1798 Balladenjahr
- 1832 (22. 3.) Goethes Tod

FRIEDRICH SCHILLER (1759–1805)

- 1759 (10. 11.) geb. in Marbach am Neckar, Sohn eines armen Sanitätssoldaten
- 1773 Karlsschule (Herzogliche Militärakademie)
- 1782 Flucht aus Stuttgart
- 1784 Rat in weimarischen Diensten
- 1794 Zusammenarbeit mit Goethe
- 1798 Balladenjahr
- 1799 Übersiedlung nach Weimar
- 1805 (9. 5.) Schillers Tod

Werke

Die gegenwärtige Bedeutung der Weimarer Klassik beruht vor allem auf ihren dramatischen Werken, die immer noch aufgeführt werden. Aus dem lyrischen Schaffen ist die Gedankenlyrik wichtig. Die Balladen von Goethe (‚Der Zauberlehrling', ‚Der Erlkönig') und Schiller (‚Die Bürgschaft', ‚Der Ring des Polykrates') werden in der Schule gelesen und sind oft vertont worden. Goethe hat das Programm der ästhetischen Erziehung in seinem Bildungsroman ‚Wilhelm Meister' gestaltet, an dem er – wie an der ‚Faust'-Dichtung – sein ganzes Leben gearbeitet hat.

Drama als dominante Gattung, bedeutende Lyrik (Gedankenlyrik und Ballade), dazu Bildungsroman

J. W. von Goethe: ‚Iphigenie auf Tauris.' Schauspiel (1787)

Goethes Drama erzählt den Tantaliden-Mythos, die Geschichte ihres Geschlechts, in der sich Vatermord, Brudermord, Gattenmord häufen, weil der Stammvater sich einst über die Götter erhoben, sich der ‚hybris' (Hochmut) schuldig gemacht hatte. Der Inhalt des Stücks besteht nun darin, wie Iphigenie, Orest und Thoas aus dieser Welt des Mythos, in der die Menschen ihre „Natur erleiden" und von Angst und Begierde getrieben werden, in die neue Welt der „reinen Menschlichkeit" gelangen. Das geschieht dadurch, dass sie sich mit ihrer moralischen Kraft aus der Fremdbestimmung lösen. Iphigenie verweigert ihre Hilfe, als Orest und Pylades, die in Tauris gelandet sind, das Diana-Bild rauben wollen. Orest überwindet seine innere Verstörung und ist zum Kampf bereit (2050 ff.). Thoas aber vermag, „die Stimme der Wahrheit und der Menschlichkeit" zu hören (1937/38). Iphigenie hat es gewagt, auf die Gerechtigkeit, die ‚Menschlichkeit' der Götter zu setzen (1916 ff.). Dadurch aber lichtet sich das Gefängnis der Schicksalsbestimmtheit. Das Orakel Apolls kann plötzlich ganz anders, sozusagen ‚menschlicher', verstanden werden, ohne den vermeintlich göttlichen Zwang, erneut zu freveln. Das Beispiel von Iphigenies Humanität und der humanen Wandlung von Orest und Thoas soll den Zuschauer lehren, an die ‚Menschlichkeit' der „unbekannten höhern Wesen" zu glauben.

Durch „reine Menschlichkeit" löst sich der Mensch aus der Fremdbestimmung

J. W. von Goethe: ‚Faust.' Ein Fragment (1790)

Gretchen, eine ‚schöne Seele'

Das ‚Faust'-Manuskript hatte Goethe mit nach Italien genommen. Er hat es mit dem Gestaltungswillen des Klassikers bearbeitet, z. B. die Prosa – wie bei der ‚Iphigenie' – durch Verse ersetzt, aber nicht vollendet. Doch gehört es in die Reihe der klassischen Dramen, weil auch Gretchen eine ‚schöne Seele' (➤ S. 46) ist, die mit sicherem Gefühl für das, was Recht und Unrecht ist, handelt, ohne lange nachzudenken.

J. W. von Goethe: ‚Torquato Tasso.' Schauspiel (1790)

Tasso, ein ‚gesteigerter Werther'

Im ‚Tasso' wird zum ersten Mal die moderne Problematik der Künstlerexistenz behandelt, die in der Spannung von Kunst und Alltagsleben, Geist und Erwerbssinn, Individualität und Gesellschaft besteht. Wegen ihrer künstlerischen Weltfremdheit und Emotionalität hat man damals die Tasso-Figur sogleich als „gesteigerten Werther" verstanden (Goethe zu Eckermann am 25. 4. 1827). Doch erscheint sie nun im Kontext des Menschenbildes der Klassik.

Torquato Tasso, ein Dichter, der im 16. Jahrhundert am Hofe von Ferrara lebt, fühlt sich seinem Freund Antonio, dem Außenminister des kleinen Staates, unterlegen; dieser wiederum beneidet den Dichter um seine Gunst bei den Frauen, der Schwester des Herzogs und ihrer gleichnamigen Hofdame Leonore. In dem Konflikt der beiden Männer steigert sich Tasso immer mehr in sein Misstrauen gegenüber der höfischen Umgebung hinein, während Antonio, obwohl er eigentlich den Poeten für einen „Müßiggänger" hält (2002), dem Freund zu helfen versucht. Während Tasso von einer harmonischen Welt ohne Konflikte träumt („Erlaubt ist, was gefällt": 994), gemahnt ihn die Prinzessin an die gesellschaftliche Wirklichkeit („Erlaubt ist, was sich ziemt": 1006).

Friedrich Schiller: ‚Maria Stuart.' Trauerspiel (1800)

Maria Stuart, Königin von Schottland, hat sich in den Schutz von Elisabeth, der Königin von England, begeben, die die Thronrivalin gefangen setzt und zum Tode verurteilen lässt. Da ihre Berater geteilter Meinung sind, zögert Elisabeth jedoch mit der Unterschrift. Mortimer, der Neffe des Kerkermeisters, soll Maria heimlich umbringen, spielt aber ein doppeltes Spiel, weil er Maria liebt. Der Graf von Leicester, Günstling Elisabeths, aber auch Marias Verehrer, will das Problem auf diplomatische Weise lösen und arrangiert eine Begegnung der beiden Königinnen, in der Maria sich durch Elisabeths Hochmut zu der Beleidigung hinreißen lässt, dass jene ein „Bastard" sei und ihr selbst der Thron gebühre (III, 4). Danach unterschreibt Elisabeth das Urteil. Maria nimmt ihr Schicksal gefasst an, Elisabeth bleibt einsam zurück, da der Graf von Leicester „sich entschuldigen" lässt: „Er ist zu Schiff nach Frankreich".

Ein Drama, in dem sich zwei Königinnen gegenüberstehen, von denen die Machthaberin eine Niederlage erleidet, während die Ohnmächtige am Ende wie eine Siegerin dasteht

Friedrich Schiller: ‚Wilhelm Tell.' Schauspiel (1804)

Dieses letzte Werk, das Schiller noch beenden konnte, wurde sein größter finanzieller Erfolg und blieb sein populärstes Stück. Sein eigentliches Thema ist die Revolution. Rebelliert wird gegen den Absolutismus, der hier die Form der Tyrannei eines Einzelnen, des Landvogts Geßler, angenommen hat. Im Mittelpunkt steht der Tyrannenmord, den Tell begeht, nachdem Geßler ihn bis zum Äußersten gereizt und gezwungen hat, mit der Armbrust auf das eigene Kind zu schießen. So ist das politische Stück zugleich ein Familienstück, indem es zeigt, dass die Tyrannei tief in die Sozialordnung eingreift, wie auch die Blendung des alten Melchtal beweist, der für ein Vergehen seines Sohnes gleichsam in ‚Sippenhaft' genommen wird.

Schillers populärstes Stück

Politisches und Familienstück

Obwohl die Eidgenossen ihre alte Ordnung verteidigen wollten, entsteht eine neue Gesellschaftsordnung. Die patriarchalische Herrschaftsform wird durch eine Gemeinschaft der Freien und Gleichen ersetzt. Der Adel verzichtet freiwillig auf seine Privilegien, die Knechte erhalten die Freiheit. Die allgemeine Umarmung besiegelt das neue Bündnis. Auch wenn diese neue Idylle erst durch Tyrannenmord und Kampf erfochten wurde, hat doch keine Revolution stattgefunden. Die Versöhnung aller gesellschaftlichen Gegensätze am Schluss des Stücks macht eine Revolution überflüssig. Schillers Antwort auf die Französische Revolution ist der von Goethe ähnlich. Politische Einsicht und freiwilliger

Vgl. die Umarmung am Schluss des ‚Nathan'-Dramas von Lessing (➤ S. 19)

Verzicht können auch in Deutschland eine solche Idylle ermöglichen: einen Staatenbund, in dem das Bürgertum ökonomisch und politisch die Führung übernommen hat und in dem sich der Adel unter Verzicht auf seine feudalen Privilegien einbürgert.

Alle Querverweise im Überblick:

Kant: S. 45 ➤ 20
„Schöne Seele“: S. 46 ➤ 50
„Schöne Seele“ – Iphigenie: S. 46 ➤ 49
Schiller: „Das Ideal und das Leben“: S. 47 ➤ 43
Umarmungsszenen in ‚Nathan‘ und ‚Wilhelm Tell‘: S. 51 ➤ 19

Zusammenfassung:

Klassik

Die Weimarer Klassik beruht auf dem **Zusammenwirken** von Goethe (1786 Italienische Reise) und Schiller (gest. 1805). Diese beiden stellten der Unruhe der Zeit (Französische Revolution, Krise des Absolutismus, Frühindustrialisierung) ihr **Programm der ästhetischen Erziehung** entgegen: Im Umgang mit Kunst und Literatur sollen die Menschen zur **Humanität** gebildet und dadurch reif für gesellschaftliche Veränderungen werden.

Erziehungsideal ist die ‚schöne Seele', d.h. der Mensch, in dessen Handeln Pflicht und Neigung sich in Übereinstimmung befinden. Durch Kunst und Dichtung (ästhetische Erziehung) soll die Bildung des Menschen zur ‚Menschheit' (Humanität) erreicht werden. Um in einer arbeitsteiligen und profitorientierten Gesellschaft Menschenbildung überhaupt zu ermöglichen, soll Dichtung sich aus dem „beschränkten Interesse der Gegenwart" heraushalten und Gegenstände wählen, die „über allen Einfluss der Zeiten erhaben" sind. Bedeutsame Ereignisse, große Charaktere werden daher zu Inhalten der Dichtung (Abwendung von der Alltagswirklichkeit).

Das klassische **Formideal** fordert Harmonie, Ordnung, Naturgemäßheit, Beschränkung, Ebenmäßigkeit der Teile in der künstlerischen Gestaltung. **Für das Drama bedeutet das:** Fünf-Akt-Schema, Orientierung an der Tradition, in Wortwahl, Satzbau und Versmaß wohlgestaltete Sprache.

Das **antike Griechentum** wird als **Muster** der Humanität (Harmonie zwischen Vernunft und Natur) und der künstlerischen Darstellung (des ‚schönen' Menschen) angesehen. Daher kommt es zur Übernahme antiker Formen (Versmaße) und Inhalte (Mythologie) sowie einer Idealisierung der griechischen Geschichte.

Ludwig Tieck (1773 – 1853)
1803 veröffentlicht er seine Sammlung ‚Minnelieder aus dem schwäbischen Zeitalter'.
➣ **s. S.62**

Novalis (Friedrich Frh. v. Hardenberg) (1772 – 1801)
Novalis weist der Dichtung die Aufgabe zu, „dem Gemeinen einen hohen Sinn" und „dem Endlichen einen unendlichen Schein" zu geben.
➣ **s. S.62**

Clemens Brentano (1778 – 1842)
Achim von Arnim (1781 – 1831)
Sie geben die erste große Sammlung deutscher Volkslieder unter dem Titel ‚Des Knaben Wunderhorn' heraus (1805 ff.).
➣ **s. S.62**

Frühromantik (ab 1798) – Jena –

Hochromantik (ab 1808)

August Wilhelm Schlegel (1767 – 1845)
Liest 1803/4 an der Universität Berlin über die ‚Geschichte der romantischen Literatur im Mittelalter'.
➣ **s. S.62**

Friedrich Schlegel (1772 – 1829)
Verkündet das Programm einer „romantischen Universalpoesie", die „alle getrennten Gattungen der Poesie" wieder vereinigt.
➣ **s. S. 64**

Das Wunderhorn

Ein Knab auf schnellem Roß
Sprengt auf der Kaisrin Schloß,
Das Roß zur Erd sich neigt,
Der Knab sich zierlich beugt …

Der schöne Knab sagt auch:
„Dies ist des Horns Gebrauch:
Ein Druck von Eurem Finger,
Ein Druck von Eurem Finger,

Und diese Glocken all,
Sie geben süßen Schall,
Wie nie ein Harfenklang
Und keiner Frauen Sang …"

Ernst Theodor Amadeus Hoffmann (1776 – 1822)
Thematisiert in dem Märchen ‚Der goldene Topf' die Stellung des Künstlers in der bürgerlichen Gesellschaft.
➢ s. S. 64

Jacob (1785 – 1863) und Wilhelm Grimm (1786 – 1859)
Beabsichtigen mit der Veröffentlichung der ‚Kinder- und Hausmärchen' (1812 ff.) eine Verjüngung der Volkskultur und Poesie, durch die die Kluft zwischen Gebildeten und Volk überbrückt werden sollte.
➢ s. S. 62

– Heidelberg –

Spätromantik (ab 1820)
– Berlin –

Joseph von Eichendorff (1788 – 1857)
Seine Novelle ‚Aus dem Leben eines Taugenichts' ist heute noch das meistgelesene Werk der Romantik.
➢ s. S. 56

Carl Gustav Carus: Fenster am Oybin (Klosterruine im Elbsandstein-Gebirge) bei Mondschein (Öl auf Leinwand). Um 1828

Romantik

In diesem Kapitel erfahren Sie:

- Die Autoren der Romantik (ca. 1798–1835) finden ihr Vorbild nicht in der Antike, sondern im deutschen Mittelalter. Sie lehnen gesellschaftliche Normen und Konventionen ab und wollen ihre Gegenwart verzaubern. Sie streben nach einer „progressiven Universalpoesie", in der die Gattungen (Prosa, Lyrik) sich mischen und die literarischen Ausdrucksformen in allen Bereichen von Kunst, Wissenschaft, Kultur und Leben vereinigen.
- Drei Phasen der Romantik lassen sich unterscheiden: die Frühromantik mit Jena als Mittelpunkt, die Hochromantik mit Heidelberg als Mittelpunkt und die Spätromantik, die ihr Zentrum in Berlin hat.

Joseph von Eichendorff: ‚Aus dem Leben eines Taugenichts' (1826)

Das meistgelesene Werk der Romantik

Diese Novelle des 38-jährigen Freiherrn von Eichendorff **S. 60** ist heute noch das meistgelesene Werk der Romantik. In ihr wird aus der Ich-Perspektive die Geschichte eines Müllersohns erzählt, der sein Vaterhaus verlässt, um mit seiner Geige in die weite Welt hinauszuziehen und dort sein Glück zu suchen. Er trifft keine Vorsorge, hat kaum Geld bei sich, verlässt sich aber in seinem Gottvertrauen darauf, dass er schon irgendwie durchkommen werde. Auf einem Schloss bei Wien findet er eine Stelle als Gärtnerbursche (1. Kap.). Bald avanciert er zum Zolleinnehmer, doch treibt ihn Liebeskummer, da er die von ihm verehrte Dame an der Seite eines anderen sieht, wieder in die Ferne. Er will nach Italien (2. Kap.), kennt aber den Weg nicht. Da trifft es sich gut, dass er zwei jungen Malern begegnet, die ihn als Diener engagieren (3. Kap.). In einem Wirtshaus in der Lombardei wacht er eines Tages allein auf. Die Maler haben ihm aber einen Beutel mit Geld dagelassen (4. Kap.). Eine Postkutsche bringt ihn auf ein Schloss (5. Kap.), wo er eine Weile „wie ein verwunschener Prinz" lebt, bis er ein Briefchen von Aurelie, seiner „schönen Frau", erhält, die nach ihm verlangt. Seltsamerweise wird er auf dem Schloss festgehalten, sodass er sich erst befreien muss, um weiterzureisen (6. Kap.). Endlich in Rom angekommen, erzählt ihm ein Maler, dass eine Gräfin aus Deutschland nach ihm gefragt habe (7. Kap.). Auf der Suche nach ihr gerät der Taugenichts in eine Künstlerrunde (→ S. 64), aus der ihn eine Kammerjungfer zum Rendezvous holt. Da er jedoch eine ganz andere Person als die erwartete antrifft, verlässt er Rom wieder (8. Kap.). Auf der Reise trifft er drei Studenten, die zum gleichen Schloss bei Wien wollen wie er.

Auf dem Donauschiff sind sie Gäste eines geistlichen Herrn, der sie beköstigt und von einem Bräutigam erzählt, der in Rom verloren gegangen sei und dessen Beschreibung auf ihn passt (9. Kap.). Auf dem Schloss findet er Leonardo und Guido, die beiden jungen Maler, wieder, in Wirklichkeit ein Graf und seine Geliebte, die Tochter des Schlossherrn, die, nach einer Entführung aus Italien heimgekehrt, heiraten. Der Taugenichts, der in dieser Geschichte eine Rolle gespielt hatte, die ihm nun nachträglich erklärt wird, bekommt das Pflegekind der Gräfin, seine Aurelie, zur Frau und obendrein als Geschenk des Grafen ein „weißes Schlößchen". Die letzten Worte der Novelle lauten: „Und es war alles, alles gut!" (10. Kap.). Die Novelle beginnt folgendermaßen:

Erstes Kapitel

Das Rad an meines Vaters Mühle braußte und rauschte schon wieder recht lustig, der Schnee tröpfelte emsig vom Dache, die Sperlinge zwitscherten und tummelten sich dazwischen; ich saß auf der Thürschwelle und wischte mir den Schlaf aus den Augen, mir war so recht wohl in dem warmen Sonnenscheine. Da trat der Vater aus dem Hause; er hatte schon seit Tagesanbruch in der Mühle rumort und die Schlafmütze schief auf dem Kopfe, der sagte zu mir: „Du Taugenichts! da sonnst Du Dich schon wieder und dehnst und reckst Dir die Knochen müde, und läßt mich alle Arbeit allein thun. Ich kann Dich hier nicht länger füttern. Der Frühling ist vor der Thüre, geh auch einmal hinaus in die Welt und erwirb Dir selber Dein Brodt." – „Nun", sagte ich, „wenn ich ein Taugenichts bin, so ist's gut, so will ich in die Welt gehen und mein Glück machen." Und eigentlich war mir das recht lieb, denn es war mir kurz vorher selber eingefallen, auf Reisen zu gehn, da ich den Goldammer, der im Herbst und Winter immer betrübt an unserem Fenster sang: „Bauer, mieth' mich, Bauer mieth' mich!" nun in der schönen Frühlingszeit wieder ganz stolz und lustig vom Baume rufen hörte: „Bauer, behalt Deinen Dienst!" – Ich ging also in das Haus hinein und holte meine Geige, die ich recht artig spielte, von der Wand, mein Vater gab mir noch einige Groschen Geld mit auf den Weg, und so schlenderte ich durch das lange Dorf hinaus. Ich hatte recht meine heimliche Freud', als ich da alle meine alten Bekannten und Kammeraden rechts und links, wie gestern und vorgestern und immerdar, zur Arbeit hinausziehen, graben und pflügen sah, während ich so in die freie Welt hinausstrich. Ich rief den armen Leuten nach allen Seiten recht stolz und zufrieden Adjes zu, aber es kümmerte sich eben keiner sehr darum. Mir war es wie ein ewiger Sonntag im Gemüthe. Und als ich endlich ins freie Feld hinaus kam, da nahm ich meine liebe Geige vor, und spielte und sang, auf der Landstraße fortgehend:

Wem Gott will rechte Gunst erweisen,
Den schickt er in die weite Welt,
Dem will er seine Wunder weisen
In Feld und Wald und Strom und Feld.

Die Trägen, die zu Hause liegen,
Erquicket nicht das Morgenroth,
Sie wissen nur vom Kinderwiegen
Von Sorgen, Last und Noth um Brodt.

Die Bächlein von den Bergen springen,
Die Lerchen schwirren hoch vor Lust;
Was sollt' ich nicht mit ihnen singen
Aus voller Kehl' und frischer Brust?

Den lieben Gott laß ich nur walten;
Der Bächlein, Lerchen, Wald und Feld
Und Erd' und Himmel will erhalten,
Hat auch mein' Sach' auf's Best' bestellt!

Kontrast zur realistischen Erzählweise

Diese Erzählweise lässt sich am besten beschreiben, wenn man sie mit der dem modernen Leser vertrauten realistischen Erzählweise kontrastiert. So wird man z.B. feststellen, dass eindeutige **Handlungsmotivationen** fehlen:

Motivation

Der Vater will den Taugenichts „nicht länger füttern" (11); aber diesem war es „kurz vorher selber eingefallen" (16/7), dass er es den Vögeln nachmachen und auf Reisen gehen wolle. Dieses Symbol steht für eine rationale Begründung, drückt nur das Lebensgefühl des Ich-Erzählers aus, der „wie der Vogel in der Luft" lebt.

Es werden auch keine **Handlungsziele** ersichtlich. Der Held will bloß sein „Glück machen" in der Welt. Es erfolgt daher auch keine Charakterisierung der Figuren, aus der solche Motive und Ziele sich ergeben würden. Viel wichtiger ist der jeweilige Zustand des Helden, dem es „wie ein ewiger Sonntag im Gemüthe" ist, als er „ins freie Feld" aufbricht (28–32), der aber auch „bitterlich" weint, wenn er sich seiner Armut und Einsamkeit bewusst wird.

Handlungsziele

Unbestimmt bleibt der **Ort** des Geschehens. Alles spielt sich zwischen Wien und Rom ab, womit der Bereich des mittelalterlichen Kaisertums und der katholischen Kirche gemeint ist. Die **Landschaft** wird mit den Elementen angedeutet, die auch in der romantischen Lyrik (z.B. in dem Lied 35–50) dazu dienen, sie in der Phantasie des Lesers/Hörers entstehen zu lassen: Mühle, Dorf, Feld, Wald, Berg, Bächlein, Strom usw.

Unbestimmtheit des Ortes

Unbestimmt bleibt auch die **Zeit**. Auch sie wird mit bekannten Elementen, Tages- und Jahreszeiten, angedeutet, wobei eine realistische Festlegung unterbleibt: Bei dem Gespräch mit dem Vater tröpfelt gerade der Schnee „emsig vom Dache" (2/3).

Unbestimmtheit der Zeit

Die **Sprache** ist absichtlich kunstlos gehalten. Stehende Beiwörter (Adjektive) wie bei Homer oder im Volkslied wiederholen sich: Der Sonnenschein ist „warm" (6), die Frühlingszeit „schön" (19), das Dorf „lang" (24), das Instrument des Helden seine „liebe Geige" (33) usw. Auch die Adverbien wiederholen sich, die Mühle rauscht „recht lustig" (2), dem Taugenichts ist „so recht wohl" (5), die Ausweisung durch den Vater ist ihm „recht lieb" (16), die Geige spielt er „recht artig" (22/3) usw.

Sprache: Kunstlosigkeit als Prinzip

Formelhaftigkeit zeichnet die Sprache aus, wie sie auch in volkstümlichen Formen, Märchen, Sprichwort, Exempel vorkommt: Der Satz „So will ich in die Welt gehen und mein Glück machen" (14/5) ist eine Märchenformel. Der Gesang der Goldammer wird mit einer klangmalenden Formel interpretiert (19–21).

Formelhaftigkeit wie in der Volkspoesie

Charakteristisch ist auch die überwiegend parataktische Form des **Satzbaus**. Unter den wenigen Nebensätzen finden sich vor allem Temporalsätze (wenn: 14; als: 25, 32; während: 28), Relativsätze (17, 22, 39).

Parataktischer Satzbau

Im Hinblick auf die Merkmale der erzählenden **Gattung** fällt auf, dass sie sich hier mit der Lyrik verbunden hat. Lieder sind fester Bestandteil der Erzählung. Der ‚Taugenichts' verlässt die Welt der Arbeit und bricht auf in eine Welt, in der man Musik macht, dichtet, malt, die Natur bewundert: „Wir studieren (…) in dem großen Bilderbuche, das der liebe Gott uns draußen aufgeschlagen hat", heißt es später.

Erzählprosa und Lyrik vermischt

Das Buch der Natur

Aus der Perspektive der Arbeitswelt erscheint jene andere Welt als eine, in der die Menschen „brotlose Künste und unnützes Zeug“ treiben. Umgekehrt ist es dem Taugenichts, als er seine „alten Bekannten und Kammeraden (...), wie gestern und vorgestern und immerdar, zur Arbeit hinausziehen, graben und pflügen“ sieht, „wie ein ewiger Sonntag im Gemüthe“ (26–32). Auch das Lied, das er dann singt, handelt von diesem Gegensatz zwischen der Welt der Sorge und Arbeit (35–50) und dem Leben dessen, den Gott „in die weite Welt“ schickt und dem er „seine Wunder“ in der Natur „weisen“ will.

Gottvertrauen als Handlungsprinzip

Der Taugenichts als Verkörperung der Poesie

Dass die Poesie in der Novelle nicht in einer Figur vom Range Apolls oder einer Muse, sondern in Gestalt eines von zu Hause weggejagten Müllersohns dargestellt wird, hat also einen idealen und einen realen Grund: Die Poesie stammt nach der Vorstellung der Romantiker aus dem Volke und hat einmal im deutschen Mittelalter die Stände miteinander verbunden. Eichendorff ist sich auch des Widerspruchs zwischen Ideal und Wirklichkeit bewusst. Die Kunstwelt der Poesie soll zwischen ihnen vermitteln, um der Welt, wie sie ist, die Welt, wie sie sein könnte, gegenüberzustellen. Doch signalisiert der Dichter seinem Leser in ‚romantischer Ironie‘ (➛ S. 63), dass es sich dabei um eine Kunstwelt handelt, die mit den Mitteln der literarischen Technik hergestellt wird. So lässt er Leonardo am Ende, als der verborgene Sinn der ganzen Handlung enthüllt wird, bemerken: „Also zum Schluß, wie sich's von selbst versteht und einem wohlerzogenen Romane gebührt: Entdeckung, Reue, Versöhnung, wir sind alle wieder lustig beisammen, und übermorgen ist Hochzeit!“.

‚Ironie‘ signalisiert Bewusstsein vom Widerspruch zwischen Leben und Kunst

JOSEPH FREIHERR VON EICHENDORFF (1788–1857)

- Geboren 10.3.1788 auf Schloss Lubowitz als Sohn einer verarmten Adelsfamilie
- 1805–1812 Jurastudium, danach Teilnahme an den Befreiungskriegen
- Begegnete in der Studienzeit Brentano, Arnim und F. Schlegel
- 1816–1844 im Staatsdienst in Breslau, Danzig, Königsberg und Berlin
- Gestorben 26.11.1857 in Neisse

Die literarische Epoche der Romantik

Der Begriff der ‚Romantik' stammt aus dem französischen Gattungsbegriff ‚roman', mit dem die volkssprachliche Epik im Gegensatz zur lateinischen Literatur bezeichnet wurde. Herder hatte dann die mittelalterliche deutsche Dichtung als ‚romantisch' angesprochen, bis die Romantiker den Ausdruck, der im klassizistischen Zeitalter abwertend für die volkstümlichen Stoffe der Artussage oder des Faustspiels gebraucht worden war, mit einem positiven Sinn versahen und schließlich das Romantische mit dem Dichterischen überhaupt identifizierten. So formuliert z.B. Novalis (Friedrich von Hardenberg 1772–1801) das poetische Programm der Romantik 1798 mit folgenden Worten.

Begriff ‚Romantik' steht für die volkssprachliche Epik im Gegensatz zur lateinischen Literatur

„Die Welt muß romantisiert werden. So findet man den ursprünglichen Sinn wieder. Romantisieren ist nichts als eine qualitative Potenzierung. Das niedere Selbst wird mit einem besseren Selbst in dieser Operation identifiziert. So wie wir selbst eine solche qualitative Potenzreihe sind. Diese Operation ist noch ganz unbekannt. Indem ich dem Gemeinen einen hohen Sinn, dem gewöhnlichen ein geheimnisvolles Ansehen, dem Bekannten die Würde des Unbekannten, dem Endlichen einen unendlichen Schein gebe, so romantisiere ich es." (Poëticismen Fragment 105)

‚Romantisierung' der Welt

Das Programm verrät zugleich, wodurch es motiviert ist. Die Autoren, die sich als ‚Romantiker' verstanden, litten an der Entpoetisierung und Banalisierung ihrer Welt, die zunehmend durch wirtschaftliche Interessen bestimmt wurde. Auch beklagten sie den Verlust einer Gesamtkultur, in welcher die Literatur der Gebildeten und die Volkspoesie noch eine Einheit gebildet hätten. Während die Klassiker eine solche kulturelle Einheit im antiken Griechentum gesehen hatten, verherrlichten die Romantiker eine solche Ganzheitskultur, wie sie sie ersehnten, im deutschen Mittelalter. Damit löste sich die deutsche Literatur zum ersten Mal bewusst vom Vorbild des ‚klassischen Altertums'. Während die Klassik mit ihrer Auffassung den Neuhumanismus des 19. Jahrhunderts begründete, legte die Romantik die Grundlagen zur deutschen ‚Nationalbildung', wie sie in der Schule betrieben wurde.

Vorstellung von einer alle Stände umfassenden Gesamtkultur

Lösung vom Vorbild des klassischen Altertums

Mittelalterbegeisterung

In seinem bedeutsamen Aufsatz ‚Die Christenheit oder Europa' (1799) hatte Novalis ein idealisiertes Bild vom christlichen Mittelalter entworfen, das für ihn zugleich eine Zukunftsvision war:

Bild vom ‚christlichen Mittelalter'

„Es waren schöne glänzende Zeiten, wo Europa ein christliches Land war, wo Eine Christenheit diesen menschlich gestalteten Welttheil bewohnte; Ein großes gemeinschaftliches Interesse verband die entlegensten Provinzen dieses weiten geistlichen Reichs."

Sammlungen deutscher Volkslieder, Volksbücher und Volksmärchen in nationalerzieherischer Absicht

1803 veröffentlichte Tieck seine Sammlung ‚Minnelieder aus dem schwäbischen Zeitalter', die den jungen Juristen Jacob Grimm für die altdeutsche Dichtung begeisterte. August Wilhelm Schlegel las 1803/4 an der Universität Berlin über die ‚Geschichte der romantischen Literatur im Mittelalter', während Friedrich Heinrich von der Hagen 1810 das Nibelungenlied herausgab. Doch romantisch waren nicht nur die Werke der staufischen Dichtung, sondern auch die vor langer Zeit vom Volk gedichteten und immer wieder gesungenen Lieder. In Heidelberg gaben Clemens Brentano und Achim von Arnim die erste große Sammlung deutscher Volkslieder unter dem Titel ‚Des Knaben Wunderhorn' (➤ S. 64) heraus (1805 ff.). Während Herder in seinen ‚Stimmen der Völker' (1778/9) Volkslieder vieler Nationen gesammelt und als Vorstufe einer zu erneuernden Kunstdichtung erläutert hatte, gingen die Romantiker von einer ‚dichtenden Volksseele' aus, beschränkten sich auf deutsches Liedgut und beabsichtigten mit ihrer Veröffentlichung eine Verjüngung der Volkskultur und Poesie, durch die die Kluft zwischen Gebildeten und Volk überbrückt werden sollte. Den gleichen Zweck verfolgten ‚Die Teutschen Volksbücher' (1807) von Joseph Görres und die ‚Kinder- und Hausmärchen' (1812 ff.) der Brüder Jacob und Wilhelm Grimm.

Poetisierung der Welt

Novalis hatte der Dichtung die Aufgabe zugewiesen, „dem Gemeinen einen hohen Sinn" und „dem Endlichen einen unendlichen Schein" zu geben. In seinem Bildungsroman ‚Heinrich von Ofterdingen' (1802), der das Heranreifen eines romantischen Dichters zum Inhalt hat, wird die Dichtung unter dem Traumbild der ‚blauen Blume' als ein Vermögen gefasst, die verborgene Zusammengehörigkeit der Dinge und Lebewesen zu erkennen und zur Sprache zu bringen, ein Vermögen, das eigentlich jeder Mensch besitze: „Es ist gar nichts Besonderes. Es ist die eigentümliche Handlungsweise des menschlichen Geistes. Dichtet und trachtet nicht jeder Mensch in jeder Minute?" (1. Teil, 8. Kap.).

Symbol der ‚blauen Blume'

Des Dichters Gespräch mit der Natur

Dieses menschliche Vermögen der Poesie überwindet auch die Grenze zwischen dem Individuum und der Natur: „Wird nicht der Fels ein eigentümliches Du, eben wenn ich ihn anrede? Und was bin ich anders als der Strom, wenn ich wehmütig in seine Wellen hinabschaue, und die Gedanken in seinem Gleiten verliere?" (Die Lehrlinge zu Sais, 2. Kap.)

Ja, in dem Gedicht ‚Wünschelrute' (1835) von Eichendorff wird der Dichter gar zum Erlöser der Natur:

Erlösung der Natur durch das „Zauberwort"

Schläft ein Lied in allen Dingen,
Die da träumen fort und fort,
Und die Welt hebt an zu singen,
Triffst du nur das Zauberwort.

Das Sehnsuchtsmotiv

Sehnsucht als Verheißung

Ein immer wiederkehrender Begriff der Romantik ist ‚Sehnsucht'. So heißt es von dem Studenten Anselmus, der in E.T.A. Hoffmanns Märchen ‚Der goldene Topf' die poetische Natur verkörpert:

Er fühlte, wie ein unbekanntes Etwas in seinem Innersten sich regte und ihm jenen wonnevollen Schmerz verursachte, der eben die Sehnsucht ist, welche dem Menschen ein anderes höheres Sein verheißt. (Vierte Vigilie)

Entgrenzung

Diese Sehnsucht, mit der der Mensch nach ‚anderem, höheren Sein' sucht, ‚Entgrenzung' erstrebt, hat in der Romantik viele Dimensionen:

Erfahrungsraum erweitert sich in bisher unbekannte psychische Bereiche

Bewusstseinserweiterung: Die Nacht wird als Thema entdeckt; denn sie führt in Schlaf und Traum aus der Tagwelt hinaus und ist auch Bild für den Tod, der das Tor zum Jenseits bildet. Die Vorstellung von einem Weiterleben dort sichert die Unendlichkeit des Individuums. Im Schlaf kehrt der Mensch zu seinen organischen Ursprüngen zurück. In der Symbolik der Träume zeigt sich eine allen Menschen gemeinsame Sprache, durch die die menschliche Natur mit einem anderen, Höheren oder Niederen, eins zu werden vermag.

Märchen bevorzugte Gattung

Auch Rausch und Wahn gehören zur romantischen Thematik. Die Grenzen der bekannten Wirklichkeit werden überschritten. Daher wird das Märchen, das Reales und Irreales nicht trennt, zur bevorzugten Gattung.

Eichendorff-Gedicht: Beleg für die psychische Qualität der romantischen Sehnsucht

Fernweh und Reiselust: Die Helden der romantischen Erzählungen machen sich – wie Eichendorffs ‚Taugenichts' – aus engen Lebensverhältnissen auf, um eine Welt zu suchen, die als Sehnsuchtstraum in ihrer Fantasie entstanden ist, aber sonst nicht existiert. Das Gedicht ‚Sehnsucht' von Eichendorff (1834) zeigt die Art dieser inneren Regung.

Romantische Ironie

Hinweis auf den artifiziellen Charakter des literarischen Werks

Während die bis zur Klassik geltende Dichtungslehre (Poetik) das literarische Werk als ein geschlossenes Gebilde ansah, das dem Leser als Ergebnis vorgelegt wird wie ein fertiges Bauwerk, von dem man das Gerüst entfernt und alle Hinweise auf den Arbeitsprozess beseitigt hat, lässt sich der romantische Autor gern beim Dichten zuschauen. Zahlreiche Textstellen verweisen auf die Poetik, mit der sich der Autor auseinander setzt, oder erläutern sein literarisches Verfahren.

Im letzten Kapitel des ‚Taugenichts' wird z.B. mit der traditionellen Poetik des Liebesromans gespielt, an dessen Ende die Auflösung aller dem Leser verbliebenen Fragen zu stehen hat. Der „Herr Leonhard" verrät dem Helden das Bauprinzip der Novelle:

„Alle Welt schreit – aber Du hast wohl noch keinen Roman gelesen?"
Ich verneinte es.
„Nun, so hast Du doch einen mitgespielt."

Das Gottvertrauen des Taugenichts ist also durch die Vorsehung des Romandichters eingelöst worden.

Ironie als Prinzip der dichterischen Willkür

Deshalb hat Ludwig Tieck die Ironie als „die Kraft" definiert, „die dem Dichter die Herrschaft über den Stoff erhält". Doch sichert sie ihm auch seine Souveränität im Spiel mit den Formen und literarischen Techniken. So verkündet es Friedrich Schlegel als Programm einer „romantischen Universalpoesie", „alle getrennten Gattungen der Poesie wieder zu vereinigen" (Athenäum-Fragment 116). Daher finden wir bei Eichendorff die Lyrik in den Roman eingebunden, sodass die Gedichte wichtige Bedeutungsaspekte verlieren, wenn man sie dort herauslöst und in eine Gedichtsammlung befördert. Die Lyrik wiederum muss man sich gesungen denken, hat Lied-Charakter. Nie zuvor ist in der deutschen Literatur Musik als Motiv, als Handlungselement, als Ausdrucksmittel so intensiv verwendet worden wie in der Romantik. Die eigene Produktion ist dabei spielerisch mit den Volksliedern, die die Autoren gesammelt haben, verquickt. Motive, Formen und Sprachmittel des Volkslieds werden zum poetischen Kunstmittel. Auch das Fragment als neue Gattung folgt aus dem Prinzip der Ironie. Novalis begründet das so: „Als Fragment erscheint das Unvollkommene noch am erträglichsten – und so ist diese Form der Mitteilung dem zu empfehlen, der noch nicht im ganzen fertig ist – und doch einzelne merkwürdige Ansichten zu geben hat" (Anekdoten 318). Friedrich Schlegel dagegen definiert wie folgt: „Ein Fragment muß gleich einem kleinen Kunstwerke von der umgebenden Welt ganz abgesondert und in sich selbst vollendet sein wie ein Igel." (Kritische Fragmente 206)

Gattungsmischung

Verbindung mit der Musik

Spiel mit Elementen der Volkspoesie

Fragment als literarische Gattung

Fragment: „wie ein Igel"

Künstlerproblematik

Struktur des Märchens: Ineinander zweier Handlungsstränge

In dem Märchen ‚Der goldene Topf' von Ernst Theodor Amadeus Hoffmann wird die Stellung des Künstlers in der bürgerlichen Gesellschaft in der Struktur des Werkes selbst veranschaulicht. Denn darin sind zwei Handlungsstränge, ein Alltagsgeschehen und eine Märchenhandlung untrennbar miteinander verwoben, wobei die Geisterwelt unmittelbar in das gewöhnliche Leben hineinreicht. Die Liebe zu Serpentina, der Schlange, welche die dichterische Inspiration symbolisiert, befähigt den Studenten Anselmus, die mit rätselhaften Zeichen übersäten Handschriften des Archivarius Lindhorst zu kopieren, womit das poetische Schaffen versinnbildlicht ist. Immer wenn seine bürgerliche Freundin Veronika, die unbedingt seine Frau und Hofrätin werden möchte, ihn in die Philisterwelt hineinzieht, versagt er bei seiner Aufgabe. Der Tintenklecks, der ihm in der 9. Vigilie passiert, ist sozusagen der Verlust seiner Kreativität, die

Situation des Künstlers: Ineinander von Dichterexistenz und Philisterdasein

Gefangenschaft in der Flasche und das Ende der poetischen Produktion. Für den Künstler ist also die Philisterwelt, in der er leben muss, eine ständige Gefahr.

Philisterdasein behindert poetisches Schaffen

Aus dieser Welt führt Serpentina den Studenten Anselmus in das Märchenland Atlantis, wo er, der Sorgen des Alltagslebens enthoben, sich ganz dem poetischen Schaffen widmen kann. Doch lässt der Erzähler offen, ob es dieses Märchenland wirklich irgendwo gibt oder ob es nur die ‚innere Emigration' des Dichters in der Philistergesellschaft symbolisieren soll.

Dichterexistenz = innere Emigration?

Drei Phasen der Romantik

Man kann drei Phasen der romantischen Bewegung unterscheiden. Die **Frühromantik** war kritisch-wissenschaftlich eingestellt, bildete einen geschlossenen Kreis mit Jena als Mittelpunkt. Die Brüder Schlegel waren die Wortführer. Sie wollten nach dem Verlust der klassischen Harmonie aus der ‚inneren Entzweiung' herausfinden. Als Mittel dazu erschien ihnen eine Abwendung von den antiken Mustern und eine Rückbesinnung auf die mittelalterliche Dichtung geeignet, die sie ‚romantisch' und ‚modern' nannten.

Frühromantik v. a. in Jena war kritisch-wissenschaftlich; Rückbesinnung auf die mittelalterliche Dichtung

Die jüngere oder **Hochromantik** mit dem Mittelpunkt Heidelberg ist durch die Sammlung und Herausgabe der Zeugnisse der mittelhochdeutschen Dichtung und der Volkspoesie gekennzeichnet.

Hochromantik v. a. in Heidelberg; Sammlung mittelalterlicher Dichtung

In der **Spätromantik**, die ihr Zentrum in Berlin hatte, kehrten viele Romantiker zum katholischen Glauben zurück oder konvertierten. Hier gibt es auch eine negativ-nihilistische, so genannte ‚schwarze' Romantik, die Themen wie Ich-Spaltung (Schizophrenie), Verbrechenszwang, Doppelgängertum behandelt (z. B. E. T. A. Hoffmann: Die Elixiere des Teufels).

Spätromantik v. a. in Berlin; so genannte ‚schwarze' Romantik

Autoren

Die Romantik folgt nicht auf die Klassik, sondern entsteht in der Auseinandersetzung mit ihr, begreift sich zunächst als ihre Ergänzung und Erweiterung. Die romantischen Autoren leben in der gleichen historischen Situation wie die Klassiker, nur sind sie etwa eine Generation jünger. Sie gehen während der Französischen Revolution, die sie enthusiastisch begrüßen, noch zur Schule und distanzieren sich daher erst später von ihr, da die Revolution inzwischen die Form der Fremdherrschaft über Europa angenommen hat. Durchweg aus vermögendem oder doch wohlhabendem Hause stammend, können sie studieren und beschäftigen sich dabei statt nur mit dem klassischen vor allem mit dem deutschen Altertum. Die meisten von ihnen finden ihren Lebensunterhalt als Universitätsprofessoren, Staatsbeamte oder können von ihrem Vermögen leben. Sie kommen aus Preußen oder preußischem Einflussgebiet. Einige haben als Offiziere am Befreiungskrieg 1813–15 teilgenommen. Zu den wichtigsten Autoren gehören:

Romantik entsteht in der Auseinandersetzung mit der Klassik

Autoren sind meist aus wohlhabendem Haus und werden Professoren oder Staatsbeamte

August Wilhelm Schlegel (1767–1845)
Friedrich Schlegel (1772–1829)
Novalis = Friedrich Frh. v. Hardenberg (1772–1801)
Ludwig Tieck (1773–1853)
Achim von Arnim (1781–1831)
Clemens Brentano (1778–1842)
Ernst Theodor Amadeus Hoffmann (1776–1822)

Werke

Zum Roman

Roman und Erzählung führende Gattung

Lyrik in Erzählung eingebunden

Rollengedicht an die Figur gebunden

Entgegen der früheren Auffassung, die bei der Darstellung der Romantik von der Lyrik ausging, hält man heute – wie die Romantiker selbst in ihren theoretischen Äußerungen – den Roman, wozu auch andere Erzählformen wie Märchen, Novelle, Volksbuch zu zählen sind, für die führende Gattung der Romantik. Die romantische Lyrik entsteht als Bestandteil dieser universellen Gattung, aus deren jeweiligem Zusammenhang sie ihre Funktion und Bedeutung erhält. Sie darf daher nicht als unmittelbare Äußerung eines ‚lyrischen Ichs' genommen, sondern muss als Rollengedicht einer fiktiven Romanfigur und aus dem erzählerischen Kontext verstanden werden. Auch wenn es später ohne diesen Kontext veröffentlicht und im Konzertsaal in komponierter Form als Kunstlied allgemein bekannt gemacht wird, gehört doch das Eingebundensein in den Roman zu seinem Wesen.

Zur Lyrik

Sammlung volkstümlicher Lyrik

Eigene Produktion mit Rezeption von Volksgut und Überlieferung gemischt

Von großem Einfluss auf die Lyrik war die Sammlung ‚Des Knaben Wunderhorn – Alte deutsche Lieder', welche 1806 und 1808 von Achim von Arnim und Clemens Brentano herausgegeben wurde. Wortlaut und Gestalt der aus alten Drucken, Büchern und Almanachen zusammengesuchten Gedichte wurden dabei verändert, um- und weitergedichtet, zusammengesetzt. Die eigene Produktion der Romantiker war dermaßen mit ihrer Rezeption alter Sagen, Märchen, Lieder verquickt, dass in ihren Werken nur schwer zwischen Zitat, Übersetzung, Bearbeitung und eigener Dichtung unterschieden werden kann.

Zum Volkston der Gedichte

Gegenüber der vorwiegend an den Geist gerichteten Bildungslyrik der Klassiker stellte die auf Gemüt und Stimmung abzielende romantische Lyrik eine Wende dar. Sie beruhte auf einer schöpferischen Erneuerung des Volksliedes und arbeitete mit seinen Motiven, z. B. Volkstypen wie Müller, Fischer, Student, Spinnerin usw., seinen typischen Situationen wie Wandern, Fahrt, Ständchen, Jagd usw., mit seinen Formen, die einfach und eingängig sind (Strophen, Reim, Refrain). Doch wird diese Kunstlosigkeit, die im alten Volkslied wirklich Kunstlosigkeit war, von den romantischen Autoren ganz bewusst als Kunstmittel eingesetzt. Ist das Volkslied die Redeweise einfacher Menschen aus einer einfacheren Zeit und daher die Aussage einfacher, wenig differenzierter Seelenzustände, so dient dieser einfache Stil dem romantischen Dichter zur Aussage einer komplizierten, ‚modernen' Bewusstseinslage.

Klassische Bildungslyrik und romantische Gemütslyrik

Kunstlosigkeit nach dem Muster der Volkspoesie als literarische Technik

E.T.A. Hoffmann: ‚Der goldene Topf.' Ein Märchen aus der neuen Zeit (1814)

Der Student Anselmus verdirbt durch seine Zerstreutheit einem alten Apfelweib, das am Schwarzen Tore in Dresden sitzt, die Ware. Er ersetzt den Verlust und bekommt eine ihm unverständliche Verwünschung zu hören. Von nun an wird ihm die Welt des bürgerlichen Alltags, repräsentiert durch den Konrektor Paulmann, dessen Tochter Veronika und den Registrator Heerbrand, märchenhaft verwandelt. Er gerät nämlich in den Kampf hinein, den das Apfelweib, in dem sich eine Hexe verbirgt, mit einem ‚Salamander', d. h. einem Geisterfürsten, führt, der die Gestalt des Archivarius Lindhorst hat, für den Anselmus, um sich etwas Geld zu verdienen, alte Manuskripte kopiert. Dabei verliebt er sich in Serpentina, d. h. Schlange, eine der drei Töchter des Archivarius. Der Herr des Geisterreichs hat den Salamander einst in menschliche Gestalt gebannt, aus der er nur erlöst werden kann, wenn die Töchter Liebhaber finden, die „ein kindliches poetisches Gemüt" haben. Nachdem der Fluch der Alten („Fall ins Kristall") sich an Anselmus erfüllt hat, d. h. er in des Archivarius Bibliothek in ein Glas eingeschlossen wurde, findet dort ein Kampf des Salamanders mit der Hexe statt. Sie wird, besiegt, wieder zur Runkelrübe, Anselmus, aus dem Glas befreit, erhält Serpentina zur Frau. Sie beziehen „ein Rittergut" im Zauberland Atlantis und erhalten den „Goldenen Topf", aus dem eine Lilie wächst. Er symbolisiert das „tiefste Geheimnis der Natur", den Einklang aller Wesen. Der Archivarius aber klopft dem Erzähler auf die Schulter und schließt mit der Frage, was denn „des Anselmus Seligkeit" anderes sei als „das Leben in der Poesie". Veronika aber ist Frau Hofrätin Heerbrand geworden.

Alltagswelt mit märchenhaften Zügen vermischt

Veronika und Serpentina verkörpern die bürgerliche Welt und das Reich der Poesie

Geheimnis der Natur: alles ist eins

E.T.A. Hoffmann: ‚Der Sandmann.'
Erzählung aus dem 1.Teil der ‚Nachtstücke' (1816)

Geschichte einer pathologischen Wahrnehmungskrise

Thema der Erzählung, die im ersten Teil aus drei Briefen besteht, nach denen ein Erzähler das Wort nimmt, ist die Wahrnehmungskrise des Studenten Nathanael, die aus einem Kindheitstrauma herrührt und, sich zum Wahnsinn steigernd, schließlich zum Selbstmord führt. Im Mittelpunkt steht das Auge als Organ der Wahrnehmung, wie schon im Ammenmärchen vom Sandmann, den das Kind im Advokaten Coppelius erkennt, der mit dem Vater chemische Experimente macht, bei denen dieser ums Leben kommt. Die ‚Urszene' mit dem drohenden Sandmann, aus der sich Nathanaels Krankengeschichte entwickelt, spielt in des Vaters Arbeitszimmer, wo sich das Kind versteckt hat, von Coppelius entdeckt und damit bedroht wird, dass es wie ein Automat auseinander genommen werden soll. Die Szene stellt sich als Fiebertraum heraus. An seinem Studienort erscheint dieser ‚Sandmann' in Gestalt des Optikers Coppola wieder, der ihm ein Fernglas („Taschenperspektiv") verkauft, in dem ihm Olimpia, die von Professor Spalanzani gefertigte Puppe, als lebendiger Mensch erscheint, während er Clara, seine Verlobte, für einen Automaten hält. Er bildet sich ein, dass Olimpia, der er seine Gedichte vorliest, ihn zutiefst verstehe, obwohl sie gar nichts zu ihm sagt. Durch die ständige perspektivische Relativierung der erzählten Welt erscheint die Wirklichkeit vieldeutig und undurchschaubar. Der Held, Nathanael, sieht sein Leben – im Unterschied zur Auffassung Claras und ihres Bruders Lothar – der Einwirkung eines dämonischen Geisterreichs ausgesetzt. Der Schlussabschnitt mit dem idyllischen Bild von Claras „häuslichem Glück", in scharfem Schnitt gegen das Bild Nathanaels gesetzt, der „mit zerschmettertem Kopf auf dem Steinpflaster lag", unterstreicht die Ambivalenz der Erzählhaltung, die für den ‚Sandmann' charakteristisch ist.

Ein ‚Perspektiv' verzerrt die Wirklichkeit wahnhaft

Der Held verwechselt die Puppe mit dem lebendigen Menschen

Multiperspektivische Erzählweise

Nathanael fühlt sich dämonischen Kräften ausgesetzt

Alle Querverweise im Überblick:

Künstlerproblematik: S.56 ➛ 64
Romantische Ironie: S.60 ➛ 63
Volkslieder: S.62 ➛ 64

Zusammenfassung:

Romantik

Mit dem **Begriff ‚romantisch'** wurde die mittelalterliche deutsche Dichtung im Unterschied zur antiken Literatur bezeichnet. Einem Dichter wurde die Aufgabe gestellt, die gewöhnliche Welt als geheimnisvoll darzustellen (**‚Romantisieren'**). Denn sie sei durch die ‚Philister' (Erwerbsbürger) banalisiert worden. Das **Ideal einer alle Stände umfassenden Gesamtkultur** sah man im Mittelalter verwirklicht.

Aus der wissenschaftlichen Beschäftigung mit seiner Literatur entstand die Germanistik: Grimms Märchen, Des Knaben Wunderhorn, Ausgaben der Volksbücher und des Nibelungenlieds. Der Dichter wird verehrt, weil er mit seinem „Zauberwort" die Natur zum Sprechen zu bringen vermag. Zentrales Motiv ist die ‚Sehnsucht', d.h. das Bedürfnis nach Lebenserweiterung (Bewusstseinserweiterung, Nachtseite des Lebens, Idealisierung der Kindheit, Fernweh), nach einer anderen Welt (‚Entgrenzung'). **Der Dichter existiert in zwei Welten**, der bürgerlichen (‚Philister') und der Kunstwelt („Leben in der Poesie"). Während der wirtschaftende Mensch die Welt entzaubert hat, **will der romantische Dichter** sie wieder **verzaubern**. Während der Erwerbsbürger (‚Philister') geistig träge zu werden droht, lebt der ‚Sonntagsmensch' in der Gefahr, „verlassen von der Welt" zu sein. Im Roman dominieren daher eine unrealistische Erzählweise (Unbestimmtheit von Handlung, Charakter, Ort, Zeit), ein einfacher Satzbau und eine Wahl von Wörtern allgemeiner Bedeutung (dadurch vielfältige Interpretierbarkeit).

Vorbild in der Lyrik ist das Volkslied; es ist geprägt durch typische Figuren, typische Situationen, typische Motive, Einfachheit der Wortwahl: Kunstlosigkeit als Kunstmittel.

Kennzeichnend für das Lebensgefühl der Romantik ist das Bewusstsein von der Unvereinbarkeit von Ideal (Kunst, Reisen, Muße) und Wirklichkeit (Arbeit, Erwerb, Sorge), das dem Leser durch Ironiesignale vermittelt wird. Romantische Ironie ist der souveräne Umgang des Dichters mit Stoff und Form und als Betonung des Prozesscharakters von Dichtung, die Mischung der Gattungen und Künste. Der Dichter zeigt dem Leser, wie er arbeitet, er erörtert Fragen des Dichterhandwerks, veröffentlicht auch Fragmente.

Drei Phasen der Romantik lassen sich unterscheiden: Die Frühromantik (Auseinandersetzung mit der Klassik), die Hochromantik (Herausgabe der Werke aus der mittelalterlichen und der Volksdichtung) und die Spätromantik (Wendung zum Katholizismus, auch ‚schwarze' Romantik).

1827 Buch der Lieder
Das leitende Motiv dieser Gedichtsammlung ist die unglückliche Liebe als Metapher für Ausgrenzung, für Leiden unter der Reaktion und der wachsenden Entfernung zwischen Poesie und Wirklichkeit.
➛ **s. S. 81**

1844 Deutschland. Ein Wintermärchen.
Heine lebt schon 13 Jahre im Exil und will seine 72-jährige Mutter in Hamburg noch einmal wiedersehen. Das politisch-satirische Versepos übt Kritik an den politischen Zuständen, vor allem in Preußen.
➛ **s. S. 81**

Heinrich Heine (1797–1856)

Porträt von Heinrich Heine

DAS JUNGE DEUTSCHLAND

1835 Dantons Tod
Ganze Partien dieses Dramas in vier Akten werden aus den Originalreden der Revolutionäre übernommen.
s. S. 81

1836 Woyzeck
Zum ersten Mal ist ein armseliger Mensch vom untersten Rande der Gesellschaft der ‚Held' eines Dramas. Büchner hebt sich dadurch deutlich von der literarischen Tradition der Goethezeit ab.
s. S. 72

Georg Büchner (1813–1837)

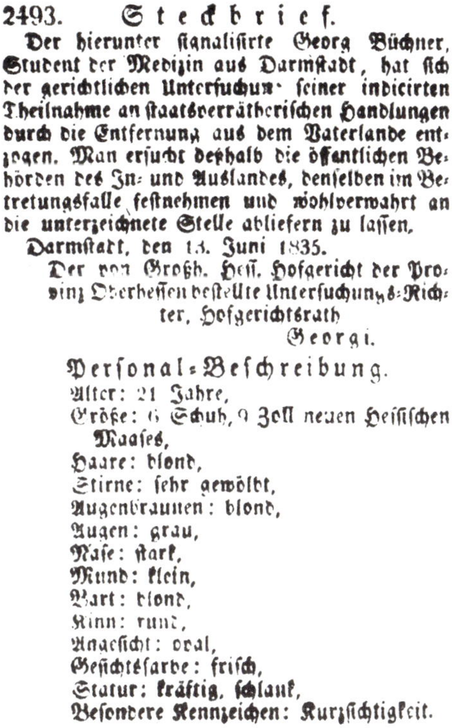

2493. Steckbrief.

Der hierunter signalisirte Georg Büchner, Student der Medizin aus Darmstadt, hat sich der gerichtlichen Untersuchung seiner indicirten Theilnahme an staatsverrätherischen Handlungen durch die Entfernung aus dem Vaterlande entzogen. Man ersucht deßhalb die öffentlichen Behörden des In- und Auslandes, denselben im Betretungsfalle festnehmen und wohlverwahrt an die unterzeichnete Stelle abliefern zu lassen.

Darmstadt, den 13. Juni 1835.

Der von Großh. Hess. Hofgericht der Provinz Oberhessen bestellte Untersuchungs-Richter, Hofgerichtsrath
Georgi.

Personal-Beschreibung.
Alter: 21 Jahre,
Größe: 6 Schuh, 9 Zoll neuen Hessischen Maases,
Haare: blond,
Stirne: sehr gewölbt,
Augenbraunen: blond,
Augen: grau,
Nase: stark,
Mund: klein,
Bart: blond,
Kinn: rund,
Angesicht: oval,
Gesichtsfarbe: frisch,
Statur: kräftig, schlank,
Besondere Kennzeichen: Kurzsichtigkeit.

Steckbrief, mit dem Büchner wegen seiner Flugschrift „Der hessische Landbote" 1835 gesucht wird.

1839 Lenz
Büchner verarbeitet hier die Krankengeschichte von Jakob Michael Reinhold Lenz.
s. S. 82

Das Junge Deutschland

In diesem Kapitel erfahren Sie:

- Unter dem Namen „Junges Deutschland" schließt sich eine kleine Gruppe von Dichtern zusammen, die eine aktuelle, politische Literatur fordert. Sie übt Zeitkritik, greift gesellschaftlich relevante Themen auf.
- 1835 werden ihre Schriften wegen angeblich staatsgefährdender und antichristlicher Tendenzen verboten.
- Heinrich Heine und Georg Büchner distanzieren sich vom Jungen Deutschland, werden aber dennoch mit ihnen identifiziert und politisch verfolgt. Büchner wird wegen seiner Flugschrift „Der Hessische Landbote" 1835 steckbrieflich gesucht.

Georg Büchner: ‚Woyzeck' (1836/37)

Drama wurde im Nachlass gefunden

Mit diesem Drama, das sich im Nachlass des früh verstorbenen Arztes und Dichters fand und erst 1913 uraufgeführt wurde, hat sich Büchner S. 76 deutlich von der literarischen Tradition der Goethezeit abgesetzt, indem er einen armseligen Menschen vom untersten Rande der Gesellschaft zum ‚Helden' des Stücks machte. In ihm ist der Fall des Barbiers Woyzeck verarbeitet, der 1821 in Leipzig seine Braut erstach und dort 1824 öffentlich hingerichtet wurde. Der Fall löste damals einen Streit unter den Medizinern über die Unzurechnungsfähigkeit des Delinquenten aus. Büchner hatte die Diskussion in den Fachorganen verfolgt. Im Drama hat er aber den Fall nicht einfach dokumentiert, sondern dichterisch umgestaltet. Eine Reihe von Charakterzügen des historischen Woyzeck, seine Tücke, Brutalität und Gefühlskälte ist weggelassen; Büchners Woyzeck misshandelt seine Geliebte nicht. Stattdessen erhält die Figur solche persönlichen Schwächen, die sie menschlich erscheinen lassen und das Mitleid des Zuschauers zu erregen vermögen. Woyzeck wird zum Exempel einer ganz bestimmten Soziallage und Lebenssituation, aus der sich sein äußeres und inneres Verhalten erklärt und die wiederum anhand dieses Verhaltens transparent gemacht wird. Der Handlungsaufbau ist folgendermaßen:

Handlungsaufbau

Der Soldat Franz Woyzeck hat mit Marie, seiner Geliebten, ein Kind. Um besser für sie sorgen zu können, verdient er sich als Versuchsperson ein Zubrot bei einem Arzt, der urologische Forschungen durchführt. Marie lässt sich mit einem selbstbewussten Tambourmajor ein, der ihr schöne Augen macht und sie zum Tanzen mitnimmt. Als Marie Woyzeck untreu geworden ist, geht mit Woyzeck sein unterdrücktes Temperament durch. Er leidet unter Halluzinationen, fühlt sich ohnmächtig dem Schicksal ausgeliefert, steht unter Zwang, handeln zu müssen, bis er in seiner Entwürdigung keinen anderen Ausweg findet, als seine geliebte Marie umzubringen. Danach sucht er den Tod im Wasser.

Im Unterschied zum Drama der Aufklärung und der Weimarer Klassik, dessen Sprache – bei aller Differenzierung zur Unterscheidung der Figuren – doch einen hohen, in sich einheitlichen Stil zeigt, spiegelt sich in der Sprache von Büchners Figuren der soziale Gegensatz zwischen den ‚Reichen' und ‚Gebildeten' einerseits und den ‚Armen' und ‚Ungebildeten' auf der anderen Seite. Diesen Gegensatz veranschaulicht Büchner in einer Schlüsselszene folgendermaßen:

Dramensprache zeigt den sozialen Gegensatz

Hauptmann auf einem Stuhl, Woyzeck rasiert ihn:

HAUPTMANN: Langsam, Woyzeck, langsam; eins nach dem andern! Er macht mir ganz schwindlig. Was soll ich dann mit den zehn Minuten anfangen, die Er heut zu früh fertig wird? Woyzeck, bedenk Er, Er hat noch seine schöne dreißig Jahr zu leben, dreißig Jahr! Macht dreihundertsechzig Monate und Tage, Stunden, Minuten! Was will er denn mit der ungeheuren Zeit all anfangen? Teil Er sich ein, Woyzeck!

WOYZECK: Jawohl, Herr Hauptmann!

HAUPTMANN: Es wird mir ganz angst um die Welt, wenn ich an die Ewigkeit denke. Beschäftigung, Woyzeck, Beschäftigung! Ewig, das ist ewig, das ist ewig – das siehst du ein; nun ist es aber wieder nicht ewig, und das ist ein Augenblick, ja ein Augenblick, Woyzeck, es schaudert mich, wenn ich denke, daß sich die Welt in einem Tag herumdreht! Was'n Zeitverschwendung! Wo soll das hinaus? Woyzeck, ich kann kein Mühlrad mehr sehn, oder ich werd melancholisch.

WOYZECK: Jawohl, Herr Hauptmann!

HAUPTMANN: Woyzeck, Er sieht immer so verhetzt aus! Ein guter Mensch tut das nicht, ein guter Mensch, der sein gutes Gewissen hat. – Red er doch was, Woyzeck! Was ist heut für Wetter?

WOYZECK: Schlimm, Herr Hauptmann, schlimm; Wind!

HAUPTMANN: Ich spür's schon, 's ist so was Geschwindes draußen; so ein Wind macht mir den Effekt wie eine Maus. *(Pfiffig.)* Ich glaub, wir haben so was aus Süd-Nord?

WOYZECK: Jawohl, Herr Hauptmann!

HAUPTMANN: Ha, ha, ha! Süd-Nord! Ha, ha, ha! Oh, Er ist dumm, ganz abscheulich dumm! *(Gerührt.)* Woyzeck, Er ist ein guter Mensch – aber *(mit Würde)* Woyzeck, Er hat keine Moral! Moral, das ist, wenn man moralisch ist, versteht Er. Es ist ein gutes Wort. Er hat ein Kind, ohne den Segen der Kirche, wie unser hochehrwürdiger Herr Garnisonsprediger sagt, ohne den Segen der Kirche, es ist nicht von mir.

WOYZECK: Herr Hauptmann, der liebe Gott wird den armen Wurm nicht drum ansehen, ob das Amen drüber gesagt ist, eh er gemacht wurde. Der Herr sprach: Lasset die Kleinen zu mir kommen!

HAUPTMANN: Was sagt Er da? Was ist das für eine kuriose Antwort? Er macht mich ganz konfus mit seiner Antwort. Wenn ich sag: Er, so mein ich Ihn, Ihn –

WOYZECK: Wir arme Leut – Sehn Sie, Herr Hauptmann: Geld, Geld! Wer kein Geld hat – Da setz einmal einer seinesgleichen auf die Moral in die Welt. Man hat auch sein Fleisch und Blut. Unsereins ist doch einmal unselig in der und der andern Welt. Ich glaub, wenn wir in Himmel kämen, so müßten wir donnern helfen.

Hälfte der Szene ein Monolog des Hauptmanns

Die Hälfte der Szene (1–34) stellt im Grunde einen Monolog des Hauptmanns dar, auf den Woyzeck nach Untergebenenart reagiert: „Jawohl, Herr Hauptmann“ (9, 18, 27). Der Hauptmann beschäftigt sich mit großen Themen, Zeit (5–8) und Ewigkeit (12 f.), Vergänglichkeit (14–17), schließlich mit dem „guten Menschen“, der sich nicht so ‚abhetzt‘ (19) wie sein Bursche, der ihn jeden Tag rasiert. Sein Denken dreht sich im Kreise und kommt nicht vom Fleck, wie es die Bilder vom Jahreszyklus (6), vom Tageslauf (15), vom Mühlrad (16/17) und die vielen Wiederholungen zeigen. Das Philosophieren bringt ihm keine Einsicht, hilft ihm nicht über die Vergänglichkeit hinweg, macht ihn „melancholisch“ (17). Doch fühlt er sich seinem Burschen haushoch überlegen und bringt ihn mit seiner Frage nach der Windrichtung absichtlich in Verlegenheit, um sich an seiner ‚Dummheit‘ zu weiden (28 f.) und seine vermeintliche Überlegenheit zu genießen. Zugleich fühlt er sich ihm auch in sittlicher Hinsicht überlegen, weil Woyzeck ein uneheliches Kind hat. Doch redet er auch hier um die Sache herum und vermag keine Stellung zu beziehen: „Er ist ein guter Mensch – aber Woyzeck, Er hat keine Moral! Moral, das ist, wenn man moralisch ist, versteht Er“ (29–31). Deshalb versteckt er sich auch mit seinem Urteil hinter der Autorität des „hochehrwürdigen Herrn Garnisonpredigers“ (33).

Des Hauptmanns Monolog und Woyzecks Antworten

Kein Vertrauen in die Kirche

Die ‚armen‘ Leute können nicht ‚auf die Moral‘ setzen

Im Unterschied zu den monologischen Äußerungen des Hauptmanns sind die drei Repliken Woyzecks gedanklich zusammenhängend und aussagekräftig. In seiner ersten Antwort beruft sich Woyzeck gegenüber der Autorität der Kirche auf den „lieben Gott“ (35), d. h. er gibt seinem Gottvertrauen Ausdruck, das er mit einem Bibelzitat (37 f. = Ev. Matth. 19,14) bekräftigt. In seiner zweiten Replik artikuliert Woyzeck das Selbstverständnis der „armen Leut“, die sich ‚Moral‘ nicht leisten können, sondern der Natur unterliegen (42 f.).

Nachdem in der Aufklärung bis hin zur Klassik Freiheit, Selbstbestimmung, Autonomie des Menschen als Inbegriff der ‚Humanität' leitende Themen der Literatur waren, wird nun die Frage des **Determinismus** gestellt. Das ‚ich muss' hat das ‚ich will' abgelöst, wie Büchner in seinem Geschichtsdrama ‚Dantons Tod' (1835) den Titelhelden sagen lässt:

Nicht mehr Selbst-, sondern Fremdbestimmung Thema der Dichtung

„Wer will der Hand fluchen, auf die der Fluch des Muß gefallen? Wer hat das Muß gesprochen, wer? Was ist das, was in uns hurt, lügt, stiehlt und mordet?" (II, 5)

Auch auf dem Hauptmann liegt dieses Muss, obwohl er in dem Stück kein Verbrechen begeht. Aber er verhält sich, ohne es zu wissen, nach den Üblichkeiten seines Standes. Denn – wie Büchner im Februar 1834 aus Gießen an seine Familie schreibt –

„Ich verachte niemanden, am wenigsten wegen seines Verstandes oder seiner Bildung, weil es in niemandes Gewalt liegt, kein Dummkopf oder kein Verbrecher zu werden, – weil wir durch gleiche Umstände wohl alle gleich würden, und weil die Umstände außer uns liegen."

Niemanden verachten, schon gar nicht wegen seiner Unbildung

Aber Büchner macht eine Ausnahme:

„Der Haß ist so gut erlaubt als die Liebe, und ich hege ihn in vollstem Maße gegen die, welche verachten. Es ist deren eine große Zahl, die im Besitze einer lächerlichen Äußerlichkeit, die man Bildung (...) heißt, die große Masse ihrer Brüder ihrem verachtenden Egoismus opfern (...)."

Hass gegen die, die verachten

Und am Schluss wird auch das Verständnis begründet, das der Dichter in der obigen Szene für seinen Titelhelden zeigt:

„Ich hoffe noch immer, daß ich leidenden, gedrückten Gestalten mehr mitleidige Blicke zugeworfen, als kalten, vornehmen Herzen bittere Worte gesagt habe."

Mitleid mit den ‚leidenden, gedrückten Gestalten'

Dass ‚Woyzeck' in dieser Szene besser wegkommt als der Hauptmann, ist also in Büchners Mitleid mit denen begründet, die in dem „gräßlichen Fatalismus der Geschichte" (Brief an die Braut, um den 9.–12.3.1834) zu schlecht weggekommen sind. Büchner macht die gesellschaftlichen Kräfte und Zwänge transparent, die auf Woyzeck einwirken und sein Denken und Verhalten bestimmen. Dass er arm und ungebildet ist, macht aus ihm den Menschen, der nach dem Maßstab der Besitzenden „unmoralisch" handelt, und treibt ihn am Ende in die geistige Umnachtung.

Fatalismus der Geschichte

Die gesellschaftlichen Kräfte und Zwänge werden transparent gemacht

Auch im Privatraum soziale Spannungen; Woyzeck hat keine Chance

Auswirkungen der sozialen Ungleichheit

Ablehnung des Idealismus der Klassiker

Woyzeck aber weiß nur von der „Natur“, die ihn triebhaft handeln und reagieren lässt. Wie soll er sich diesen Widerspruch erklären? Schließlich wird Woyzeck auch dort getroffen, wo er sich ein Stück eigener Existenz aufgebaut hatte: bei seiner Marie und dem gemeinsamen Kind. Hier schien er als Mensch zu gelten. Aber dieses kleine Glück spielt sich, wie er erfahren muss, in einer Welt der sozialen Gegensätze ab. Den Wettstreit mit dem selbstbewussten Tambourmajor kann Woyzeck nicht gewinnen. So greift er zum Messer. Die in ‚Dantons Tod‘ gestellte Frage, was „in uns hurt, lügt, stiehlt und mordet“, wird also von Büchner an die gesellschaftlichen Umstände, an die Gegensätze des Besitzes und der Bildung verwiesen.

Büchner stellt hier das Erziehungsprogramm der Klassiker in Frage. Er zeigt, dass deren moralischer Imperativ „Edel sei der Mensch, hilfreich und gut!“ (➤ S. 45 f.) den Privilegierten nur noch als ‚Statussymbol‘ dient.

GEORG BÜCHNER (1813–1837)

- 17.10.1813 als Arztsohn in Godelau, Hessen geboren
- Studium der Medizin in Straßburg und Gießen
- 1834 Gründung einer ‚Gesellschaft der Menschenrechte‘, politische Flugschrift ‚Der Hessische Landbote‘
- 1835 Haftbefehl, Flucht nach Straßburg, Promotion zum Dr. med. in Zürich
- 19.2.1837 Tod durch Typhus in Zürich

Die literarische Epoche des ‚Jungen Deutschland'

Die Restaurationszeit 1815–1848

Auf dem Wiener Kongress 1815 haben die europäischen Mächte die Neuordnung Europas durch Wiederherstellung (‚Restauration') des politischen Zustandes von 1792 vorgenommen. Die durch das französische Vorbild angeregten Reformen wurden in Preußen und den anderen deutschen Feudalstaaten wieder rückgängig gemacht. Im März 1848 führten Aufstände in Berlin, München und Wien zu einigen Veränderungen des politischen Systems im Sinne einer konstitutionellen Monarchie mit verstärktem Einfluss des liberalen Großbürgertums, ohne dass die absolutistische Staatsform abgeschafft wurde. Die Bürger blieben weiterhin Untertanen. Ihre Bewusstseinslage war durch den Widerspruch zwischen ihrer wachsenden wirtschaftlichen Bedeutung und ihrer politischen Bedeutungslosigkeit in der Feudalaristokratie gekennzeichnet. Für diese Bewusstseinslage war die Julirevolution 1830 in Frankreich insofern ein wichtiger Einschnitt, als den deutschen Bürgern im Nachbarland vorgeführt wurde, dass es möglich ist, einen König, der sich nicht an die Verfassung hält, abzusetzen und durch einen ‚Bürgerkönig' (Louis Philippe) auszutauschen. Nach diesem Einschnitt wuchs die Unzufriedenheit mit den politischen Verhältnissen und es entstand ein Publikum für Literatur, in der Kritik an den sozialen und politischen Zuständen in Deutschland geübt wurde.

Keine wesentlichen Änderungen durch die Märzrevolution 1848

Anwachsen kritischen Bewusstseins im deutschen Bürgertum angesichts der Julirevolution 1830 in Frankreich

Die Autoren solcher Veröffentlichungen heben sich in den 1830er- und 1840er-Jahren deutlich von den übrigen literarischen Richtungen ab, welche die klassische oder romantische Tradition fortsetzten (‚Biedermeier': Annette v. Droste-Hülshoff 1797–1848, Eduard Mörike 1804–1875). Man fasst jene kritischen Autoren unter dem Begriff ‚Das Junge Deutschland' zusammen. Einer von ihnen, Ludolf Wienbarg, hatte den Begriff in seiner germanistischen Antrittsvorlesung 1834 in Kiel geprägt:

‚Das Junge Deutschland' hebt sich als eigene Epoche heraus

Herkunft des Begrlffs

„Dir, junges Deutschland, widme ich diese Reden, nicht dem alten. Ein jeder Schriftsteller sollte nur gleich von vornherein erklären, welchem Deutschland er sein Buch bestimmt und in wessen Händen er dasselbe zu sehen wünscht (...)."

Damit war also das Prinzip der Parteinahme in die Literatur eingeführt. Der Beschluss des Deutschen Bundestages vom 10.12.1836 übernahm den Begriff dann in den Text seines Publikationsverbots für Heinrich Heine **S. 80**, Karl Gutzkow, Ludolf Wienbarg u.a. Die Begründung lautete, dass diese Autoren es darauf anlegten, „die christliche Religion auf die frechste Weise anzugreifen, die bestehenden sozialen Verhältnisse herabzuwürdigen und alle Zucht und Sittlichkeit zu zerstören". Georg Büchner ist hier zwar nicht genannt, war aber zur Fahndung ausgeschrieben, weil er in seiner Flugschrift ‚Der Hessische Landbote' (1834) anhand der Zahlen des Staatshaushalts seine Landsleute über ihre Ausbeutung unterrichtet hatte. Trotzdem rechnet sich Büchner nicht zu dieser

Parteilichkeit bei der Betrachtung von Literatur

Vorwurf der „Herabwürdigung der bestehenden sozialen Verhältnisse"

Büchner hält ‚Tagesliteratur' für politisch wirkungslos

literarischen Gruppe, weil er gesellschaftliche Veränderungen ohne Gewalt nicht für möglich, ‚Tagesliteratur' für politisch wirkungslos hält, wie er am 6.4.1833 an die Familie schreibt. Gleichwohl treffen die Merkmale, durch die sich der Kreis des ‚Jungen Deutschland' von der übrigen zeitgenössischen Literatur abhebt, auch auf Büchner zu, der mit Heine zusammen für uns heute diese Epoche repräsentiert.

Das Ende der ‚Kunstperiode'

Goethes Tod als Zäsur

Bewusstsein vom Gegensatz der eigenen Gegenwart zur ‚Kunstperiode'

Schon Ende der 1820er-Jahre hat Heine das „Ende der Kunstperiode" prophezeit, „die bei der Wiege Goethes anfing und bei seinem Sarge aufhören wird". Dieses Ende war nun am 22.3.1832 gekommen. Auch die anderen Schriftsteller des ‚Jungen Deutschland' wurden sich nun des Gegensatzes bewusst, der zwischen einer Epoche, deren herrschenden Mittelpunkt die Idee der Kunst gebildet hatte, und ihrer Gegenwart bestand. Sie sahen keine Möglichkeit mehr, „ihre Kunst von der Politik des Tages" zu trennen. Heine lobt seine Schriftstellerkollegen, „die keinen Unterschied machen wollen zwischen Leben und Schreiben, die nimmermehr die Politik trennen von Wissenschaft, Kunst und Religion, und die zu gleicher Zeit Künstler, Tribun und Apostel sind" (Die Romantische Schule 1834).

Der Dichter ist demokratischer geworden

Georg Herwegh sieht den Gegensatz zwischen seiner Gegenwart und der ‚Kunstperiode' so: „Der Dichter vereinsamt nicht mehr, er sagt sich von keiner gesellschaftlichen Beziehung mehr los, kein Interesse des Volkes und der Menschheit bleibt seinem Herzen fremd; er ist nicht nur demokratischer, er ist auch universeller geworden." (Die neue Literatur 1839).

Gemeinsam war den Dichtern des ‚Jungen Deutschland' ein besonderes Interesse an der Zeitgeschichte. Statt die Welt zu ‚romantisieren' (➛ S. 61), behandelten sie Themen ihrer Gegenwart in verständlicher Weise und in kritischer Absicht.

Journalistische Tätigkeit

Dichter- und Mäzenatentum abgelöst durch Journalismus und kapitalistische Literaturproduktion

Die neue Zeit veränderte auch die Arbeitsweise des Schriftstellers. An die Stelle des Dichters, der in Abhängigkeit von einem adligen Mäzen für ein eng begrenztes Publikum schrieb, trat der freie Schriftsteller, der seinen Lebensunterhalt als Journalist verdienen musste. Die literarischen Zentren verlagerten sich von den Residenzen (Weimar, Braunschweig) in die Großstädte (Köln, Berlin,

Hamburg). Dort konzentrierten sich die wichtigsten Verlage und die großen Zeitungen. Auftragsarbeit und hohe Auflagen kennzeichneten diese als kapitalistische Unternehmungen. Die ‚Jungdeutschen' verstanden ihre ‚Tagesliteratur' als eine „Emanzipation der Prosa", d.h. sie stellten auch ihre journalistischen Beiträge gleichberechtigt neben die Poesie und begründeten diese Gleichstellung damit, dass die Prosa die Ausdrucksform der demokratischen Gegenwart, die gebundene Rede aber Kennzeichen der vergangenen Hofkultur sei.

Programm einer „Emanzipation der Prosa"

Als Journalist hat es der Schriftsteller aber mit aktuellen Ereignissen zu tun, für deren Bedeutung er ein Gespür haben muss. So berichtet Heine z.B. anlässlich der Eröffnung der Eisenbahnlinien nach Rouen und Orleans am 5.5.1843 aus Paris für die Augsburger ‚Allgemeine Zeitung':

Heine als Korrespondent in Paris

„Die ganze Bevölkerung von Paris bildet in diesem Augenblick gleichsam eine Kette, wo einer dem anderen den elektrischen Schlag mitteilt. Während aber die große Menge verdutzt und betäubt die äußere Erscheinung der großen Bewegungsmächte anstarrt, erfaßt den Denker ein unheimliches Grauen, wie wir es immer empfinden, wenn das Ungeheuerste, das Unerhörteste geschieht, dessen Folgen unabsehbar und unberechenbar sind …"

‚Zerrissenheit' als Lebensgefühl

Die Autoren des ‚Jungen Deutschland' stehen zwischen dem Idealismus der ‚Kunstperiode' und den realen Veränderungen ihrer Gegenwart, über die sie mit der Sprache und den Formmitteln reden müssen, die sie von jener Tradition gelernt haben. Die ‚Zerrissenheit', die das Publikum daraufhin in ihren Schriften bemerkt und tadelt, erklärt Heine so:

Zwischen Idealismus und Realismus

„Ach, teuerer Leser, wenn Du über jene Zerrissenheit klagen willst, so beklage lieber, daß die Welt selbst mitten entzweigerissen ist. Denn da das Herz des Dichters der Mittelpunkt der Welt ist, so mußte es wohl in jetziger Zeit jämmerlich zerrissen werden (…)." (Die Bäder von Lucca).

Die Welt ist entzweigerissen

Politische Tendenz und literarischer Wert

Was ist wertvoller, die Tendenz oder die Kunstleistung?

In seiner Auseinandersetzung mit dem Journalisten Ludwig Börne (1786–1837), der vom Dichter fordert, dass er sein Wort in den Dienst der Politik stelle, hat Heine betont, dass der literarische Wert eines Werkes entscheidend sei, nicht die politische Tendenz. Denn die „Taten" des politischen Dichters beständen ja „eigentlich in Worten". Solange er noch dichte und nicht die Dichtung durch die politische Tat ersetze, müsse er nach seiner literarischen Leistung beurteilt werden. Wer dagegen einseitig die politische Tendenz lobe, löse den Inhalt eines Werkes aus seiner sprachlichen Form heraus und gebe die Kunst preis, ohne etwas für die Tat zu gewinnen. Durch diese Auffassung unterscheiden sich Heine und Büchner, der seine Rolle als Dichter streng von seiner Tätigkeit als Revolutionär getrennt hatte, von anderen Autoren des ‚Jungen Deutschland', z. B. von Georg Herwegh (1817–1875). Dieser stellte sein Dichtertum in den Dienst seiner politischen Absichten.

Büchner und Heine trennen ihr Dichtertum von ihrer politischen Rolle

Wegen ihres Hinarbeitens auf eine Revolution, wie sie dann im März 1848 in verschiedenen deutschen Staaten losbrach, hat man diese Autoren unter dem von Franz Grillparzer (1791–1872) geprägten Begriff des ‚Vormärz' zusammengefasst.

Begriff des ‚Vormärz'

HEINRICH HEINE (1797–1856)

- 13.12.1797 in Düsseldorf als Sohn eines jüdischen Kaufmanns geboren
- 1816 Bankkaufmann bei seinem Onkel in Hamburg
- Jurastudium 1825 mit der Promotion abgeschlossen
- Geht 1831 als Journalist nach Paris, mehrere Deutschlandreisen
- Seit 1848 bis zu seinem Tod am 17.2.1856 in Paris bettlägerig („Matratzengruft")

Werke

Die Epoche ist durch Werke aller drei Gattungen vertreten. Doch werden sie in neuer Weise verwendet. In seinen **Dramen** arbeitet Büchner von einer **dokumentarischen Grundlage** (➤ S. 132, 136, 154, 166, 171) aus und gibt seinen Stücken die **offene Form** einer ungegliederten Szenenfolge. Auch in der Erzählung ‚Lenz' hält er sich an dokumentarisches Material.

Besondere Verwendung der traditionellen Gattungen

Die **Lyrik** ist durch die Gedichtzyklen von Heine vertreten, der in der **Tradition der Romantik** steht, diese aber durch **parodistische Verwendung** ihrer Formen in Frage stellt.

Neu sind in dieser Epoche die **journalistischen Formen** der Berichterstattung und der Sozialkritik, wie sie Büchner im ‚Hessischen Landboten' oder Heine in seinen ‚Reisebildern' zeigt. Heine wählte die Gattung des Reiseberichts als Medium der Gesellschaftskritik, um die staatliche Zensurbehörde irrezuführen.

Journalistische Gattungen

Heinrich Heine: ‚Das Buch der Lieder' (1827)

In dieser Gedichtsammlung in Zyklen verwendet Heine meisterhaft romantische Stimmungs- und Stilmittel, doch tut er es mit Ironie. Das leitende Motiv ist die unglückliche Liebe als Metapher für Ausgrenzung (Scheitern von Berufsplänen, Bewusstsein des „nie abzuwaschenden Juden"), für Leiden unter der Reaktion (Unterdrückung der Schriftsteller durch die ‚Karlsbader Beschlüsse' 1819) und unter der wachsenden Entfernung zwischen Poesie und Wirklichkeit.

Die Romantik: Heines unglückliche Liebe

Heinrich Heine: ‚Deutschland. Ein Wintermärchen' (1844)

Politisch-satirisches Versepos, in dem am Leitfaden einer Reise von Aachen nach Hamburg Kritik an den politischen Zuständen, vor allem in Preußen, und an der Untertanenhaltung der Deutschen geübt wird. Vierzeilige gereimte Strophen in jambischem Versmaß. Für seine Reise, die er 1843 unternahm, gibt Heine Heimweh als Motiv an. Er war schon 13 Jahre im Exil und wollte seine 72-jährige Mutter, die in Hamburg lebte, noch einmal wiedersehen.

Verspottung der deutschen Nationalbildung

Georg Büchner: ‚Dantons Tod' (1835)

Dramatische Bilder aus Frankreichs Schreckensherrschaft, Drama in 4 Akten, in Prosa, lockere Szenenfolge, beruht – wie der ‚Woyzeck' – auf intensivem Quellenstudium. Ganze Partien wurden aus den Originalreden der Revolutionäre übernommen. Die Personenkonstellation beruht auf dem Gegensatz zwischen dem geistreichen, genussfrohen Danton, der des Kämpfens und Mordens

Eine neue Art des Dramas

müde ist, und dem asketischen Robespierre, der im Jakobinerclub Terror predigt. Nachdem Verhaftung und Verurteilung unabwendbar geworden sind, verteidigt sich Danton vor dem Tribunal, nimmt im Gefängnis Abschied von seinen Freunden und lässt sich ruhig zur Guillotine führen. Zum ersten Mal in der Geschichte des Dramas tritt das Volk als dramatische Person auf (Straßenszenen: I, 2/II, 2/II, 6/III, 10/IV, 4/IV, 7–9). Zum ersten Mal gibt es historische Szenen unter Verwendung dokumentarischen Materials (Jakobinerklub I, 3; Nationalkonvent II, 7; Wohlfahrtsausschuss III, 6). In einem nächtlichen Gespräch mit Julie (II, 5) rückt Danton das Geschehen in die Perspektive, die der Dichter in einem Brief an die Braut (März 1834 aus Gießen) mit dem Begriff ‚Fatalismus der Geschichte' charakterisiert hat.

Volk als dramatische Person

Verwendung dokumentarischen Materials

Georg Büchner: ‚Lenz.' Erzählung (Fragment postum 1839):

Büchner verarbeitet hier die Krankengeschichte von Jakob Michael Reinhold Lenz (➛ S. 34), seines großen Vorbilds als Dramatiker. Lenz (➛ S. 188) hatte nach Ausbrüchen geistiger Störung bei Pfarrer Oberlin im Elsass Aufenthalt erhalten. Büchner stützt sich in seiner Erzählung auf Aufzeichnungen Oberlins. Er legt Lenz seine Ablehnung der Klassik in den Mund: „Dieser Idealismus ist die schmählichste Verachtung der menschlichen Natur. Man versuche es einmal und senke sich in das Leben des Geringsten und gebe es wieder in den Zuckungen, den Andeutungen ..." Der Text endet offen: „So lebte er hin".

Büchner verarbeitet Krankengeschichte von J. M. R. Lenz

Alle Querverweise im Überblick:

Moralischer Imperativ „Edel sei der Mensch ...": S. 76 ➛ 45
Welt nicht ‚romantisieren': S. 78 ➛ 61
Dokumentarische Grundlage: S. 81 ➛ 132, 136, 154, 166, 171
Büchner – ‚Lenz': S. 82 ➛ 34
Lenz – Peter Schneider: S. 82 ➛ 188
Textmontage: S. 83 ➛ 116, 130, 166, 171

Zusammenfassung:

Das Junge Deutschland

Nach 1815 bleiben die Bürger zwar weiterhin Untertanen (Restauration), erheben aber aufgrund ihrer wirtschaftlichen Bedeutung, ermutigt durch die Julirevolution 1830 in Paris, **Anspruch auf politische Mitsprache**. **Kritische Autoren befassen** sich mit den **Problemen der Gegenwart** und definieren ihre Rolle neu. Sie wollen **keinen Unterschied** mehr machen **zwischen Kunst** und politischem **Leben**, das sie für reformbedürftig halten. Infolge kapitalistischer Produktionsbedingungen für die Literatur (Verlage, Zeitungen) leben die Autoren von **journalistischer Tätigkeit**, wodurch die **Prosa** gegenüber der **Poesie** eine neue Bewertung erfährt.

Jetzt wird die aktuelle **gesellschaftliche Realität**, die bisher weithin ausgeklammert blieb, zum **Thema der Literatur**. An die Stelle des **Menschenbildes der Aufklärung** (Freiheit und Selbstbestimmung) tritt nun ein Konzept, in dem der Mensch durch **Triebnatur, Fremdbestimmung und gesellschaftliche Zwänge** charakterisiert wird. Galt **Bildung** in der Klassik als Voraussetzung der Menschlichkeit (Humanität), erscheint sie nun in kritischer Perspektive als **Statussymbol und Selbsttäuschung**. Statt geschichtsphilosophischer Entwürfe der Zukunft gibt der Dichter Beispiele des **„Geschichtsfatalismus"**, die den Menschen zum **Mitleid mit den Bedrängten** auffordern.

Innerhalb des ‚Jungen Deutschland' gibt es eine **Auseinandersetzung darüber, ob der** programmatische **Inhalt oder die** künstlerische **Form** über die Bedeutung eines Dichters **entscheide**. Büchner und Heine weigern sich, ihr Dichtertum in den Dienst der Tagespolitik zu stellen.

Georg Büchner nimmt zum ersten Mal eine dramatische **Hauptfigur aus dem Kreis der „armen Leute"**, die über keinerlei Bildung verfügt und sich nur unvollkommen artikulieren kann. Durch die Figurenkonstellation und Handlung wird die **Frage nach der ungleichen Verteilung** der äußeren Lebensbedingungen und der sozialen Privilegien gestellt. Seine Dramen sind geprägt durch die offene Form (Szenenreihe: Stationendrama), eine Vielfalt der Sprachstile (auch Unterschichtsprache und Dialekt) und die Verwendung dokumentarischen Materials (Textmontage) (→ S. 116, 130, 166, 171).

1892 Frau Jenny Treibel
s. S. 93

Theodor Fontane (1819 – 1898)

Friedrich Hebbel

1844 Maria Magdalena
s. S. 94

1895 Effi Briest
s. S. 86

Das Duell zweier Herren mit ihren Sekundanten (Gehilfen der Duellanten) am frühen Morgen (Illustration um 1900).

1888 Der Schimmelreiter
→ **s. S. 94**

(1813 – 1863)

Theodor Storm (1817 – 1888)

Illustration zu ‚Effi Briest' von Max Liebermann

„Ein Streber war er, weiter nichts. – Ehre, Ehre, Ehre … und dann hat er den armen Kerl totgeschossen, den ich nicht einmal liebte und den ich vergessen hatte, weil ich ihn nicht liebte … (‚Effi Briest', 33. Kap.)

Poetischer Realismus

In diesem Kapitel erfahren Sie:

- Die Epoche des Poetischen Realismus (1850–1890) ist gekennzeichnet durch die gescheiterte Revolution von 1848/49.
- Für die Literatur bedeutet das den Abschied von gesellschaftspolitischem Engagement. Sie lässt sich jetzt auf die empirische Realität ein.
- Der Roman und vor allem die Novelle sind die bevorzugten Textgattungen in der Literatur des Realismus.
- Theodor Fontanes Gesellschaftsromane bilden das Herzstück des deutschen bürgerlichen Realismus.

Theodor Fontane: ‚Effi Briest' (1895)

Der bekannteste Roman der Epoche

Das meistgelesene, auch heute noch populäre, mehrfach verfilmte Werk aus der Epoche des Realismus ist Fontanes S. 89 Roman ‚Effi Briest', dessen Entwurf in das Jahr 1890 zurückreicht. Er basiert auf einer wahren Geschichte, deren Einzelheiten der Dichter nach seinen Absichten veränderte. Der Roman hat folgenden Inhalt:

Einsamkeit der jungen Ehefrau

Der 38-jährige Landrat von Innstetten hält anlässlich eines Besuchs bei der Familie Briest um die Hand der 17-jährigen Tochter Effi an, die von ihrem kindlichen Spiel mit ihren Freundinnen zu diesem Ereignis ins Haus gerufen wird. Innstetten hatte einst vergeblich um die Mutter geworben, die jedoch den gesellschaftlich höher stehenden Herrn von Briest vorgezogen hatte. Der Verlobung folgt rasch die Hochzeit. Schon auf der obligaten Venedig-Reise erweist sich die schulmeisterliche Art des Gatten seiner Frau gegenüber als Belastung des Verhältnisses. In Kessin, dem Dienstort ihres Mannes, in dem sie sich nicht wohlfühlen kann, gerät sie unter den Einfluss des dortigen Standortkommandanten Major Crampas, eines gebildeten Lebemanns, der die Kontrastfigur zu dem prinzipienstrengen Innstetten darstellt, für den die Karriere wichtig ist und der deshalb Effi oft allein lässt. Der Umgang mit Crampas wird daher enger, als es einer jungen Ehefrau ansteht. Die Beförderung und Versetzung ihres Mannes nach Berlin beendet das Verhältnis mit dem, im Grunde ungeliebten, Hausfreund. Nach sieben Jahren findet Innstetten durch Zufall die Briefe, die Crampas seinerzeit an Effi geschrieben hatte. Trotz seiner Bedenken – die Sache liegt Jahre zurück und er liebt seine Frau – fühlt sich Innstetten verpflichtet, Crampas zum Duell zu fordern. Dieses findet in den Dünen von Kessin statt; Crampas fällt tödlich getroffen. Innstetten kann darüber nicht froh werden. Bei der – von der Gesellschaft erwarteten – Scheidung erhält er das Sorgerecht für die gemeinsame Tochter, die er nun in seinem Sinne erzieht. Effi ist nicht mehr ‚gesellschaftsfähig' und vereinsamt. Ein Besuch des Kindes bei der Mutter, die

Man tut, was die Gesellschaft erwartet

vergeblich eine Umarmung erwartet, führt zu einem Nervenzusammenbruch, von dem sich Effi nicht mehr erholt. Die Eltern nehmen sie auf ärztlichen Rat wieder auf, sodass sie in der Umgebung ihrer Kindheit noch einige glückliche Monate verlebt. Das Nachdenken über Schuldzuweisungen wehrt der Erzähler ab, indem er den alten Briest zum Schluss sagen lässt: „Ach, Luise, laß (...) Das ist ein zu weites Feld“.

Eine Schlüsselstelle des Romans ist die folgende, in der sich Innstetten vor dem Duell mit seinem Kollegen Wüllersdorf bespricht, den er auch bittet, die Rolle des Sekundanten zu übernehmen:

„Es steht so, daß ich unendlich unglücklich bin; ich bin gekränkt, schändlich hintergangen, aber trotzdem, ich bin ohne jedes Gefühl von Haß oder gar von Durst nach Rache. Und wenn ich mich frage, warum nicht? so kann ich zunächst nichts anderes finden als die Jahre. Man spricht immer von unsühnbarer Schuld; vor Gott ist es gewiß falsch, aber vor den Menschen auch. Ich hätte nie geglaubt, daß die Zeit, rein als Zeit, so wirken könne. Und dann als zweites: ich liebe meine Frau, ja, seltsam zu sagen, ich liebe sie noch, und so furchtbar ich alles finde, was geschehen, ich bin so sehr im Bann ihrer Liebenswürdigkeit, eines ihr eignen heiteren Charmes, daß ich mich, mir selbst zum Trotz, in meinem letzten Herzenswinkel zum Verzeihen geneigt fühle.“

Wüllersdorf nickte. „Kann ganz folgen, Innstetten, würde mir vielleicht ebenso gehen. Aber wenn Sie so zu der Sache stehen und mir sagen: ‚Ich liebe diese Frau so sehr, daß ich ihr alles verzeihen kann‘, und wenn wir dann das andere hinzunehmen, daß alles weit, weit zurückliegt, wie ein Geschehnis auf einem andern Stern, ja, wenn es so liegt, Innstetten, so frage ich, wozu die ganze Geschichte?“

„Weil es trotzdem sein muß. Ich habe mir's hin und her überlegt. Man ist nicht bloß ein einzelner Mensch, man gehört einem Ganzen an, und auf das Ganze haben wir beständig Rücksicht zu nehmen, wir sind durchaus abhängig von ihm. Ging es, in Einsamkeit zu leben, so könnt' ich es gehen lassen; ich trüge dann die mir aufgepackte Last, das rechte Glück wäre hin, aber es müssen so viele leben ohne dies ‚rechte Glück‘, und ich würde es auch müssen und – auch können. Man braucht nicht glücklich zu sein, am allerwenigsten hat man einen Anspruch darauf, und den, der einem das Glück genommen, den braucht man nicht notwendig aus der Welt zu schaffen. Man kann ihn, wenn man weltabgewandt weiterexistieren will, auch laufen lassen. Aber im Zusammenleben mit den Menschen hat sich ein Etwas ausgebildet, das nun mal da ist und nach dessen Paragraphen wir uns gewöhnt haben, alles zu beurteilen, die andern und uns selbst. Und dagegen zu verstoßen geht nicht; die Gesellschaft verachtet uns, und zuletzt tun wir es selbst und können es nicht aushalten und jagen uns die Kugel durch den Kopf. Verzeihen Sie, daß ich Ihnen solche Vorlesung halte, die schließlich doch nur sagt, was sich jeder selber hundertmal gesagt hat. Aber freilich, wer kann was Neues sagen! Also noch einmal, nichts von Haß oder dergleichen, und um eines Glückes willen, das mir genommen wurde, mag ich nicht Blut an den Händen haben; aber jenes, wenn Sie wollen, uns tyrannisierende Gesellschafts-Etwas, das fragt nicht nach Charme und nicht nach Liebe und nicht nach Verjährung. Ich habe keine Wahl. Ich muß."

[...] Habe ich recht, Wüllersdorf, oder nicht?" [...]

Wüllersdorf war aufgestanden. „Ich finde es furchtbar, daß Sie recht haben, aber Sie *haben* recht. Ich quäle Sie nicht länger mit meinem ‚Muß es sein?' Die Welt ist einmal, wie sie ist, und die Dinge verlaufen nicht, wie *wir* wollen, sondern wie die *anderen* wollen. Das mit dem ‚Gottesgericht', wie manche hochtrabend versichern, ist freilich ein Unsinn, nichts davon, umgekehrt, unser Ehrenkultus ist ein Götzendienst, aber wir müssen uns ihm unterwerfen, solange der Götze gilt."

Innstetten nickte. (27. Kap.)

Höhe- und Wendepunkt der Handlung

Wüllersdorf erzwingt die Entscheidung

Innstetten ist unsicher

Das Gespräch bezeichnet den Höhe- und Wendepunkt der Handlung, an dem die Person, auf die es für das weitere Geschehen ankommt, eine Entscheidung treffen muss. Wüllersdorf fordert diese Entscheidung durch die Frage heraus, ob sich Innstetten denn unbedingt duellieren müsse: „Alles dreht sich um die Frage, müssen Sie's durchaus tun? Fühlen Sie sich so verletzt, beleidigt, empört, daß einer weg muß, er oder Sie? Steht es so?" Darauf erwidert Innstetten zunächst: „Ich weiß es nicht", und als Wüllersdorf nachhakt, meint er: „Nein, so steht es nicht." Wüllersdorf: „Wie steht es denn?"

Wüllersdorf legt eine andere Entscheidung nahe

Darauf antwortet Innstetten, dass er seine Frau liebe und geneigt sei, ihr zu verzeihen (1–13). Wüllersdorf versteht ihn, wundert sich aber, warum der Freund ihn dann habe kommen lassen: „Ja, wenn es so liegt, Innstetten, so frage ich, wozu die ganze Geschichte?" (19/20)

Innstetten: „Es muss trotzdem sein"

Daraufhin setzt Innstetten zu einer längeren Rede an, für deren akademischen Charakter er sich entschuldigt („Vorlesung": 40), wobei er aber voraussetzt, dass Wüllersdorf genauso denkt. Die Rede ist ganz von der Art, in der jemand Selbstverständlichkeiten, über die er sonst nicht nachzudenken pflegt, umständlich zu Wort zu bringen versucht. Im Grunde will er weiter nichts sagen, als dass die Frage nach dem persönlichen Glück (viermal: 26–43) unwichtig ist, wenn Gefahr besteht, dass die Gesellschaft einen ‚verachtet', weil man sich nicht nach ihren Spielregeln verhalten hat. Die Möglichkeit, außerhalb der Gesellschaft als „einzelner Mensch" (22), „in Einsamkeit" (25), „weltabgewandt" (32) zu existieren, weist Innstetten weit von sich, hält er mit „Glück" für unvereinbar. Als Konsequenz einer Verachtung durch die Gesellschaft sieht er nur den Selbstmord (38/9). Nicht dass Crampas ihm sein Glück „genommen" habe, wie er sich ausdrückt (43/4), kommt für ihn als Beweggrund für ein Duell in Frage, sondern nur die Möglichkeit, dass die Gesellschaft ihn mit Verachtung strafen könnte, wenn er sich nicht duelliert. Zugleich empfindet er, dass er seine Entscheidung gar nicht in Freiheit trifft, sondern dass er unter der ‚Tyrannei' des „Gesellschafts-Etwas" (46) steht: „Ich habe keine Wahl. Ich muß." (47/8)

Es kommt nicht auf das Glück an, sondern darauf, dass die Gesellschaft einen nicht verachtet

Das „Gellschafts-Etwas"

Wüllersdorf zieht seine Frage, ob es sein müsse (52), zurück und formuliert nun von sich aus das Ergebnis von Innstettens Überlegungen, dass nämlich die Dinge nicht verlaufen, „wie *wir* wollen, sondern wie die *anderen* wollen" (53/4). Mit dem letzten Satz aber weist Wüllersdorf auf den mittelalterlichen Vorgänger des Duellwesens, den Ritus des ‚Gottesgerichts', hin, der im religiös aufgeklärten, ja indifferenten 19. Jahrhundert als „Unsinn" gelten muss (55). Umso unsinniger muss der „Götzendienst" erscheinen, der in dem „Ehrenkultus" des wilhelminischen Duellwesens besteht und dem sich die Angehörigen der Führungsschicht dennoch „unterwerfen" (57). So endet das Gespräch, in dem die Entscheidung für ein Duell und damit für das Unglück der Familie Innstetten fällt, mit dem Hinweis darauf, dass alle diese Opfer einem „Götzen" gebracht werden, d. h. sinnlos sind, ein ‚Atavismus' in der modernen Welt.

Überbleibsel des mittelalterlichen ‚Gottesgerichts'

THEODOR FONTANE (1819–1898)

- 30.12.1819 in Neuruppin als Sohn eines Apothekers geboren
- 1840 Apothekerlehre, 1847 Apothekerexamen
- 1844 Englandreise, 1852 Korrespondent in London, 1858 Schottlandreise
- Ab 1862 Wanderungen durch die Mark Brandenburg
- 1870/71 Journalist in Frankreich
- Ab 1874/75 Italienreise, danach freier Schriftsteller in Berlin
- 20.9.1898 in Berlin gestorben

Die literarische Epoche des Poetischen Realismus

Märzrevolution führt zu keiner durchgreifenden Änderung

Die vom liberalen Bürgertum mit großen Erwartungen begleitete Märzrevolution 1848 hatte zu keiner durchgreifenden Änderung der politischen Verhältnisse geführt. Es gab eine Massenauswanderung derer, die für eine republikanische Verfassung gefochten hatten. Die Übrigen begnügten sich damit, dass ihr Wunsch nach nationaler Einigung in Form der ‚kleindeutschen' Lösung unter der Hegemonie Preußens erfüllt wurde. Im Vordergrund standen nun die Veränderungen in der Wirtschaft:

Die Wirtschaft bestimmt die gesellschaftlichen Verhältnisse

Straßen, Eisenbahnen und Kanäle wurden gebaut. Liberale Großunternehmer, Aktien- und Kommanditgesellschaften betrieben Bergbau, Eisenverarbeitung, Maschinenproduktion und Schiffbau. Das Bank- und Versicherungswesen wurde ausgebaut, ein Nachrichtenwesen entstand im Rahmen der wachsenden Elektroindustrie. Die synthetische Farbenherstellung führte zur Entstehung einer chemischen Großindustrie, welche auch Kunstdünger produzierte, durch den die landwirtschaftlichen Erträge gesteigert werden konnten.

Krisenbewusstsein des Bürgertums

Materialistisches Weltbild tritt an die Stelle der Metaphysik

Politisch aber war diese Entwicklung durch die Erhaltung der Standesprivilegien (Dreiklassenwahlrecht) und der königlichen Autorität begleitet. Der Widerspruch zwischen der wirtschaftlichen Entwicklung und der politischen Stagnation brachte für das Bürgertum Orientierungsprobleme. Man fühlte sich in einer Krisensituation, konnte sie aber nicht mehr in den überlieferten Mustern für Sinngebung und Weltdeutung artikulieren. Denn durch die Fülle der Entdeckungen und Erfindungen in den Einzelwissenschaften war an die Stelle des alten Weltbilds, in dem die Einzeltatsachen in metaphysische Zusammenhänge eingeordnet wurden, ein Materialismus getreten, der auch den Menschen und seine Geschichte einbezog.

Beschränkung auf die Wirklichkeit

Wende zur Realität

Kein Idealismus mehr

Resignation als Grundhaltung

Ironie als Bedingung realistischer Darstellung

Die Konstellation von ökonomischer Entwicklung, politischer Stagnation und antimetaphysischer Wende bildet den historischen Kontext, aus dem der Realismus in der Literatur zu erklären ist. Man öffnet sich dem wirklichen Lauf der Dinge. Die Wende zur Realität verdrängt den Gedanken an ein ‚Reich des Ideals' (➤ S. 47), in dem über Sinn und Zweck aller Dinge und Wesen bestimmt wird. Die Entwicklung des Individuums wird nicht mehr als Wesensentfaltung und Fortschritt zur Humanität verstanden, sondern durch Zufall und Notwendigkeit erklärt. Zwar versucht man, wirkliches Geschehen nicht bloß wiederzugeben, sondern die verschiedenen Faktoren zu einem Ganzen zusammenzufügen, doch herrscht im Hinblick auf den Sinn dieses Ganzen eine verhaltene Resignation. Diese geht bei den Autoren mit einer gewissen Ironie zusammen, die Bedingung dafür ist, dass die Realität aus reiner Anschauung ohne Leidenschaft oder Tendenz dargestellt werden kann, obwohl die Welt im Argen liegt. Das

Negative wird als das Unabänderliche hingenommen, aber gemildert durch das Bemühen, in allem eine verborgene Gesetzlichkeit zu entdecken. In diesem Bemühen führen die Autoren bei der Menschendarstellung ihre Figuren in Naturzusammenhänge zurück. So erklären sich die meisterhaften Landschaftsschilderungen bei Fontane, Storm, Keller und anderen Vertretern des Realismus, zu denen es kaum Vergleichbares gibt. Landschaft und Natur werden aus der Perspektive des Erzählers oder einer Figur in eins mit den Menschen, die dieser Landschaft zugehören, geschildert. Dadurch wird eine bestimmte Ruhe und Stimmung erzeugt, in der die Natur als geregelter Ablauf erscheint und einen Kontrapunkt zu der Problematik der Figuren und Ereignisse bildet. Ausdrückliche Kritik an ihnen und den herrschenden gesellschaftlichen Verhältnissen wird vermieden, ebenso wie eine Aufforderung zu ihrer Veränderung oder die Entfaltung von Zukunftsperspektiven.

Der Mensch wird in Naturzusammenhänge zurückgeführt

Bedeutung der Landschaftsschilderungen

Ein Rest von Weltvertrauen

Das Programm des Realismus

Mehrere Autoren des bürgerlichen Realismus haben in ihren theoretischen Schriften Schreibanweisungen für den realistischen Roman gegeben, durch die die Produktion der viel gelesenen Erzählliteratur der Zeit geprägt wurde (‚Programmatischer Realismus'). Diese Anweisungen betreffen drei Punkte: Die Forderung nach Verständlichkeit enthält auch das Verlangen nach **Wahrscheinlichkeit des erzählten Geschehens**, der dargestellten Konflikte und ihrer Lösung. Zweitens sollen die einzelnen **Elemente** der Erzählung, Motive, Figuren, Schauplätze, Zeitabläufe, **integriert** werden, sodass sie zueinander passen. Und schließlich soll die **Komposition** des Romans dafür sorgen, dass alle Elemente „eine geschlossene Einheit" bilden. In diesem Programm unterscheidet sich der Realismus allerdings nicht von den Grundsätzen der klassischen Erzählkunst, die auch von Autoren realistischer Unterhaltungsliteratur erfolgreich angewandt werden können.

Normative Schreibanleitungen

Drei Forderungen:
1. Wahrscheinlichkeit der erzählten Welt
2. Integration ihrer Elemente
3. Einheitliche Komposition

Der Poetische Realismus

Während unter den Programmatikern und den Autoren, die ihren Anweisungen folgen, weitgehende Übereinstimmung herrscht, haben die bedeutenden Autoren der Epoche, die man unter dem Begriff des ‚poetischen Realismus' zusammenfasst, jeweils ihren unverwechselbaren Stil und unterscheiden sich auch in der Thematik, die jeder von ihnen bevorzugt.

Die bedeutenden Autoren der Epoche sind eigenständig

Fontane sieht es lediglich als eine Vorstufe an, wenn die Probleme der Erfahrungswelt ohne ästhetische Korrektur in das Kunstwerk eingehen. „Vor allen Dingen verstehen wir nicht darunter [dem Begriff ‚Realismus'] das nackte Wiedergeben alltäglichen Lebens, am wenigsten seines Elends und seiner Schattenseiten (...)." Davon heißt es weiter: „Es ist der nackte, prosaische Realismus,

Prosaischer und poetischer Realismus

dem noch durchaus die poetische Verklärung fehlt (...).“ In dem Aufsatz ‚Unsere lyrische und epische Poesie seit 1848‘ formuliert er sein Realismuskonzept. Diesen ‚poetischen‘ Realismus definiert Fontane dann so: „Realismus ist die künstlerische Wiedergabe (nicht das bloße Abschreiben) des Lebens. Also Echtheit, Wahrheit (...).“

Poetischer Realismus und Tendenzliteratur

Während Fontane hier den Realismus vom Naturalismus eines Emile Zola absetzt, nennt er an anderer Stelle eine andere Grenze: „Der Realismus ist der geschworene Feind aller Phrase und Überschwänglichkeit (...).“ Damit nimmt er Abstand vom Aktualismus der Literatur des Vormärz (Junges Deutschland) (➤ S. 80).

Humor wichtigstes Darstellungsmittel

Humor dient der ‚poetischen Verklärung‘

Für das wichtigste Mittel einer „künstlerischen Wiedergabe des Lebens“ im Sinne des ‚poetischen Realismus‘ hält Fontane den Humor. Die Bedeutung der erzählten Welt geht den Figuren, die zu ihr gehören, nicht immer auf oder bestenfalls zu spät. Der Erzähler muss sie aber dem Publikum vermitteln, an das er sich wendet und das sich darauf einzulassen bereit ist. Der Humor, mit dem er die Geschehnisse erzählt und seine Figuren charakterisiert, ist dazu da, den Leser durch eine „poetische Verklärung“ der erzählten Welt mit dem Leben, wie es nun einmal ist, zu versöhnen.

Die Novelle

Novelle, führende Gattung der Epoche neben dem Roman

Heyses ‚Falkentheorie‘

Boccaccios Falkennovelle

Neben dem Roman war die Novelle eine dominierende Gattung der Epoche. Die Leser hatten nun weniger Zeit als früher und verlangten nach abwechslungsreicher Lektüre in kleinen Texteinheiten. Zahlreiche Zeitschriftenverlage konnten für ein entsprechendes Angebot sorgen. Dafür eignete sich die Novelle. Sie prägte nun mit hervorragenden Werken das literarische Leben der Zeit. Der Novellendichter Paul Heyse (1830–1914) verfasste die erste Theorie der Gattung. Sie beruhte auf der These, dass jede Novelle ein Leitmotiv oder Dingsymbol als Angelpunkt der Handlung haben müsse. Sie ist als ‚Falkentheorie‘ bekannt, weil Heyse sie an der Novelle V 9 des ‚Decamerone‘ von Boccaccio (1313–1375) erläutert. Da geht es um einen verarmten Adligen, der liebt, ohne geliebt zu werden. Nachdem er bei seiner Werbung all sein Gut verschwendet hat, ist ihm nur ein Falke verblieben. Den setzt er seiner Dame, deren kranker Sohn sich den Falken wünscht, als Speise vor. Da ändert die Dame ihren Sinn, nimmt den Ritter zum Gatten und macht ihn zum Herrn ihres Reichtums.

Autoren

Autoren der Epoche kennen sich kaum

Die führenden Autoren dieser Epoche haben sich persönlich nicht gekannt. Es gab höchstens Briefkontakte. Nur Storm und der Schweizer Conrad Ferdinand Meyer stammten aus wohlhabenden Familien, die anderen kamen aus bescheidenen Verhältnissen und hatten es nicht einfach im Leben. Hebbel hatte zeitweise nicht genug zu essen. Alle begannen ihr literarisches Werk erst jenseits des 30sten Lebensjahrs, Fontane schrieb seine Romane, die ihn berühmt machten, erst als Sechziger und später. Nach dem Alter geordnet handelt es sich um folgende Autoren: Friedrich Hebbel (1813–1863; Theodor Storm (1817–1888); Gottfried Keller (1819–1890); Theodor Fontane (1819–1898) (➛ S. 89); Conrad Ferdinand Meyer (1825–1898)

Autoren kommen aus wohlhabenden und bescheidenen Verhältnissen

Werke

Alle angeführten Autoren haben neben ihrem erzählerischen Werk (Romane, Novellen oder beides) auch Lyrik verfasst. Hebbel ist der einzige Dramatiker unter ihnen. Roman und Novelle sind die führenden Gattungen der Epoche. Um Wirklichkeit in „poetischer Verklärung" darzustellen und durch Humor in Distanz zu rücken und erträglich zu machen, bedurfte es eines Erzählers als vermittelnder Instanz.

Roman und Novelle sind führend

Theodor Fontane: ‚Frau Jenny Treibel oder ‚Wo sich Herz zu Herzen find't'.' Roman aus der Berliner Gesellschaft (1892)

Die Figuren verteilen sich auf die alte und die junge Generation und zwei Häuser, die das Besitz- und das Bildungsbürgertum repräsentieren. Jenny Treibel hat den reichen Fabrikanten Treibel ihrem Jugendfreund, dem Gymnasialprofessor Schmidt, vorgezogen. Nun ist ihr Sohn mit Schmidts Tochter Corinna liiert. Doch weiß Jenny deren Verbindung zu hintertreiben, sodass eine ‚standesgemäße', d. h. eine Geldheirat, zustande kommt. Dafür findet Corinna in ihrem Vetter, dem Archäologen Marcell, einen geistig ebenbürtigen Partner. Die Handlung besteht nur aus Verlobung, Trennung und jeweils anderweitiger Verheiratung der jungen Leute. Die Bedeutung des Romans beruht auf den vielen ausführlichen Gesprächen, in denen ein perspektivenreiches Bild des Bürgertums der Wilhelminischen Ära dargeboten wird, etwa die Orientierung am Adel, die Abhängigkeit der Künstler, die sentimentale Ignoranz, mit der die Besitzenden den geistigen Werten huldigen.

Besitz- gegen Bildungsbürgertum

Gottfried Keller: ‚Die Leute von Seldwyla.' Sammlung von zehn Erzählungen (Erster Band 1856, zweiter Band 1873/74):

In jeweils unterschiedlicher Weise wird das menschliche Treiben im gesellschaftlichen Zusammenhang geschildert, der mit dem Ortsnamen ‚Seldwyla' benannt ist. Die Novellen ‚Romeo und Julia auf dem Dorfe' und ‚Kleider machen Leute' werden auch noch heute gern gelesen.

Menschliches Treiben im gesellschaftlichen Zusammenhang

Theodor Storm: ‚Der Schimmelreiter.' Novelle (1888)

Dreifache Rahmung der Handlung

In dreifacher Rahmung wird die Geschichte des Deichgrafen Hauke Haien vermittelt. Ein Erzähler hat als Kind die Geschichte in einer Reiseerzählung gelesen, deren Verfasser sie in einem Gasthaus während einer Sturmnacht vom Schulmeister gehört hat.

Seit dem Spätmittelalter wurden Naturwissenschaftler der Teufelsbündnerei verdächtigt (Paracelsus, Galilei, Faust)

Haien, mathematisch und technisch begabt, ein Grübler, dient als Knecht beim Deichgrafen und wird als dessen Schwiegersohn sein Nachfolger. Nun kann er den von ihm entworfenen neuen Deichtyp mit flach ansteigender Seeseite bauen lassen, der auch der Landgewinnung dienen soll. Den Leuten ist er mit seiner Aufgeklärtheit unheimlich, sodass sie ihn mit Teufelsspuk in Verbindung bringen. Doch die Naturgewalt siegt. In einer Sturmflut kommen Frau und Kind beim Bruch des alten Deichs um. Hauke Haien, der sie retten will, wird mit seinem Schimmel in den Strudel gerissen. Im Volksglauben lebt er als der ‚Schimmelreiter' fort, der sich bei drohender Gefahr zeigt.

Friedrich Hebbel: ‚Maria Magdalena.' Drama in 3 Akten (1844)

Bei Lessing (Emilia Galotti ➛ S. 23) und Schiller (Kabale und Liebe ➛ S. 36) stehen sich Bürgertum und Adel gegenüber

Mit diesem Gegenwartsstück hat Hebbel die Tradition des bürgerlichen Trauerspiels (➛ S. 21 ff., 36) aufgenommen. Klara, Tochter des Tischlermeisters Anton, ist mit dem Schreiber Leonhard verlobt. Als Klaras Bruder Karl unter Diebstahlverdacht verhaftet wird, will Leonhard sich zurückziehen, obwohl Klara ein Kind von ihm erwartet. Ihr Jugendfreund, dem sie ihr Schicksal anvertrauen will, kann jedoch ihren Fall nicht verwinden und tötet den Nebenbuhler im Duell. Der Vater tyrannisiert seine Familie mit seiner Angst vor dem Gerede der Leute. Deshalb stirbt seine Frau vor Schreck. Als die Gerichtsdiener Haussuchung halten, stürzt sich Klara in den Brunnen, weil sie dem Vater nichts von ihrer Schwangerschaft zu sagen wagt. Karl verlässt, als man ihn rehabilitiert hat, das Vaterhaus. Anton bleibt vereinsamt zurück: „Ich verstehe die Welt nicht mehr". Wie Innstetten bei Fontane (➛ S. 88) fürchtet er die Verachtung der Gesellschaft.

Alle Querverweise im Überblick:

„Reich des Ideals": S. 90 ➛ 47
Vormärz: S. 92 ➛ 80
‚Maria Magdalena' – ‚Effi Briest': S. 94 ➛ 88

Zusammenfassung:

Poetischer Realismus

Das Scheitern der bürgerlichen Revolution von 1848/49 enttäuscht die Hoffnung auf die Gründung eines deutschen Nationalstaats und eine demokratische Verfassung. Die Gründung des Deutschen Reichs 1871 wird durch Bismarcks Macht- und Kriegspolitik durchgesetzt. Hoffnungen auf bürgerliche Freiheiten oder soziale Gleichheit erscheinen damit als gescheitert. Gleichzeitig führt die fortschreitende Industrialisierung zu einer Spaltung der Gesellschaft, zu bürgerlichem Wohlstand auf der einen Seite, der Verelendung großer Massen von Arbeitern auf der anderen.

In dieser Situation beschränken sich die Dichter des poetischen Realismus auf eine Darstellung der Wirklichkeit ohne Engagement und Parteinahme. Das Individuum wird nicht in seiner Wesensentfaltung vorgeführt, sondern unter dem Einfluss von Zufall und Notwendigkeit. Milieuschilderungen und psychologisch genau geschilderte Figuren erfüllen die Forderung nach genauer Beobachtung der Lebensformen. Die extremen Seiten der Realität (abstoßende Not, Krankheit, Sexualität) werden nicht thematisiert. Die Programmatiker des Realismus stellen Schreibregeln auf, die mit der klassischen Tradition übereinstimmen. Fontane u.a. verlangen eine „poetische Verklärung" bei der Wiedergabe der Wirklichkeit.

Neben dem **Roman** ist die **Novelle** dominierende Gattung der Epoche. Hebbel ist der einzige **Dramatiker**. Im realistischen Roman lösen die **Konventionen** die Konflikte aus und **bestimmen das Denken und Handeln der Figuren** bei der Lösung der Konflikte. Der Erzähler steht mit **Verständnis** und einem leisen **Humor** über dem Geschehen, **charakterisiert wohlwollend**, aber ohne ein Werturteil abzugeben, seine Figuren und **enthält sich jeder Parteinahme** bei der Darstellung der gesellschaftlichen Verhältnisse.

Die Spannung des Handlungsverlaufs ist in die **Reflexionen und emotionalen Vorgänge im Innern der Figuren** hineinverlegt. Der **Stil** ist sowohl im Erzählerbericht wie in der Figurenrede **nüchtern**, sachgebunden, gedämpft, **ohne Pathos und starke Gefühlsausbrüche**. Emotionale Vorgänge werden vom Erzähler berichtet. Die Figuren aus der ‚besseren' Gesellschaft sprechen im **Konversationston**, die Dienstboten in einfacher Umgangssprache, die vom Autor parodiert wird.

1889 Vor Sonnenaufgang
➢ s. S. 104

1892 Die Weber
➢ s. S. 98

1893 Der Biberpelz
➢ s. S. 104

1912 Literaturnobelpreis
➢ s. S. 104

Gerhart Hauptmann (1862–1946)

Carl Wilhelm Hübner: Die schlesischen Weber (1844)
Die Darstellung des Fabrikanten folgt dem Muster des absolutistischen Herrscherbildes. Nur hält er statt eines Szepters die Leinwand als Zeichen seiner Macht über die Weber in den Händen. Diese sind seinem Lohndiktat ohne Rechtsschutz ausgeliefert.

1885 Das Buch der Zeit
➢ **s. S. 105**

Arno Holz (1863 – 1929)

Max Klinger: Eine Mutter I.
aus dem Zyklus „Dramen". 1883

Naturalismus

In diesem Kapitel erfahren Sie:

- Der Naturalismus reagiert auf die Verschärfung der sozialen Konflikte mit einem provokativen Angriff auf das bürgerliche Dichtungsverständnis.
- Junge Autoren versuchen in ihren Werken, die Wirklichkeit detailgetreu abzubilden. Armut, Alkohol, Krankheit, Gewalt, Verbrechen, Prostitution und Wahnsinn werden Gegenstand der Literatur.
- Im naturalistischen Drama sind einfache Menschen aus der Unterschicht die Protagonisten; sie sprechen Dialekt oder Umgangssprache.

Gerhart Hauptmann: ‚Die Weber. Schauspiel aus den vierziger Jahren' (1893)

‚Die Weber' beruhen auf Quellenstudium und eigener Anschauung

Der Kaiser hielt nichts von ungeschönter Geschichte

Hauptmann S. 104 hat für dieses wichtigste Werk des Naturalismus die Quellen über den schlesischen Weberaufstand 1844 studiert und die Verhältnisse in der Region selber 1890 fast unverändert angetroffen. Die ungeheure Wirkung des Stücks erklärt sich dadurch, dass es das brennendste Problem der Zeit behandelt, die soziale Frage. Die erste öffentliche Aufführung am 25.9.1894 wurde vor Gericht erkämpft. Kaiser Wilhelm II. tadelte den zuständigen Richter und ließ die Hofloge im Deutschen Theater kündigen. Das Stück beginnt mit der folgenden Szene:

Die Eingangsszene ist durch das Gemälde auf S. 96 angeregt

Ein geräumiges, graugetünchtes Zimmer in Dreißigers Haus zu Peterswaldau. Der Raum, wo die Weber das fertige Gewebe abzuliefern haben. Linker Hand sind Fenster ohne Gardinen, in der Hinterwand eine Glastür, rechts eine ebensolche Glastür, durch welche fortwährend Weber, Weberfrauen und Kinder ab- und zugehen. Längs der rechten Wand, die, wie die übrigen, größtenteils von Holzgestellen für Parchent verdeckt wird, zieht sich eine Bank, auf der die angekommenen Weber ihre Ware ausgebreitet haben. In der Reihenfolge der Ankunft treten sie vor und bieten ihre Ware zur Musterung. Expedient Pfeifer steht hinter einem großen Tisch, auf welchen die zu musternde Ware vom Weber gelegt wird. Er bedient sich bei der Schau eines Zirkels und einer Lupe. Ist er zu Ende mit der Untersuchung, so legt der Weber den Parchent auf die Waage, wo ein Kontorlehrling sein Gewicht prüft. Die abgenommene Ware schiebt derselbe Lehrling ins Repositorium. Den zu zahlenden Lohnbetrag ruft Expedient Pfeifer dem an einem kleinen Tischchen sitzenden Kassierer Neumann jedesmal laut zu.

Es ist ein schwüler Tag gegen Ende Mai. Die Uhr zeigt zwölf. Die meisten der harrenden Webersleute gleichen Menschen, die vor die Schranken des Gerichts gestellt sind, wo sie in peinigender Gespanntheit eine Entscheidung über Tod und Leben zu erwarten haben. Hinwiederum haftet allen etwas Gedrücktes, dem Almosenempfänger Eigentümliches an, der, von Demütigung zu Demütigung schreitend, im Bewußtsein, nur geduldet zu sein, sich so klein als möglich zu machen gewohnt ist. Dazu kommt ein starrer Zug resultatlosen, bohrenden Grübelns in allen Mienen. Die Männer, einander ähnelnd, halb zwerghaft, halb schulmeisterlich, sind in der Mehrzahl flachbrüstige, hüstelnde, ärmliche Menschen mit schmutzigblasser Gesichtsfarbe: Geschöpfe des Webstuhls, deren Knie infolge vielen Sitzens gekrümmt sind. Ihre Weiber zeigen weniger Typisches auf den ersten Blick; sie sind aufgelöst, gehetzt, abgetrieben – während die Männer eine gewisse klägliche Gravität zur Schau tragen – und zerlumpt, wo die Männer geflickt sind. Die jungen Mädchen sind mitunter nicht ohne Reiz; wächserne Blässe, zarte Formen, große, hervorstehende, melancholische Augen sind ihnen dann eigen.

KASSIERER NEUMANN, *Geld aufzählend.* Bleibt sechzehn Silbergroschen zwei Pfennig.

ERSTE WEBERFRAU, *dreißigjährig, sehr abgezehrt, streicht das Geld ein mit zitternden Fingern.* Sind se bedankt.

NEUMANN, *als die Frau stehenbleibt.* Nu? stimmt's etwa wieder nich?

ERSTE WEBERFRAU, *bewegt, flehentlich.* A paar Fenniche uf Vorschuß hätt ich doch halt a so neetig.

NEUMANN. Ich hab a paar hundert Taler neetig. Wenn's ufs Neetighaben ankäm –! *Schon mit Auszahlen an einen andern Weber beschäftigt, kurz:* Ieber den Vorschuß hat Herr Dreißiger selbst zu bestimmen.

ERSTE WEBERFRAU. Kennt ich da vielleicht amal mit'n Herrn Dreißiger selber red'n?

EXPEDIENT PFEIFER, *ehemaliger Weber. Das Typische an ihm ist unverkennbar; nur ist er wohlgenährt, gepflegt gekleidet, glatt rasiert, auch ein starker Schnupfer. Er ruft barsch herüber.* Da hätte Herr Dreißiger weeß Gott viel zu tun, wenn er sich um jede Kleenigkeit selber bekimmern sollte. Dazu sind wir da. *Er zirkelt und untersucht mit der Lupe.* Schwerenot! Das zieht. *Er packt sich einen dicken Schal um den Hals.* Macht de Tiere zu, wer reinkommt.

DER LEHRLING, *laut zu Pfeifer.* Das is, wie wenn man mit Kletzen red'te.

Bedeutung des Nebentextes

Zunächst fällt auf, dass der Nebentext (1–39), der in der Dramentradition Vorschriften zur Bühnenausstattung und Regieanweisung enthielt, hier sehr umfangreich und zu einem eigenwertigen epischen Bestandteil des Werkes geworden ist. Er enthält in der Bemerkung, dass die Weber Menschen gleichen, „die vor die Schranken des Gerichts gestellt sind, wo sie in peinigender Gespanntheit eine Entscheidung über Tod und Leben zu erwarten haben" (21–24), eine Interpretation des ganzen ersten Akts.

Das Elend wird an vielen genauen Details gezeigt

Das Bild des Weberelends setzt sich aus vielen Details zusammen. So leben sie z.B. in dauernder Zeitnot. Dass die Bezahlung nicht ausreicht, das Leben zu fristen, zeigt das Betteln um Vorschuss (47), aber auch das äußere Aussehen der Weber („zerlumpt": 36; „sehr abgezehrt": 42). Das Entwürdigende des Elends wird immer wieder betont („von Demütigung zu Demütigung schreitend": 26). Es gibt ja keinerlei Vertragsverhältnis zwischen dem Arbeitgeber und den Webern. Dessen Angestellter entscheidet vielmehr selbstherrlich über die Bezahlung. Dass bei der Bezahlung nicht einmal ein Existenzlohn, sondern vielmehr ein ‚Hungerlohn' herauskommt, zeigt der Ausbruch einer Weberin im zweiten Akt, der es das Herz bricht, dass sie ihren hungernden Kindern nichts zu essen geben kann.

Die Weber arbeiten ohne Vertrag, werden nach Gutdünken bezahlt und erhalten meist nur einen Hungerlohn

Die literarische Epoche des Naturalismus

Aufstand gegen die ‚Gründer'-Generation

Der Naturalismus lässt sich als Protestbewegung junger Schriftsteller gegen die politischen, sozialen und kulturellen Verhältnisse der ‚Gründerzeit', d.h. als Aufstand gegen die ältere Generation, die seit der Reichsgründung 1871 diese Verhältnisse bestimmte, verstehen. Die höheren Industrielöhne hatten einen gewaltigen Wanderungsstrom vom Lande in die Ballungszonen der schnell wachsenden Städte gelenkt. 1889 überrundete die Industrieproduktion zum ersten Mal in der Wertschöpfung die Agrarerträge, 1891 übertraf die deutsche Stadtbevölkerung erstmals zahlenmäßig die Landbevölkerung. Deutschland war in wenigen Jahren zu einer modernen Industrienation geworden. Da gleichzeitig eine natürliche Bevölkerungszunahme erfolgte, gab es ein Überangebot an Arbeitskräften und Mangel an Wohnraum in den Städten. Viele Menschen lebten im Elend. Die proletarischen Massen prägten das Bild der großen Städte. Die Probleme und Nöte dieser Menschen wählten die naturalistischen Autoren zum Gegenstand ihrer Dichtung.

Verstädterung und Proletarisierung

Die Literatur bekommt einen neuen Inhalt

‚Verwissenschaftlichung' der Kunst als Antwort auf die antimetaphysische Wende

Der Naturalismus ist die erste literarische Bewegung – darin liegt seine epochale Bedeutung als Beginn der Moderne –, die die Herausforderung durch das naturwissenschaftliche Weltbild der Gegenwart bewusst angenommen hat. Durch dieses Weltbild waren die philosophischen Grundlagen der klassisch-romantischen Dichtungstradition in Frage gestellt und die Kunst in eine Legitimationskrise geraten. Die Naturalisten reagierten darauf mit dem Ruf nach einer ‚Verwissenschaftlichung' der Kunst.

Wahrheitsbegriff

Während im Realismus (➤ S. 90) die Wahrheit der Dichtung in der „künstlerischen Wiedergabe des Lebens“, d.h. in der „poetischen Verklärung“ des Erfahrungsstoffs gesehen wurde, wird sie nun in Richtung auf wissenschaftliche Objektivitätsmaßstäbe hin definiert. Der Dichter nimmt sich also die induktiv und experimentell vorgehenden Disziplinen, Physik, Chemie, Medizin usw., zum Vorbild. Damit orientiert er sich bewusst am ‚Experimental-Roman‘ von Emile Zola, von dem sich Fontane deutlich distanziert hatte. So schreibt z. B. Wilhelm Bölsche, einer der Mitbegründer der ‚Freien Volksbühne‘ in Berlin, wo die Dramen der Naturalisten gespielt wurden, in seinem Buch ‚Die naturwissenschaftlichen Grundlagen der Poesie‘ (1887):

Wahrheit der Dichtung wird auf wissenschaftliche Objektivitätsmaßstäbe hin definiert

„Der Dichter, der Menschen, deren Eigenschaften er sich möglichst genau ausmalt, durch die Macht der Umstände in alle möglichen Konflikte geraten und unter Betätigung jener Eigenschaften als Sieger oder Besiegte, umwandelnd oder umgewandelt, daraus hervorgehen oder darin untergehen läßt, ist in seiner Weise ein Experimentator, wie der Chemiker, der allerlei Stoffe mischt, in gewisse Temperaturgrade bringt und den Erfolg beobachtet. Natürlich: der Dichter hat Menschen vor sich, keine Chemikalien. Aber (...) auch diese Menschen fallen ins Gebiet der Naturwissenschaften (...).“

Vergleich des Dichters mit dem Naturwissenschaftler

Milieu und Vererbung

Wenn im klassischen Drama der Schauplatz nur kurz angedeutet wurde, so hat das seinen Grund darin, dass die Figuren ihn mit ihrem Handeln erst füllten und prägten. Dazu genügte eine abstrakte Angabe für das Bühnenbild. Für den naturalistischen Autor gab es jedoch keine ‚Nebensächlichkeiten‘ bei der Ausgestaltung des Spielraums, weil er seine Figuren als durch ihr ‚Milieu‘ geprägt ansah. Im geringsten Detail entdeckte er mehr Aussagekraft, aus dem der Zuschauer seine Schlüsse ziehen sollte, als auf allen Raum- und Landschaftsprospekten eines herkömmlichen Theaters. Denn die Details charakterisieren das Milieu, durch das die Figuren des Stücks geprägt sind und aus dem sich ihr Handeln erklärt. Dem Zuschauer soll intimster Einblick in dieses Milieu geboten werden, sodass ihm der optische Rahmen schon die gespielten Situationen erklären hilft, ehe überhaupt der Dialog einsetzt.

Das naturalistische Bühnenbild kennt keine ‚Nebensächlichkeiten‘

Das Milieu prägt den Menschen

Der optische Rahmen gehört zum Text

Auch die Vererbung spielt eine wichtige Rolle bei der Erklärung menschlichen Handelns, z. B. in Hauptmanns erstem Stück, dem sozialen Drama ‚Vor Sonnenaufgang‘ (1889):

Der Bauer Krause ist durch Landverkauf an die Kohlenindustrie steinreich geworden und dem Trunk verfallen. Die ganze Familie verkommt. Als der alkoholgegnerische Sozialist Loth im Haus erscheint, sieht Helene in ihm ihre

Dekadenz als Drameninhalt

einzige Möglichkeit, aus dem verderblichen Milieu ihrer Familie herauszukommen. Doch dieser zieht sich, als es ernst wird, von Helene zurück, weil er fürchtet, seine Kinder könnten erblich belastet werden. Helene macht noch vor Sonnenaufgang ihrem Leben ein Ende, als gerade ihr Vater betrunken nach Hause kommt.

Darwins Lehre auf die Kunst übertragen

Die Theorie von dem Einfluss des Milieus und des Erbguts auf das Individuum haben die Naturalisten aus der Evolutionstheorie von Charles Darwin (1809–1882) auf die Kunst übertragen.

‚Sekundenstil'

Vollständige und möglichst ‚objektive' Wiedergabe der Wirklichkeit

‚Sekundenstil' im Drama und in der Erzählung

Die Auffassung, dass es bei der Darstellung des Menschen in seinem Milieu nichts „Nebensächliches" gebe, weil alles bestimmend auf ihn einwirke, und das Bestreben, das Leben mit wissenschaftlicher Objektivität wiederzugeben, haben jene Eigenart des naturalistischen Stils zur Folge gehabt, die man mit dem Begriff ‚Sekundenstil' bezeichnet hat. Er besteht in einer wirklichkeitskopierenden Technik, die die kleinsten Bewegungen und Gesten minutiös aufzeichnet (vgl. die Regieanweisungen im Text S. 98 f.) und das Sprechen der Figuren mit allen Eigenarten notiert, wie sie heutzutage eine Audioaufnahme festhalten würde. Vorbild waren die Erzählstudien ‚Papa Hamlet' von Arno Holz und Johannes Schlaf (1889). Durch Verwendung von Dialekt und Redensart, Satzbruch und Satzfetzen, Ausruf und Emphase, Stammeln, Stöhnen und Seufzen wurde die größtmögliche Nähe zum tatsächlichen Sprachverhalten des durchschnittlichen Menschen erstrebt. Wie die Regieanweisungen beim Drama schilderte hier der Erzählerkommentar die feinsten Regungen des Gebärden- und Mienenspiels, die das Sprechen der Figuren begleiten.

Darstellung des ‚Hässlichen'

Arno Holz hatte sich von der literarischen Tradition mit der kurzen Formel abgesetzt: Unsre Welt ist nicht mehr klassisch, Unsre Welt ist nicht romantisch, Unsre Welt ist nur modern.

Unterschied zur Klassik, Romantik und zum Realismus in ästhetischer Hinsicht

Diese Unterscheidung betrifft den neuen Gegenstand der Dichtung. Die Klassiker hatten „das Schöne" als Gegenstand der Kunst bestimmt (➛ S. 45/47), die Romantiker wollten die Natur durch Dichtung ‚erlösen'(➛ S. 62), ja noch die Realisten wollten die Wirklichkeit nur in ‚poetischer Verklärung' wiedergeben (➛ S. 92). Die Naturalisten provozierten nun bewusst das Publikum, das in jener literarischen Tradition groß geworden war, durch Gegenstände, die als ‚hässlich' erscheinen mussten, Szenen aus der Alltagswelt von Fabrik und Kneipe, Mietskaserne und Hinterhof, jene von Elend, Armut, Suff, Krankheit, Gewöhnlichkeit erfüllte Wirklichkeit, die man nicht ‚poetisch verklären' oder

‚romantisieren' konnte, sondern mit deren Darstellung die Naturalisten eine Welt nahe bringen wollten, die vom gebildeten Publikum sonst verdrängt wurde. Kaiser Wilhelm II., der so empört auf die Aufführung der ‚Weber' reagiert hatte (➤ S. 98), verdammte die ganze Literatur des Naturalismus als „Rinnsteinkunst".

Eine verdrängte Wirklichkeit Gegenstand des Naturalismus

Politische Implikationen

Politisch saßen die Naturalisten mit ihrem Anliegen, eine verdrängte Wirklichkeit zu demonstrieren, zwischen zwei Stühlen. Wie der Kaiser, so war auch das Bürgertum von dieser Demonstration geschockt, denn Staatstreue hing eng mit „schöner Literatur" zusammen, wie man sie in der Schule las. Doch wurde diese Wertung auch von den Sozialdemokraten übernommen, mit denen die Naturalisten sympathisiert hatten, bevor jene 1890 zur staatstragenden Partei wurden. Wilhelm Liebknecht lehnte eine Zusammenarbeit mit dem ‚Jüngsten Deutschland', wie er die Gruppe nannte, ab. Arno Holz aber übernahm diese Bezeichnung für den eigenen Literaturkreis, weil er sich – wie Hauptmann mit seinem Büchner-Vortrag – am ‚Jungen Deutschland' statt an Klassik oder Romantik orientieren wollte. Denn das ‚Junge Deutschland' hatte zum ersten Mal Themen zum Gegenstand der Dichtung gemacht, die von der gebildeten Gesellschaft, d. h. vom literarischen Publikum verdrängt wurden.

Politisch ‚zwischen zwei Stühlen'

Naturalismus als das ‚Jüngste Deutschland'

In Europa gab es längst naturalistische Dichtung, z. B. die Romane des Franzosen Emile Zola (1840–1902), oder die Dramen des Norwegers Henrik Ibsen (1828–1906) und des Schweden August Strindberg (1849–1912).

Autoren

Die meisten Autoren des Naturalismus waren als Altersgenossen in den frühen 1860er-Jahren geboren, stammten aus mittelständischen – nicht großbürgerlichen – Familien, verlebten Kindheit und Jugend in der Provinz und zogen als Erwachsene in die Großstädte München und Berlin. Der Sieg über Frankreich und die Reichsgründung waren für sie Vergangenheit, ihre Gegenwart durch das (durch die französischen Reparationen ermöglichte) ‚Wirtschaftswunder' und die Verwandlung Deutschlands in einen Industriestaat geprägt. Sie erlebten, dass der Staat sich auf die Seite der Besitzenden schlug (Dreiklassenwahlrecht) und die Partei, die sich um die Besitzlosen kümmerte, in die Ecke drängte (Sozialistengesetz). Da der wirtschaftlichen und industriellen Entwicklung keine entsprechende kulturelle Blüte entsprach und in der Schule die Weimarer Klassik kanonisiert wurde, gerieten die jungen Autoren in Opposition zu Staat und Gesellschaft.

Autoren stammen meist aus mittelständischen Familien

Oppositionelle Haltung der Autoren

Hauptmanns Werk vielgestaltig

Gerhart Hauptmann ragte aus dem Kreis der Autoren, die sich dem Programm des Naturalismus verschrieben hatten (Arno Holz, Johannes Schlaf, Conrad Alberti u.a.), dadurch heraus, dass er außer den literarischen Mitteln des Naturalismus auch solche des Symbolismus verwendete (z.B. in der Darstellung des Eisenbahnwesens im ‚Bahnwärter Thiel') und außer Stoffen der Gegenwart auch Märchenmotive und antike Mythen verarbeitete (Hanneles Himmelfahrt 1894; Und Pippa tanzt 1906; Atriden-Tetralogie 1946). Er überlebte – wie Goethe ein Jahrhundert zuvor – alle seine Altersgenossen. Sein Erfolg ist dadurch zu erklären, dass er dem Publikum genau jene Mischung aus Wiedererkennen (Erwartungserfüllung) und Irritation (Erwartungskorrektur) anbot, die zur Rezeption neuer poetischer Muster erforderlich ist.

Mischung aus Erfüllung und Enttäuschung literarischer Erwartungen beim Publikum

GERHART HAUPTMANN (1862–1946)

- 15.11.1862 als Sohn eines Hotelbesitzers in Bad Salzbrunn, Schlesien geboren
- Ausbildung als Landwirt, dann als Bildhauer
- Seit 1884 in Berlin, ab 1900 in Agnetendorf und Hiddensee
- 1912 Nobelpreis für Literatur
- Kaiser Wilhelm II. verweigert Hauptmann den Schillerpreis
- 6.6.1946 in Agnetendorf, Schlesien gestorben

Werke

Im Anfang lag der Schwerpunkt in der **Lyrik**. Dann wird die naturalistische Methode in der **Erzählprosa** entwickelt und auf das **Drama** übertragen, das dann zur dominierenden Gattung wird.

Aufeinanderfolge: Lyrik, Prosa, Drama

Arno Holz: ‚Das Buch der Zeit.' Gedichte (1885)

Über die Epoche des Naturalismus hinaus ist – neben dem epischen und dramatischen Schaffen von Hauptmann – auch die Lyrik von Arno Holz, dem Programmatiker des Naturalismus, von Bedeutung. Mit ihm beginnt die deutsche Großstadtlyrik, in der sich die Daseinsproblematik proletarisierter Menschen spiegelt, die zur Arbeitssuche in die ohne jede Struktur und Integration aus dem Boden schießenden Ballungsgebiete zogen, dort von keinem sozialen Beziehungsnetz getragen wurden und die Stadt als eine feindliche Umwelt erleben mussten.

Holz begründet die Großstadtlyrik

Gerhart Hauptmann: ‚Bahnwärter Thiel.' Novelle (1888)

Der körperlich kräftige, pflichtbewusste Bahnwärter Thiel heiratet nach dem Tod seiner zarten und kränklichen Frau Minna die robuste Bauernmagd Lene, damit Minnas Sohn Tobias wieder eine Mutter hat. Sexuell von ihr abhängig, muss Thiel hilflos zusehen, wie Lene Tobias gegenüber dem eigenen Kind benachteiligt, ihn vernachlässigt und misshandelt. Schließlich wird Tobias infolge Lenes Unachtsamkeit von einem Zug überfahren. Da wird aus Thiels Hilflosigkeit Raserei; er tötet Lene und ihr Kind mit dem Beil (vgl. Büchners Woyzeck ➛ S. 72), verfällt in Wahnsinn und wird in eine Irrenanstalt gebracht.

Gerhart Hauptmann: ‚Der Biberpelz.' Eine Diebeskomödie (1893)

Das Stück spielt „irgendwo in Berlin". Als Zeit wird ausdrücklich der „Septennatskampf" 1887 angegeben, d. h. die Auseinandersetzungen im Reichstag über den Militärhaushalt für die nächsten sieben Jahre. Die vier Akte spielen abwechselnd in der Wohnküche der Familie Wolff und dem Dienstzimmer des Amtsvorstehers Baron von Wehrhahn. Das Stück ist insofern analytisch aufgebaut, als nacheinander der Wild-, dann der Holz- und schließlich der Pelzdiebstahl der lebenstüchtigen, aufstiegsorientierten Mutter Wolffen vor dem Zuschauer aufgedeckt wird. Allein Herr von Wehrhahn durchschaut seine Kontrahentin nicht und verhindert eine Strafverfolgung, die eigentlich seine Aufgabe wäre, weil er völlig in Anspruch genommen ist von der Aufspürung „reichs- und königsfeindlicher Elemente", die er vor allem in der Person eines Dr. Fleischer vermutet. Da der Bestohlene als dessen Freund gilt, wird seine Klage gar nicht ernst genommen. Vielmehr rechnet der Baron nun ausgerechnet Mutter Wolffen zu den Reichs- und Königstreuen und lobt sie zum Schluss als „ehrliche Haut", worauf diese nur den Kopf schüttelt: „Da weeß ich nu nich ..."

Alle Querverweise im Überblick:

Wahrheitsbegriff in Naturalismus und Realismus: S. 101 ➤ 90
Klassik – „das Schöne": S. 102 ➤ 45, 47
Romantik – „Natur durch Dichtung erlösen": S. 102 ➤ 62
Realismus – Wirklichkeit in poetischer Verklärung wiedergeben: S. 102 ➤ 92
Reaktion Wilhelms II. auf die ‚Weber': S. 103 ➤ 98

Zusammenfassung:

Naturalismus

Der Naturalismus ist als **Protestbewegung** gegen die ‚Gründergeneration' zu verstehen. Seine Autoren wählen die **Welt des städtischen Proletariats** als bevorzugten Gegenstand. Die Naturalisten wollen die Kunst an der **induktiv-experimentellen Methode** der Naturwissenschaften orientieren, indem sie die Wirklichkeit ‚objektiv' darstellen, nachdem sie ‚recherchiert' haben. Ihr **Menschenbild** ist **materialistisch, an Darwins Verständnis** orientiert. Vorgeführt wird die Abhängigkeit des menschlichen Denkens und Handelns von der Soziallage, von der sozialen Rolle und vom ‚Milieu'.

Mit der Wahl ‚hässlicher' Gegenstände provozieren die Naturalisten das Publikum, das an ‚schöne Literatur' gewöhnt ist. In ihren Stücken wird dokumentarisches Material verarbeitet. Sie bemühen sich, dem Zuschauer überzeugende Tatsachen darzubieten, die Realität im Detail wiederzugeben, Vollständigkeit in der Beschreibung der Umwelt (Nebentext!) und des Verhaltens der Figuren zu erreichen. Die tragende Figur ist nicht eine einzelne herausragende Gestalt, sondern das Kollektiv, dem die Verelendung gemeinsam ist, das aber dennoch durch unterschiedliche Individualitäten vertreten wird. Die Dramenfiguren sprechen Dialekt bzw. eine aus Dialekt und Hochdeutsch gemischte Umgangssprache. Die schicht- und rollenspezifische Sprechweise der Personen wird ‚objektiv', d. h. mit allen Verstößen gegen die Sprachnorm wiedergegeben. Im Bemühen, die Wirklichkeit in all ihren Details zu erfassen, die den Menschen bestimmen und beeinflussen, wird der ‚Sekundenstil' entwickelt.

Einige literarische Techniken der herkömmlichen Dramenpoetik, mit denen dem Zuschauer ein Vorwissen vermittelt wurde, sind weggefallen. Es gibt keinen Monolog, kein ‚Beiseitesprechen', keine Exposition (Bericht über die Vorgeschichte). Stattdessen muss der Zuschauer das nötige Vorwissen entweder mitbringen oder/und den szenischen, gestischen und mimischen Elementen entnehmen. Das ‚Milieu' ist nicht mehr nur Schauplatz der Handlung, sondern wird auch durch den Nebentext erzählt und beschrieben, d. h. episch vermittelt auf die Figuren in einer Weise bezogen, dass es mehr über sie aussagt als eine Exposition im traditionellen Sinn. Im ganzen Drama ‚sickert' gleichsam die Vorgeschichte ‚durch'. Da es weder im ganzen Stück noch im einzelnen Akt dramatische Zuspitzungen gibt, nähert sich das naturalistische Drama in der Form dem Stationendrama.

Politisch wird der Naturalismus **weder rechts noch links akzeptiert**, weil seine Autoren bevorzugt die Welt des Subproletariats thematisieren: Armut, Ausbeutung, Not. Mit dem Naturalismus erreicht die deutsche Literatur den Anschluss an den internationalen Standard.

Thomas Mann (1875 – 1955)
In seinen Romanen schildert er die Spannung zwischen Bürgertum und Künstlerexistenz.

1901 Die Buddenbrooks
➛ **s. S. 125**

1911 Der Tod in Venedig
➛ **s. S. 110**

1929 Nobelpreis für Literatur

Stefan George (1868 – 1933)
Er knüpft an Baudelaire an und vertritt das „l'art pour l'art" des Symbolismus uneingeschränkt: Dichtung als eine freie und autonome Schöpfung, die allein dem Willen des Dichters selbst unterworfen ist.
➛ **s. S. 113**

Jahrhundertwende 1890 – 1905

Frühexpressionismus 1905 – 1914

Edvard Munch: Der Schrei

Else Lasker-Schüler (1869 – 1945)
Wegbereiterin und Repräsentantin des deutschen Expressionismus.
➛ **s. S. 126**

Jakob van Hoddis (1887 – 1942)
Mit lustvoller Ironie schildert er – ohne eine Spur von innerer Beteiligung – den Zusammenbruch der bürgerlichen Welt.
➛ **s. S. 115**

Gottfried Benn (1886 – 1956)
Er schockiert durch seine klinisch-kühle Distanz und reduziert den Menschen auf seine bloße Körperlichkeit.

1912 Morgue und andere Gedichte
➛ **s. S. 116**

JAHRHUNDERTWENDE EXPRESSIONISMUS

Georg Trakl (1887 – 1914)
Er verarbeitet die alptraumhaften Erfahrungen des Krieges, mit denen er als Mitglied einer Sanitätskolonne konfrontiert wird.

1914 Grodek
→ **s. S. 117**

Franz Kafka (1883 – 1924)
Das Gefühl, sich in den alltäglichen Auseinandersetzungen nicht bewährt zu haben, prägt das Lebensgefühl der Hauptpersonen in Kafkas Erzählungen und Romanen. Sie können einer übermächtigen, brutalen Instanz gegenüber nicht bestehen, geben auf und gehen unter.

1919 Brief an den Vater
→ **s. S. 121**

1925 Der Proceß
→ **s. S. 125**

Ernst Toller (1893 – 1939)
Sein Werdegang ist typisch für die Wandlung von der Kriegsbegeisterung zur Gegnerschaft und zum Pazifismus.

1919 Die Wandlung
→ **s. S. 119**

Kriegsexpressionismus 1914 – 1918	**Spätexpressionismus 1918 – 1923**

Tristan Tzara 1918:
„DADA bedeutet nichts – das ist ein Wort, das die Gedanken auf Jagd schickt."

Jahrhundertwende / Expressionismus

In diesem Kapitel erfahren Sie:

- Die Literatur der Jahrhundertwende ist durch die Parallelität verschiedener Stile geprägt. Ihnen gemeinsam ist die Ablehnung des Naturalismus und eine ästhetizistische Haltung.
- Die Expressionisten suchen nach radikal neuen Ausdrucksformen. In ihren Werken stehen die Aktion, ein intensives Gefühl, leidenschaftliches Engagement und der Aufruf zur Erneuerung im Vordergrund. Die verkrustete wilhelminische Gesellschaft lehnen sie ab.

Thomas Mann: ‚Der Tod in Venedig' (1911)

Meisterwerke durch präzise Vorbereitung

Typisch für dieses und alle späteren Werke ist die Arbeitsweise Thomas Manns S. 112. Er greift auf die eigenen Erfahrungen zurück und befragt seine Bekannten und Verwandten nach Einzelheiten des Lübecker Alltagslebens. Die Vorbereitungen sind präzise und aufwändig. Bis ins kleinste Detail will er den richtigen Ton treffen, den gesellschaftlichen small talk, typische Redewendungen, Fakten aus Wirtschaftsgeschichte und Politik authentisch in seinen Text übernehmen.

Spannung zwischen Bürgertum und Künstlerexistenz

In seinen Romanen schildert Thomas Mann die Spannung zwischen Bürgertum und Künstlerexistenz. Die solide, geregelte Welt des Bürgertums lässt sich mit dem kreativen, leidenschaftlich-zügellosen Anspruch der Kunst nicht vereinbaren.

‚Der Tod in Venedig' – Skizze des Inhalts

Dieses Thema steht zentral in der Novelle **‚Der Tod in Venedig'**. Ihr Protagonist ist Gustav Aschenbach, ein betagter, gesellschaftlich hoch angesehener Schriftsteller, der in eine Schaffenskrise gerät und in die Ferien nach Venedig reist. Dort verfällt er dem sinnlichen Zauber eines Vierzehnjährigen, mit dem er nicht einmal reden kann, denn der Junge ist Pole. Er bringt es nicht über sich, abzureisen, obwohl er vor einer drohenden Typhusepidemie gewarnt wird.

Vernichtung einer Existenz

Er bleibt in der verseuchten Stadt und stirbt schließlich an der Krankheit. Im Verlauf der Handlung verwandelt sich der gefeierte, in Ehren gealterte Dichter in einen lächerlichen Alten, der sich nicht zu schade ist, dem geliebten Jungen in den Straßen Venedigs hinterherzulaufen und der in Panik gerät, wenn er ihn aus den Augen verliert. Gegen Ende der Novelle bleibt von Aschenbachs Würde nichts mehr übrig, wenn er sich vom Friseur seines Hotels kosmetisch verjüngen lässt, um seinem halbwüchsigen Idol attraktiver zu erscheinen.

Auf den Spuren des Schönen hatte Aschenbach sich eines Nachmittags in das innere Gewirr der kranken Stadt vertieft. Mit versagendem Ortssinn, da die Gäßchen, Gewässer, Brücken und Plätzchen des Labyrinthes zu sehr einander gleichen, auch der

Himmelsgegenden nicht mehr sicher, war er durchaus darauf bedacht, das sehnlich verfolgte Bild nicht aus den Augen zu verlieren, und zu schmählicher Behutsamkeit genötigt, an Mauern gedrückt, hinter dem Rücken Vorangehender Schutz suchend, war er sich lange nicht der Müdigkeit, der Erschöpfung bewußt, welche Gefühl und immerwährende Spannung seinem Körper, seinem Geiste zugefügt hatten. Tadzio ging hinter den Seinen, er ließ der Pflegerin und den nonnenähnlichen Schwestern in der Enge gewöhnlich den Vortritt, und einzeln schlendernd wandte er zuweilen das Haupt, um sich über die Schulter hinweg der Gefolgschaft seines Liebhabers mit einem Blick seiner eigentümlich dämmergrauen Augen zu versichern. Er sah ihn und verriet ihn nicht. Berauscht von dieser Erkenntnis, von diesen Augen vorwärts gelockt, am Narrenseil geleitet von der Passion, stahl der Verliebte sich seiner unziemlichen Hoffnung nach – und sah sich schließlich dennoch um ihren Anblick betrogen. Die Polen hatten eine kurz gewölbte Brücke überschritten, die Höhe des Bogens verbarg sie dem Nachfolgenden, und seinerseits hinaufgelangt, entdeckte er sie nicht mehr. Er forschte nach ihnen in drei Richtungen, geradeaus und nach beiden Seiten den schmalen und schmutzigen Quai entlang, vergebens. Entnervung, Hinfälligkeit nötigten ihn endlich, vom Suchen abzulassen.

Sein Kopf brannte, sein Körper war mit klebrigem Schweiß bedeckt, sein Genick zitterte, ein nicht mehr erträglicher Durst peinigte ihn, er sah sich nach irgendwelcher, nach augenblicklicher Labung um. Vor einem kleinen Gemüseladen kaufte er einige Früchte, Erdbeeren, überreife und weiche Ware, und aß im Gehen davon. Ein kleiner Platz, verlassen, verwunschen anmutend, öffnete sich vor ihm, er erkannte ihn, es war hier gewesen, wo er vor Wochen den verzweifelten Fluchtplan gefaßt hatte. Auf den Stufen der Zisterne, inmitten des Ortes, ließ er sich niedersinken und lehnte den Kopf an das steinerne Rund. Es war still, Gras wuchs zwischen dem Pflaster, Abfälle lagen umher. Unter den verwitterten, unregelmäßig hohen Häusern in der Runde erschien eines palastartig, mit Spitzbogenfenstern, hinter denen die Leere wohnte, und kleinen Löwenbalkonen. Im Erdgeschoß eines anderen befand sich eine Apotheke. Warme Windstöße brachten zuweilen Karbolgeruch.

Thomas Manns Stil passt sich der Meisterhaltung Aschenbachs an. Das zeigen der Satzbau und die Verwendung der zahlreichen Metaphern. Ein kurzer prägnanter Satz führt in das Geschehen ein; das Bild der „kranken Stadt" verweist auf die Dissonanz zwischen Pracht und Schmutz in Venedig. Der zweite Satz lässt mit seinen Aufzählungen („Gäßchen, Gewässer, Brücken und Plätzchen") und der parallelen Konstruktion die Anstrengung erkennen, der sich der alte Dichter unterziehen muss, um dem Geliebten auf der Spur zu bleiben. Ein altertümelnder Ausdruck („ward") lässt die ironische Distanz gegenüber seinem Verhalten spüren.

Der Stil ist Aschenbachs Haltung angemessen

Abwechslung von Kurz- und Langbausätzen

Werden hier die Stadtviertel aus dem Blickwinkel Aschenbachs geschildert, wechselt mit dem folgenden Satz die Perspektive: Mit den Augen Tadzios wird „versichert", dass der „Liebhaber" tatsächlich funktioniert. Der Erzähler

Perspektivwechsel

kommentiert und bewertet anschließend das Verhalten seines Helden. Er umschreibt dessen Zustand mit einem Bild („am Narrenseil geleitet von der Passion"), die ihn in die Nähe einer Geisteskrankheit rückt.

Metaphorische Ausdrücke

Der zweite Abschnitt berichtet wieder aus der Perspektive Aschenbachs. Er wird mit einem metaphorischen Ausdruck eingeleitet („Sein Kopf brannte"), der Fieber, Enttäuschung und Erschöpfung veranschaulicht. Der Gemüts- und Gesundheitszustand des Schriftstellers sind Gegenstand dieses Abschnitts. In seinen Augen zeigt sich die Doppelgesichtigkeit Venedigs, die erneut mit einer Metapher veranschaulicht wird. „Mit Spitzbogenfenstern, hinter denen die Leere wohnte", sieht Aschenbach den Verfall einer überholten Pracht, ohne jedoch die Gefahr, die darin für die eigene Gesundheit liegt, zu erkennen. En passant kauft er „einige Früchte, Erdbeeren, überreife und weiche Ware", die ihm endgültig zum Verderben werden.

Thomas Manns Doppelspiel

Thomas Manns Vorgehen gleicht einem komplizierten Doppelspiel. Er geht auf meisterhafte Weise mit der Sprache um und verbindet die unterschiedlichen Motive zu einem eng geknüpften Beziehungsgeflecht. Zugleich aber legt er nahe, dass mit dieser Festlegung auf eine repräsentative meisterhafte Haltung das Bürgertum die eigene kulturelle und gesellschaftliche Position gefährdet, weil vieles, was an Unruhe und Chaos unter der Oberfläche liegt, nicht gesehen wird.

THOMAS MANN (1875–1955)

- 6.6.1875 als Sohn eines wohlhabenden Lübecker Senators geboren
- Vor dem Abitur verlässt er die Schule und zieht mit 18 Jahren nach München
- 1896 bis 1898 hält er sich mit seinem Bruder Heinrich in Rom auf.
- Danach arbeitet er wieder in München als Redakteur bei der satirischen Zeitschrift „Simplicissimus".
- In dieser Zeit bereitet er den Roman „Die Buddenbrooks" vor, für den er 1929 den Nobelpreis für Literatur erhält.
- Emigriert 1933 in die Schweiz, 1938 übersiedelt er in die USA, 1952 kehrt er in die Schweiz zurück.
- 12.8.1955 Tod in Zürich

Das politische Klima der Jahrhundertwende

„So stehen wir voll Mut und Hoffnung auf der Schwelle des neuen Jahrhunderts, voll Vertrauen auf den alten Gott der Deutschen und unsere eigene Kraft. Erhalten uns diese beiden den Frieden, dann wird jeder neue Tag des kommenden Jahrhunderts Großes bringen, und das Große noch Größeres erzeugen, und jedes neue Jahr wird Herrliches bringen, das wieder Herrlicherem weicht, und wie der Dichter sagt: Die Welt wird schöner mit jedem Tag, man weiß nicht, was noch werden mag."

Fortschrittsoptimismus am Beginn eines neuen Jahrhunderts

Vor der übergreifenden Begeisterung sind wenige Menschen in Deutschland immun. Es sind allenfalls die jungen, nicht arrivierten Autoren und Künstler, die sich aus diesem rauschhaften Empfinden heraushalten. Aus ihrer Haltung spricht nicht der Protest gegen eine überheblich-selbstgefällige Nabelschau. Sie sind an gesellschaftlichen, wirtschaftlichen und politischen Problemen ihrer Zeit schlicht nicht interessiert. Angewidert von einem Kulturbetrieb, der sich auf eine epigonale Klassikernachfolge beschränkt, auf Entspannung, Amüsement und Freizeitunterhaltung ausgelegt ist, suchen sie ihre Nischen und setzen darauf, die eigenen subjektiven Erfahrungen auszudrücken. Dazu eignet sich vor allem die Lyrik, die in der Zeit um die Jahrhundertwende eine neue Blütezeit erlebt.

Skeptisch sind allenfalls die jungen Intellektuellen

Künstler und Autoren ziehen sich aus der Gesellschaft in ihre Nischen zurück

Subjektive Erfahrungen stehen im Vordergrund

Gemeinsam ist den Autoren die Abkehr vom Naturalismus, dem sie vorwerfen, sich ausschließlich auf die „hässliche" Wirklichkeit versteift zu haben. Ihm stellen sie eine Vielzahl von Theorien und Stilen, von Kunstrichtungen und literarischen Bewegungen entgegen, die um die Jahrhundertwende neben- und gegeneinander existieren: Ästhetizismus, Impressionismus, Symbolismus, Neuromantik, Jugendstil, Décadence … Die Vielzahl der „ismen" ist geradezu ein Kennzeichen der sich selbst als Moderne definierenden Bewegungen. Sie fordern das Attribut „modern" für sich ein und verstehen bei allen trennenden Widersprüchen darunter als gemeinsame Position: eine innovative, aufs Äußerste verfeinerte Anverwandlung der Realität, die Wendung nach innen, in Richtung auf die Psychologie der Nerven und Sinne und in die Welt der Sprache, der poetischen Kunstwerke. Stimmungen und persönliche Eindrücke festzuhalten, ist der zentrale Inhalt der Kunstwerke, die sich selbst genügen, Kunst um der Kunst willen sein wollen.

Abkehr vom Naturalismus

Vielzahl der …ismen

Kennzeichen der Moderne: die Wendung nach innen

L'art pour l'art

Dieses Verständnis von Literatur wird durch die Gedichte der französischen Lyriker Arthur Rimbaud und Charles Baudelaire vorgeprägt. In Deutschland ist es vor allem **Stefan George**, der an Baudelaire anknüpft und seinen Gedichtband ‚Les fleurs du mal' übersetzt. Er vertritt das „l'art pour l'art" des Symbolismus uneingeschränkt: Dichtung als eine freie und autonome Schöpfung, die allein dem Willen des Dichters selbst unterworfen ist. George versteht sich als einsamen Rufer in der Wüste, als Propheten einer neuen Kunst, der einen exklusiven Kreis von Schülern um sich aufbaut. Die reine Kunst gilt es zu erschaffen, die sich von allen gesellschaftlichen Bedürfnissen fernhalten kann.

Rimbaud und Baudelaire als Vorbild

Der George-Kreis: bewusste Abwendung von der Alltagswirklichkeit, ein elitärer Schönheitskult

Impulse aus der bildenden Kunst: die französischen Impressionisten

Impulse für eine neue Ästhetik kommen aus der bildenden Kunst: Auch hier sind es vor allem die Franzosen, deren Einfluss sich geltend macht. Die Gemeinschaftsausstellung von 18 Künstlern 1874 in Paris löst bissige Kritik aus, da sie dem herrschenden konservativen Geschmack der Pariser Salons widerspricht. Die Bilder von Monet, Dégas, Cézanne, Pissarro, Sisley u.a. erschließen neue Themen – den Alltag der Boulevards, der Bars und Cabarets (➛ S.202) –, sie gehen mit ihrer Staffelei ins Freie und unterwerfen sich den unbeständigen Lichteindrücken, um die Atmosphäre mit allen Nuancen einzufangen, die Formen lösen sich auf, Farben nehmen einen zentralen Rang ein. Der zunächst verächtlich gemeinte Titel „Impressionisten" gibt ein treffendes Bild dieser Stilrichtung und bleibt daher auch über den aktuellen Anlass erhalten.

Die Epoche des Expressionismus in Dichtung und Malerei

Der Vorgriff (1905–1910)

Edvard Munch als Vorbild für expressive Gefühlsaussagen

Von der differenzierten Gestaltung äußerer Eindrücke zur Darstellung der Gefühle und inneren Erlebnisse der Künstler – als Wegbereiter auf der Suche nach Ausdrucksstärke und der schonungslosen Preisgabe psychischer Befindlichkeit – gelangt ein Künstler aus Norwegen ins Blickfeld: Edvard Munch (1863–1944). Seine Bilder werden bei ihrer ersten Ausstellung in Berlin 1892 als Skandal empfunden.

Angst als zentrales Motiv

Charakteristisch für Munchs Arbeiten ist sein Bild ‚Der Schrei' (vgl. S.108). Mehr noch als die farbige Fassung des Bildthemas lässt die auf schwarz-weiß reduzierte Lithographie von 1895 das Gefühl existenzieller Angst hervortreten. Eine Gestalt, die frontal vor einer in schwingenden Konturen angedeuteten Landschaft steht, stößt einen Schrei aus, der ihre Isolation von den Mitmenschen und die Einsamkeit in einer als entfremdet empfundenen Natur zum Ausdruck bringt. Die Psychologisierung seiner Bilderwelt, die sich in Titeln wie ‚Verzweiflung', ‚Eifersucht', ‚Krankheit', ‚Tod' verdeutlicht, lässt Munch zu einem der wichtigsten Vorbereiter des deutschen Expressionismus werden.

Gemeinsamkeit der expressionistischen Generation

Suche nach subjektiven künstlerischen Ausdrucksformen

Ekel vor den erstarrten Verhältnissen

Edvard Munchs Bilder geben die Richtung vor: Die Autoren, die zu Beginn des 20. Jahrhunderts unter dem Begriff „Expressionisten" zusammengefasst werden, stellen ihre subjektiven Empfindungen ins Zentrum. Sie suchen nach neuen Ausdrucksmöglichkeiten und neuen Orientierungspunkten. Sie haben die erstarrten Verhältnisse im wilhelminischen Deutschland satt, an deren wirtschaftlichen Erfolgen sie zwar teilhaben, aber eben auch an den politischen und gesellschaftlichen Verkrustungen. Sie spüren die Zwänge einer bürgerlichen Gesellschaft, in der sie selbst nur einen Außenseiterstatus einnehmen. Obwohl sie zum großen Teil mitten aus der gutbürgerlichen Gesellschaft kommen, revoltieren sie gegen die Autorität der Väter und eines Schul- und Hochschulsystems, das sie zur Untertanenmentalität erziehen will und keine freie Luft zum Atmen lässt. Den verhärteten Konventionen stellen sie ein neues, unverbrauchtes Menschenbild entgegen und greifen zur Beschreibung dieses „neuen Menschen" mitunter zu einem Pathos, das auch vor großen, quasireligiösen „messianischen" Begriffen nicht zurückscheut.

Revolte gegen die Vätergeneration

Suche nach dem „neuen Menschen" und der ihm eigenen sprachlichen Form

Sie verstehen sich als „Gegenkultur" und treffen sich in Cabarets, Cafés und Bars. Ihre Bohémienexistenz ist das Kennzeichen einer neuen Form des sozialen Zusammenlebens jenseits der Normen einer bürgerlichen Karriere. Sie polemisieren gegen die wilhelminische Welt und suchen den Affront. Wichtig ist das Schockieren der Umwelt durch neue Formen der Wahrnehmung und des Ausdrucks. Wahrhaftigkeit und Intensität sind Kampfbegriffe gegen die „Selbstherrlichkeit des leeren Wortes, der toten (…) Worthülle, Tonhülle".

Lebensform als „Gegenkultur"

Der Affront als Konzept

Die Zeit ist durch ein eher spielerisches Vorgehen geprägt: Die neuen Formen werden zunächst getestet, die Wildheit erscheint noch gezähmt, das eigene Selbstverständnis im Stadium der tastenden Versuche. Mit dem Jahr 1905 beginnt die expressionistische Bewegung, ein eigenes Konzept zu entwickeln.

Experimente mit Sprache und Stil

„Der Sturm ist da." Frühexpressionismus (1910–1914)

Mit lustvoller Ironie schildert Jakob van Hoddis den Zusammenbruch der bürgerlichen Welt. Entstanden ist dieses Gedicht vermutlich bereits Mitte 1910, zu einem Zeitpunkt also, an dem der Halley'sche Komet durch sein Erscheinen in ganz Europa für Panikstimmung gesorgt hat. Die Angst, es könnte beim Durchgang der Erde zu weltzerstörenden Explosionen kommen, beschäftigt die Medien und die Gemüter.

‚Weltende' als Kollaps einer bürgerlichen Welt, die dem Autor wenig bedeutet

Jakob van Hoddis: ‚Weltende'

Dem Bürger fliegt vom spitzen Kopf der Hut,
In allen Lüften hallt es wie Geschrei.
Dachdecker stürzen ab und gehn entzwei
Und an den Küsten – liest man – steigt die Flut.

Der Sturm ist da, die wilden Meere hupfen
An Land, um dicke Dämme zu zerdrücken.
Die meisten Menschen haben einen Schnupfen.
Die Eisenbahnen fallen von den Brücken.

Das Gedicht als Erkennungszeichen: ‚Weltende' als Menetekel der dem Untergang geweihten bürgerlichen Welt

Jakob van Hoddis lässt in seinem Gedicht keine Spur von innerer Beteiligung spüren. Distanziert betrachtet er das Geschehen von außen. In seiner Form bleibt dieser Text konventionell; Metrik, Reim und Strophenbau entsprechen den Konventionen. Innovativ dagegen ist die Bilderwelt, die der Autor entfaltet und die Montagetechnik (➛ S. 83, 130, 166, 171), mit der er sie verknüpft. Die Paranthese in Vers 4 verweist auf ihren Ursprung: Sie wirken wie Zeitungsnachrichten, die quer gelesen und unverbunden zusammengeklebt wurden. Ein Zeilenstil entsteht, der die Simultaneität der Ereignisse betont. Übergreifende Zusammenhänge sind nicht mehr erkennbar, die Disparatheit der Elemente steht im Vordergrund. So entstehen Überraschungsmomente: Fliegende Hüte, abstürzende Dachdecker, Sturmfluten, gebrochene Dämme bilden eine Komposition des Untergangs. Van Hoddis schildert die Apokalypse einer bürgerlichen Welt, Naturelemente setzen die Regeln zivilisierten Lebens außer Kraft. Implizit wird in seiner lässig-distanzierten Haltung deutlich, dass es darum nun wirklich nicht schade ist und sich neue Welten jenseits der tradierten erahnen lassen.

„1910 ist in der Tat das Jahr, in dem es in allen Gebälken zu knistern begann", schreibt Gottfried Benn rückwirkend über die Anfänge der expressionistischen Bewegung. Am 3. März 1910 erscheint das erste Heft der Zeitschrift ‚Der Sturm', die zum wichtigsten Forum der neuen Bewegung von Künstlern und Dichtern in ganz Europa wird. Ihr Gründer, Herwarth Walden, baut um seine Zeitschrift ein ganzes Konsortium von Unternehmen auf, die sich gegenseitig stützen und propagieren sollen.

Zeitschrift „Der Sturm" als Initialzündung

1911 wird in München die zweite bedeutende Künstlergruppe des deutschen Expressionismus aus der Taufe gehoben: **„Der blaue Reiter"**. Franz Marc, Wassily Kandinsky, August Macke, Gabriele Münter, Heinrich Campendonk bilden das süddeutsche Pendant zu den Dresdner „Brücke"-Malern.

Junge Autoren rebellieren gegen die Vätergeneration

Es sind junge Autoren und Künstler, die jetzt ihren Anspruch anmelden, gehört zu werden. Fast alle sind um 1890 geboren. Die Generation der Zwanzigjährigen tritt mit ungeheurem Selbstbewusstsein an, eine rebellische Jugend, zum Kampf gegen die Väter entschlossen. Walter Hasenclevers 1913/14 entstandenes Drama ‚Der Sohn' ist das erste Stück, das die Ablösung von einem tyrannischen Vater propagiert. Einen Schritt weiter noch geht das Skandalstück Arnold Bronnens ‚Vatermord': Hier ersticht der Sohn seinen Vater, um anschließend von der Mutter, deren sexueller Avancen er sich nur mit Not erwehren kann, ermordet zu werden.

Gottfried Benn schockiert durch seine klinisch-kühle Distanz

Das Protestpotenzial des Schockierens setzt auch der Arzt und Lyriker **Gottfried Benn** in seinen ersten Gedichten ein. Im März 1912 erscheint ein Gedichtzyklus unter dem Titel ‚Morgue', der auf den Namen der Pariser Leichenhalle anspielt. Acht Texte sind in diesem schmalen Band enthalten, die in ihrer klinisch-kühlen Distanz den Charakter von Autopsieberichten annehmen. Benn reduziert in diesen Gedichten den Menschen auf seine bloße Körperlichkeit, jede idealistische Vorstellung von einem besonderen Wert der menschlichen Existenz wird verächtlich beiseitegefegt.

Der Kreis kann nur wenige Jahre bestehen – der Ausbruch des Ersten Weltkrieges im August 1914 beendet die Zusammenarbeit. Kandinsky geht nach Russland, Marc und Macke werden eingezogen und fallen an der Westfront. Paul Klee bleibt bis 1916 in München und muss in den letzten beiden Jahren in den Krieg ziehen.

Der Kriegsexpressionismus (1914–1918)

Der Ausbruch des Ersten Weltkrieges wirkt zunächst befreiend

Im August 1914 bricht der Weltkrieg aus, 1918 wird der verhasste Kaiser ins Exil geschickt, die Revolution ausgerufen. Der kollektiven Euphorie, die in den ersten Wochen nach dem Kriegsausbruch – nicht nur in Deutschland – zu spüren ist, können sich auch die Expressionisten nicht entziehen. Im Gegenteil – vielen gilt der Krieg als das kulturrevolutionäre Ereignis, das die Dekadenz und bürgerliche Erstarrung aufzuheben verspricht. Bei den meisten Expressionisten schlägt jedoch das nationale Hochgefühl vom Sommer 1914 innerhalb weniger Wochen in eine desillusionierte Ernüchterung um. Aufgeschreckt durch den Anblick der Verwüstungen, die der Krieg hinterlässt, und die zahlreichen Toten, die der Krieg auch in den eigenen Reihen kostet, zeigen die Autoren pazifistisches Engagement. Viele flüchten in das Schweizer Exil oder schließen sich oppositionellen Gruppen an, deren Protest gegen den Krieg seit 1917 in politische Revolutionsaufrufe mündet.

Die Ernüchterung erfolgt umgehend

Pazifismus ist für die Expressionisten das Gebot der Stunde

Die veränderte Haltung der Expressionisten schlägt sich auch im Tonfall ihrer Werke nieder. Der spielerische Umgang mit Formen und Bildern, das ironisch-distanzierte Lächeln verbieten sich angesichts der bitteren Konsequenzen, mit denen sie an jedem Tag konfrontiert sind.

Georg Trakl hält das Leiden im Krieg nicht aus – sein letztes Gedicht vor dem Selbstmord

‚Grodek', **Georg Trakls** letztes Gedicht, lässt schon im Titel das Kriegsinferno erkennen. Es ist der Name eines Ortes in Galizien, wo dem österreich-ungarischen Heer gleich zu Beginn des Krieges von der russischen Armee mehrere vernichtende Niederlagen beigebracht werden. Trakl nimmt als Mitglied einer Sanitätskolonne an diesem Feldzug teil. Er soll ohne Hilfsmittel die zahlreichen Verwundeten versorgen. Trakl bricht zusammen, er versucht sich zunächst zu erschießen und nimmt schließlich eine Überdosis Kokain, an der er Anfang November 1914 stirbt.

Georg Trakl: ‚Grodek'

Am Abend tönen die herbstlichen Wälder
Von tödlichen Waffen, die goldnen Ebenen
Und blauen Seen, darüber die Sonne
Düstrer hinrollt; umfängt die Nacht
Sterbende Krieger, die wilde Klage
Ihrer zerbrochenen Münder.
Doch stille sammelt im Weidengrund
Rotes Gewölk, darin ein zürnender Gott wohnt
Das vergossene Blut sich, mondne Kühle;
Alle Straßen münden in schwarze Verwesung.
Unter goldnem Gezweig der Nacht und Sternen
Es schwankt der Schwester Schatten durch den schweigenden Hain,
Zu grüßen die Geister der Helden, die blutenden Häupter;
Und leise tönen im Rohr die dunklen Flöten des Herbstes.
O stolzere Trauer! ihr ehernen Altäre
Die heiße Flamme des Geistes nährt heute ein gewaltiger Schmerz,
Die ungebornen Enkel.

Gedicht besteht aus vier Sätzen:

Vers 1–6: Idylle wird durch „tödliche Waffen" gestört

Vers 7–10: Auf Kriegsgrauen folgt die Grabesstille

Vers 11–14: sanfte Trauer

In den 17 Versen dieses Gedichts verarbeitet Trakl die alptraumhaften Erfahrungen, mit denen er konfrontiert wird. Der Text lässt sich in vier Sätze unterteilen, die gedanklichen Abschnitten entsprechen: Zunächst wird ein Stimmungsbild gezeichnet, das apokalyptische Züge trägt. Eine scheinbare Idylle in den Versen 1–4 wird durch „tödliche Waffen" abrupt gestört. Der Anbruch der Nacht deutet auf den Untergang der Welt hin, der in den folgenden Versen vor Augen geführt wird. Der zweite Abschnitt (Verse 7–10) verweist auf die Grabesstille, die auf das Kriegsgrauen folgt. „Ein zürnender Gott" scheint machtlos das Geschehen zu beobachten; die Katastrophe ist universal: „Alle Straßen münden in schwarze Verwesung." In eine sanfte Trauer führt der dritte Abschnitt des Gedichts (Verse 11–14). Der „schwarze(n) Verwesung" wird das „goldne Gezweig der Nacht und Sterne" gegenübergestellt. Die Gestalt der „Schwester" deutet eine vage Möglichkeit an, den Schmerz über das Sterben zu verarbeiten. Mehr als einen „schwank(enden) Schatten" vermag der Text aber nicht zu erkennen. Klanglich findet diese Trauer ihren Ausdruck in den „dunkeln Flöten des Herbstes", die nach der Schlacht an die Stelle der „tödlichen Waffen" treten.

Vers 15 – 17: Notwendigkeit der Trauer als Aufgabe der noch ungeborenen Enkel

Der letzte Abschnitt betont die Notwendigkeit der Trauer. Sie wird als Aufgabe an die noch „ungebornen Enkel" weitergegeben. Sie sollen den „gewaltige(n) Schmerz" der Gestorbenen als „heiße Flamme" bewahren und so verhindern, dass sich ein so grauenhaftes Geschehen wiederholen kann. Frei von allem Pathos gestaltet Trakl in diesem Gedicht die Enthumanisierung des Menschen im Krieg, die Selbstvernichtung des wilhelminischen Zeitalters, die er dann an der eigenen Person vollzieht.

Der Spätexpressionismus (1918–1923)

Literarisches und politisches Engagement der Expressionisten

Typisch für die Wandlung von der Kriegsbegeisterung zur Gegnerschaft und zum Pazifismus ist der Werdegang **Ernst Tollers**. Spricht er in seiner Autobiografie zunächst vom „Rausch des Gefühls", das die Worte Deutschland, Vaterland, Krieg gerade bei ihm als jüdischem Intellektuellen auslöst – fühlt er sich damit doch im Volk der Deutschen integriert –, bemerkt er bald, dass die Wirklichkeit der Materialschlachten und des Massensterbens an der Front mit den überlieferten Kriegs- und Heldenklischees in keiner Weise übereinstimmt. Tollers Drama ‚Die Wandlung. Das Ringen eines Menschen' (1919) thematisiert die Sinnlosigkeit des Krieges. Sein Protagonist nimmt Leid und Unmenschlichkeit wahr, um schließlich sendungsbewusst die Menschen zur Menschlichkeit zu bekehren. Seine Schlussworte: „Brüder recket zermarterte Hand, / Flammender freudiger Ton! Schreite durch unser freies Land / Revolution! Revolution!" sind weniger im Sinne einer politisch definierten Gesellschaftsveränderung gedacht. Sie fordern die soziale Erneuerung, die Wandlung von überkommenen Lebensformen zu einer neuen Verantwortungsethik: die Revolution des Herzens im Sinne von Menschlichkeit und Gewaltlosigkeit.

Die Forderung nach dem „neuen Menschen"

Eine Revolution des Herzens im Sinne von Menschlichkeit und Gewaltlosigkeit

Die Expressionisten sind nach Kriegsende bekannt, aber nicht mehr avantgardistisch

Zunächst setzt eine unerwartete Breitenwirkung der Autoren und Künstler ein. Anthologien expressionistischer Gedichte werden veröffentlicht: ‚Menschheitsdämmerung' und ‚Kameraden der Menschheit' (1919), ‚Die Erhebung' (1919/20). Zahlreiche Literaturtheoretiker bemühen sich, das Wesen der neuen Kunst zu definieren. Die Sammlungen dienen der Breitenwirkung der Dichter, tragen aber doch auch schon den Charakter einer abgeschlossenen Ära, die wenig neue Dynamik entwickelt.

Der Wirtschaftsboom der „Goldenen Zwanziger" bedeutet das Ende des Expressionismus

Als sich die wirtschaftliche Situation in der Weimarer Republik Ende 1923 konsolidiert, flaut das Interesse an expressionistischer Kunst und Literatur deutlich ab. Die Vitalität der Dichtung wirkt begrenzt und das messianische Pathos überholt, unfähig einer gesellschaftlichen Wirklichkeit zu begegnen, in der desillusionierte Menschen danach trachten, ihren Anteil am ökonomischen Wiederaufbau einzufordern.

DADA – Konkurrenz und Widerspruch

DADA: Gegenbewegung zum Expressionismus

„DADA bedeutet nichts", schreibt Tristan Tzara 1918, „DADA – das ist ein Wort, das die Gedanken auf Jagd schickt." Nichts provoziert mehr als der Verzicht auf jede Sinnhaftigkeit, die Pointierung der Verspieltheit angesichts einer Welt, die mit brutaler Ernsthaftigkeit im Krieg alle Werte und Traditionen negiert.

Gegründet von emigrierten Künstlern 1916 im Cabaret Voltaire in Zürich

Der Begriff wird 1916 von emigrierten Künstlern in Umlauf gebracht, die sich als Kriegsgegner in der neutralen Schweiz gefunden haben. Das „Cabaret Voltaire" in Zürich (➛ S. 202) bietet einen Treffpunkt, an dem allabendlich ein wechselndes Programm zur Unterhaltung geboten wird. Organisiert und gestaltet werden die Abende von dem Publizisten Hugo Ball, seiner Lebensgefährtin, der Kabarettistin Emmy Hennings und Richard Huelsenbeck, einem legendären Dichter und Provokateur.

Am 31. Mai 1916 erscheint anlässlich einer „Grande Soirée" des Cabaret Voltaire eine Anthologie ihrer Texte, in der zum ersten Mal das selbstironische unernste Programm mit dem Begriff DADA auf einen kurzen, klangvollen Begriff gebracht wird.

DADA will mit Nonsens-Produktionen die bürgerliche Kultur vor den Kopf stoßen

Dieses Konzept wird unter der Künstlerbohème in ganz Europa schnell populär: 1916 gibt es bereits eine Schriftenreihe ‚Collection DADA', 1918 einen „Club DADA", der seinen Anspruch, die bürgerliche Kultur durch Trivialkunst und Nonsens-Produktionen vor den Kopf zu stoßen, mit erheblichem Werbeaufwand propagiert.

Kritik an expressionistischem Pathos und Revolutionseuphorie

Als Teil der verhassten bürgerlichen Kultur verstehen die DADAisten auch und vor allem den Expressionismus. In seinem ‚DADAistischen Manifest' von 1918 polemisiert Huelsenbeck gegen die „blutleere Abstraktion" der Expressionisten, deren Pathos ihm verdächtig hohl, deren Revolutionseuphorie ihm eher flach als tiefsinnig, deren Ernsthaftigkeit ihm zu bemüht erscheint.

Der Orientierung an einem „neuen Menschen", die so nachdrücklich und mit pathetischem Schwung von den Expressionisten vertreten wird, stellen sie das spielerische Experiment entgegen, das keine Spur von Weltanschauung kennt – außer derjenigen, alle traditionellen Konzepte über den Haufen zu werfen und sich einen Teufel um die Spielregeln des „guten Geschmacks" zu kümmern.

Uneindeutigkeit als Prinzip

DADAisten wollen sich nicht festlegen lassen; jede inhaltliche Position wird durch ihr genaues Gegenteil ergänzt. So endet das ‚DADAistische Manifest' von 1918 mit den Worten: „Gegen dieses Manifest sein, heißt DADAist sein!"

Optophonetische Gedichte: Lautgedichte ohne inhaltliche Bedeutung

Nonsens-Elemente und ein unpathetisch-ironisches Lebensgefühl gehören zu den Standards dadaistischer Kunst. In den Lautgedichten oder den „optophonetischen" Gedichten des Berliner DADAisten Raoul Hausmann werden diese Versatzstücke deutlich.

Die Lust der DADAisten, ihr Publikum zu schockieren und zu provozieren, ihre hemmungslose Suche nach Möglichkeiten der Selbstinszenierung und plakativer Wirkung verpufft innerhalb weniger Jahre. Die Öffentlichkeit ständig in Bewegung zu halten und immer neue Reize zu schaffen, erweist sich auf Dauer als schwierig. Der zunächst sensationelle Charakter verliert an Faszinationskraft, die theatralischen Effekte sind zwangsläufig singulär oder verlieren ihren Charme. So heißt es auch bereits 1920: „Die echten Werke DADAs dürfen höchstens sechs Stunden leben."

Wirkung verpufft schnell

Wie die expressionistische Bewegung verliert auch DADA gegen 1923 an Energie und Radikalität. Aber seine provokative Kraft wirkt weiter. Unversöhnlich zeigen sich vor allem diejenigen, die am schärfsten von den DADAisten aufs Korn genommen wurden: Nationalisten und Militaristen. Als „Bolschewismus in der Kunst" wird DADA in Adolf Hitlers ‚Mein Kampf' beschimpft. Von der nationalsozialistischen Kulturdiktatur werden die Künstler mit Berufsverbot belegt oder in die Emigration getrieben, ihre Werke aus Kunstsammlungen und Bibliotheken entfernt und in der Ausstellungsreihe „Entartete Kunst" als Extremfall „geistigen Wahnsinns" präsentiert.

Bekämpfung durch die Nationalsozialisten als „Entartete Kunst"

Franz Kafka

Auseinandersetzung mit Autoritäten

Der Aufstand der Jugend gegen die Vätergeneration, den die expressionistischen Autoren mit aller Aggressivität propagieren, ist auch *das* zentrale Thema in den Texten **Franz Kafkas** **S. 124**. Wie Georg Heym geht es ihm zunächst um autobiografische Erfahrungen. Was er im Umgang mit seinem Vater erlebt hat, prägt dann die Haltung des Autors gegenüber Autoritäten überhaupt. Der Vater ist ein Selfmademan, der aus dem tschechisch-jüdischen Provinzproletariat zum selbstständigen Kaufmann aufgestiegen ist und von seinem Sohn die gleichen Fähigkeiten erwartet, sich durchzusetzen und zu wirtschaftlichem und gesellschaftlichem Erfolg zu gelangen. In seiner Erziehung geht er autoritär und ohne jedes Einfühlungsvermögen vor.

‚Brief an den Vater': mehr als individuelle Auseinandersetzung

In einem langen ‚**Brief an den Vater**' arbeitet Kafka all die Verletzungen auf, die seine Kindheit belastet haben. Hier drückt er das aus, was er in einer direkten Auseinandersetzung nicht sagen kann. Kafka schreibt diesen „Brief" erst mit 36 Jahren, fünf Jahre vor seinem Tod. Anders als der Titel vermuten lässt, geht es ihm nicht darum, tatsächlich die Konfrontation mit dem Vater zu suchen. Es ist vielmehr der Versuch, sich über die Ursachen der eigenen Schwächen Klarheit zu verschaffen. Tatsächlich bekommt der Vater diesen Brief nie zu lesen.

Die zwiespältige Haltung des Autors

Kafka beschreibt die Lügen, Inkonsequenzen, Widersprüche, die dieses Abhängigkeitsverhältnis prägen. Sein „Brief" lässt deutliche Selbstzweifel erkennen. Er entlarvt schonungslos die Lieblosigkeit und autoritären Ansprüche des Vaters. Die eigene Haltung ist zwiespältig. Um neben ihm bestehen zu können, schwankt der Sohn zwischen Demut und Unverschämtheit, Unterwerfung und kritischer Überlegenheit, absolutem Schuldgefühl und grenzenloser Verachtung.

Franz Kafka: ‚Brief an den Vater'

Direkt erinnere ich mich nur an einen Vorfall aus den ersten Jahren. Du erinnerst Dich vielleicht auch daran. Ich winselte einmal in der Nacht immerfort um Wasser, gewiß nicht aus Durst, sondern wahrscheinlich teils um zu ärgern, teils um mich zu unterhalten. Nachdem einige starke Drohungen nicht geholfen hatten, nahmst Du mich aus dem Bett, trugst mich auf die Pawlatsche und ließest mich dort allein vor der geschlossenen Tür ein Weilchen im Hemd stehn. Ich will nicht sagen, daß das unrichtig war, vielleicht war damals die Nachtruhe auf andere Weise wirklich nicht zu verschaffen, ich will aber damit Deine Erziehungsmittel und ihre Wirkung auf mich charakterisieren. Ich war damals nachher wohl schon folgsam, aber ich hatte einen inneren Schaden davon. Das für mich Selbstverständliche des sinnlosen Um-Wasser-Bittens und das außerordentlich Schreckliche des Hinausgetragenwerdens konnte ich meiner Natur nach niemals in die richtige Verbindung bringen. Noch nach Jahren litt ich unter der quälenden Vorstellung, daß der riesige Mann, mein Vater, die letzte Instanz, fast ohne Grund kommen und mich in der Nacht aus dem Bett auf die Pawlatsche tragen konnte und daß ich also ein solches Nichts für ihn war.

Das war damals ein kleiner Anfang nur, aber dieses mich oft beherrschende Gefühl der Nichtigkeit (ein in anderer Hinsicht allerdings auch edles und fruchtbares Gefühl) stammt vielfach von Deinem Einfluß. Ich hätte ein wenig Aufmunterung, ein wenig Freundlichkeit, ein wenig Offenhalten meines Wegs gebraucht, statt dessen verstelltest Du mir ihn, in der guten Absicht freilich, daß ich einen anderen Weg gehen sollte. Aber dazu taugte ich nicht. (…)

Richtiger trafst Du mit Deiner Abneigung mein Schreiben und was, Dir unbekannt, damit zusammenhing. Hier war ich tatsächlich ein Stück selbständig von Dir weggekommen, wenn es auch ein wenig an den Wurm erinnerte, der, hinten von einem Fuß niedergetreten, sich mit dem Vorderteil losreißt und zur Seite schleppt. Einigermaßen in Sicherheit war ich, es gab ein Aufatmen, die Abneigung, die Du natürlich auch gleich gegen mein Schreiben hattest, war mir hier ausnahmsweise willkommen. Meine Eitelkeit, mein Ehrgeiz litten zwar unter Deiner für uns berühmt gewordenen Begrüßung meiner Bücher: „Legs auf den Nachttisch!" (meistens spieltest Du ja Karten, wenn ein Buch kam), aber im Grunde war mir dabei doch wohl, nicht nur aus aufbegehrender Bosheit, nicht nur aus Freude über eine neue Bestätigung meiner Auffassung unseres Verhältnisses, sondern ganz ursprünglich, weil jene Formel mir klang wie etwa: „Jetzt bist Du frei!" Natürlich war es eine Täuschung, ich war nicht oder allergünstigsten Falles noch nicht frei. Mein Schreiben handelte von Dir, ich klagte dort ja nur, was ich an Deiner Brust nicht klagen konnte. Es war ein absichtlich in die Länge gezogener Abschied von Dir, nur daß er zwar von Dir erzwungen war, aber in der von mir bestimmten Richtung verlief. (...)

Der erste der beiden Textauszüge beschreibt eine traumatisierende Erfahrung Kafkas, das „Pawlatschen-Erlebnis". Er wird als kleiner Junge nachts zur Strafe für ein unbedeutendes Fehlverhalten von seinem Vater auf die „Pawlatsche", den Balkon, der das ganze Stockwerk des Hauses umläuft, gestellt. Typisch für diesen Abschnitt ist die unterwürfige Haltung, die der Erzähler an den Tag legt. In allen Maßnahmen des Vaters sucht er nach dessen guten Absichten. Das Verständnis wirkt allerdings nicht allzu glaubwürdig, zu offensichtlich wird, wie wenig nötig gewesen wäre, um dem Jungen Vertrauen einzuflößen: „ein wenig Aufmunterung, ein wenig Freundlichkeit, ein wenig Offenhalten meines Weges". Die Charakteristika des Vaters machen deutlich, welche überdimensionale Macht er verkörpert: er erscheint als „der riesige Mann, (...) die letzte Instanz", dem der Sohn als „ein solches Nichts" gegenübertritt.

Das „Pawlatschen Erlebnis" als traumatisches Erlebnis

Der Vater als „letzte Instanz"

Die zweite Textpassage zeigt den Stolz des Autors. Seine Veröffentlichungen dem Vater vorlegen zu können, hat eine befreiende Wirkung – auch und gerade, weil der Sohn eine Leistung vorweisen kann, die beim Vater nur auf Verständnislosigkeit trifft. Seiner übermächtigen Autorität werden hier die Grenzen aufgezeigt. „Mein Schreiben handelte von Dir" verweist auf die Distanz, die der Autor mit seinen Texten gewinnt. Sie werden zu Mitteln eines langwierigen Emanzipationsprozesses, „ein(es) absichtlich in die Länge gezogene(n) Abschied von Dir", bei dem der Autor die Richtung vorgibt.

Stolz über die eigenen Veröffentlichungen

Schreiben als Emanzipationsprozess

Das „Gefühl der Nichtigkeit", das den ‚Brief an den Vater' prägt, bestimmt Kafkas Leben. In Familie, Beruf, Gesellschaft und in Liebesbeziehungen sieht er sich als jemand, der gescheitert ist. Der „Brief" ist eine wichtige Quelle für das schwierige Verhältnis des Sohnes zum Vater. Es geht aber über die Familienstrukturen Kafkas hinaus. Der Autor lässt in der eigenen familiären Sozialisation erkennen, wie die Strukturen von Machtkomplexen generell angelegt sind: Dem massiven Druck von oben entspricht die freiwillige Unterordnung der Individuen. Nur wenigen gelingt es, sich diesem System zu entziehen – und das auch nur, wie das Beispiel des Autors zeigt, mit deutlichen Blessuren und Selbstzweifeln.

Ein „Gefühl der Nichtigkeit" bleibt

Es geht um Machtstrukturen überhaupt

Kafkas Biografie: Kampf gegen äußere und innere Zwänge

Kafkas Biografie zeigt, wie sehr der Autor gegen äußere und innere Zwänge ankämpfen muss. Das Gefühl, sich in den alltäglichen Auseinandersetzungen nicht bewährt zu haben, prägt ihn. Das ist auch das Lebensgefühl der Hauptpersonen in Kafkas Erzählungen und Romanen: Sie können einer übermächtigen, brutalen Instanz gegenüber nicht bestehen, geben auf und gehen unter. So lässt der Autor in seiner Erzählung ‚**Das Urteil**' am Ende eines langen Gesprächs den „Vater" zum „Sohn" sagen: „Ich verurteile dich zum Tode des Ertrinkens!" Widerspruchslos akzeptiert der Sohn dieses Urteil und geht ins Wasser. Auch in diesem Text werden wichtige autobiografische Elemente erkennbar: die Unzufriedenheit im Beruf, die Auseinandersetzung mit dem Vater, Beziehungskonflikte.

‚Das Urteil' entsteht in einer einzigen Nacht

Dichtung als Geburtsvorgang

Die Erzählung ist das Ergebnis eines ungeheuer aufgeladenen Schreibimpulses. Innerhalb einer einzigen Nacht entsteht das Manuskript. Kafka empfindet seine nächtliche Arbeit wie einen Geburtsvorgang, der seine ganze Kraft in Anspruch nimmt, den fertigen Text als sein Kind. In einem Tagebucheintrag vom 11. Februar 1913 heißt es: „die Geschichte ist wie eine regelrechte Geburt mit Schmutz und Schleim bedeckt aus mir herausgekommen".

Sie ist „von zehn Uhr abends bis sechs Uhr früh in einem Zug geschrieben. „Die vom Sitzen steif gewordenen Beine konnte ich kaum unter dem Schreibtisch hervorziehen. Die fürchterliche Anstrengung und Freude, wie sich die Geschichte vor mir entwickelte, wie ich in einem Gewässer vorwärtskam. [...] Nur so kann geschrieben werden, nur in einem solchen Zusammenhang, mit solcher vollständigen Öffnung des Leibes und der Seele."

FRANZ KAFKA (1883–1924)

- 3.7.1883 in Prag als Sohn einer Kaufmannsfamilie geboren
- 1901 bis 1906 Jurastudium mit Promotion
- 1908 Beamter in der Prager „Arbeiter-Unfall-Versicherungsanstalt"
- 1917 vorzeitige Pensionierung wegen Kehlkopftuberkulose
- 3.6.1924 in einem Sanatorium bei Wien gestorben
- Kafkas Verfügung, seinen Nachlass zu verbrennen, wird von seinem Freund Max Brod (→ S.147) nicht befolgt.

Werke

Thomas Mann: ‚Die Buddenbrooks. Verfall einer Familie' (1901)

Der Roman von Thomas Mann (➛ S. 110 ff.) beschreibt den Niedergang einer Lübecker Kaufmannsfamilie über vier Generationen hinweg. Die bürgerlichen Tugenden, die zunächst die Basis für den wirtschaftlichen Erfolg der Familie bilden, treten immer stärker in den Hintergrund. Künstlerische Begabung und Selbstreflexion nehmen auf Kosten einer praktischen Lebenstüchtigkeit zu. Hanno, der letzte männliche Buddenbrook ist ein träumerischer, sensibler, künstlerisch begabter Junge. Er stirbt bereits mit 15 Jahren an Typhus und beendet damit die Familiengeschichte.

Franz Kafka: ‚Der Proceß' (veröffentlicht 1925)

Josef K., der Protagonist in Kafkas unvollendetem Roman, wird eines Morgens verhaftet, „ohne daß er etwas Böses getan hätte". Er glaubt zunächst noch an einen Spaß seiner Arbeitskollegen, versucht den Grund seiner Verhaftung zu erfahren, bleibt damit aber erfolglos, da das Behördenlabyrinth undurchdringlich ist. Je länger der „Prozess" dauert, desto mehr fühlt er sich schuldig, ohne sich dabei einer konkreten Schuld bewusst zu sein. Schließlich lässt er sich ohne Gegenwehr zu seiner Hinrichtung führen.

Alle Querverweise im Überblick:

Bars und Cabarets: S. 114 ➛ 202
Montagetechnik: S. 116 ➛ 83, 130, 166, 171
DADA – Poetry Slams: S. 120 ➛ 202
Max Brod: S. 124 ➛ 147
Thomas Mann: S. 125 ➛ 110 ff.

Zusammenfassung:

Jahrhundertwende / Expressionismus

Der Wechsel ins 20. Jahrhundert weckt hohe Erwartungen. Vom Fortschrittsoptimismus lassen sich die avantgardistischen Künstler und Autoren jedoch nicht infizieren: Sie suchen ihren Platz außerhalb der gesellschaftlichen Konflikte. Die deutschen Autoren schätzen **Rimbaud** und **Baudelaire**, weil sie in ihrem Leben wie in ihrer Ästhetik die **Provokation**, den **Bruch mit der Tradition** und den **gesellschaftlichen Normen**, bewundern.

Thomas Mann ist von seinen ersten literarischen Werken an auf Meisterschaft angelegt. Er stilisiert sich bereits früh zum Klassiker und sieht sich durch die **repräsentative Rolle**, die er **in der deutschen Literatur** spielt, auch bestätigt. Gleichzeitig weiß er aber auch, welche Gefahr in dieser Position liegt und diskreditiert die eigene Haltung mit viel Selbstironie.

Vorläufer und Wegbereiter des literarischen Expressionismus sind die Autorin **Else Lasker-Schüler** wie die bildenden Künstler der Vereinigung **„Die Brücke"**. Zwischen Malerei und Literatur gibt es zahlreiche Analogien: das Zerbrechen der Formen, zunehmende Verrätselung der Bilder, Ausdruckssteigerung und ein hoher Eigenwert der Farben.

Expressionisten gehören der **Generation der Zwanzigjährigen** an. Sie sind sich einig im Protest gegen die wilhelminischen Traditionen. Der **„Aufbruch der Jugend"** gilt vor allem einem überholten System, für das die ältere Generation verantwortlich gemacht wird.

Expressionismus ist im Wesentlichen **Großstadtliteratur**. **Berlin ist das Zentrum**, von dem sie sich angezogen und abgestoßen zugleich fühlen. Die Metropole zeigt sich ihnen als eine Welt der **Vernichtung** und der **grauenhaften Dämonen**, aber auch der **Faszination** und der **Unabhängigkeit**.

Kennzeichnet die **erste Phase des Expressionismus** das **Spiel mit Sprache und Stil**, ist die **zweite Phase** durch die **Provokationen der jungen Lyriker** geprägt. Sie fordern Aktivismus, um die bürgerlichen Verhältnisse zu überwinden – und sei es durch Gewalt. In ihren Gedichten versuchen sie, konventionelle Bilder zu zertrümmern und durch eine assoziative, emotionale Ausdrucksform zu ersetzen.

Die **dritte Phase des Expressionismus** steht unter dem **Zeichen des Weltkriegs**: Zunächst voll Euphorie wird schnell das Leiden deutlich. Zahlreiche Künstler und Dichter gehören selbst zu den Opfern. Alles, was bisher durch Provokation geprägt war, verbietet sich angesichts der Realität. Das neue Ziel heißt **Pazifismus**. In ihren Dramen versuchen die Expressionisten mit viel Pathos, die **Utopie eines „neuen Menschen"** auf die Bühne zu stellen. Auch politisch engagieren sich die Autoren nach dem Ende des Krieges, um die **revolutionäre Umgestaltung der Menschen und der Verhältnisse** Wirklichkeit werden zu lassen.

Die Expressionisten werden in den ersten Jahren der Weimarer Republik gefördert, werden auf den Theatern viel gespielt und durch Anthologien einer breiten Öffentlichkeit zugänglich. Mit der wirtschaftlichen Erholung der 20er-Jahre lässt das Interesse am Expressionismus aber spürbar nach.

Als bewusstes Gegenkonzept zum abstrakt-humanistischen Pathos des Expressionismus stellt sich ab 1916 DADA der Öffentlichkeit vor. Provokationen durch schrille Selbstinszenierungen, das Spiel mit Lauten und Buchstaben, die Ablehnung von inhaltlichen Festlegungen gehören zum Konzept von DADA. Die Schockwirkungen lassen bald nach – für die Nationalsozialisten stellt DADA jedoch „Entartete Kunst" par excellence dar. Nach 1945 kehrt DADA in neuem Gewand wieder.

Franz Kafka schildert in seinen Texten eine Wirklichkeit, die sich logischen Gesetzmäßigkeiten zu entziehen scheint. Dennoch ist sie sehr präzise und in sich konsequent beschrieben. Autobiografische Motive verwandelt der Autor in existenzielle Probleme. Seine Welt ist aber nicht nur in düsteren Farben geschildert.

Bertolt Brecht (1898 – 1956)
Schon in seinen frühen Stücken hofft Brecht auf die rationale Einsicht seines Publikums und setzt sich konsequent von der Dramaturgie der expressionistischen Autoren ab.

1922 Trommeln in der Nacht
→ **s. S. 135**

Schutzumschlag zu Berlin Alexanderplatz, 1929

Alfred Döblin (1878 – 1957)
„Berlin Alexanderplatz" ist die Geschichte eines „kleinen Mannes", Franz Biberkopf, der sich in der Großstadt zurechtfinden muss. Der eigentliche Held der Handlung ist aber die Großstadt selbst.

1929 Berlin Alexanderplatz
→ **s. S. 130**

WEIMARER REPUBLIK NEUE SACHLICHKEIT

Erich Kästner (1899–1974)
Seine Gedichte sind sachlich-distanziert, betont nüchtern und folgen mit einfachen Begriffen der Alltagssprache.

1928 Sachliche Romanze
→ **s. S. 134**

1931 Fabian
→ **s. S. 139**

Neue Sachlichkeit (1923–1933)

29.10.1929 Weltwirtschaftskrise

30.1.1933 Regierungsantritt der Nationalsozialisten

Weimarer Republik / Neue Sachlichkeit

In diesem Kapitel erfahren Sie:

- Die bestimmende literarische Richtung der 1920er-Jahre ist die Neue Sachlichkeit. Sie setzt sich von der gefühlsgeladenen Literatur des Expressionismus ab und reagiert auf die nüchterne Konsolidierung der Weimarer Republik.
- Deutlich werden aber auch die wirtschaftlichen und politischen Krisen der Zeit registriert und geschildert.

Alfred Döblin: ‚Berlin Alexanderplatz' (1929)

Wechselverhältnis von Film und Literatur

Alfred Döblin **S. 133** **verweist** schon früh auf das Wechselverhältnis von Film und Literatur. Das neue Medium brauche literarische Stoffe als Vorlagen für die Drehbücher, umgekehrt wirke die Erzählweise des Films zurück auf die Literatur. Mit beiden Seiten dieser Beziehung kann der Autor begnadet spielen. Bereits 1913 entwickelt er in seinem ‚Berliner Programm' Vorstellungen zu einem literarischen „Kinostil". Gemeint ist das Zusammenspiel von Montageverfahren (→ S. 83, 116, 166, 171), Zeitraffer und Zeitlupe, Simultaneität und Panoramadarstellung. „Höchste Gedrängtheit und Präzision", „Knappheit, Sparsamkeit der Worte", „rapide Abläufe, Durcheinander in bloßen Stichworten" – kurz: „Die höchste Exaktheit in suggestiven Wendungen". Sein Roman ‚**Berlin Alexanderplatz. Die Geschichte vom Franz Biberkopf**' (1929) zeigt, wie Döblin die theoretischen Überlegungen umsetzt, der Wirklichkeit des modernen Alltags auf den Leib rückt.

Literarischer Kinostil: Montage, Zeitraffer, Zeitlupe, Simultaneität, Panoramadarstellung

Mehrfachverwertung des Romans durch die modernen Massenmedien

Döblin vermarktet seinen Roman, indem er die Möglichkeiten der Mehrfachverwertung konsequent nutzt. Der Text erscheint zunächst als Fortsetzungsroman in der ‚Frankfurter Zeitung', bevor er als Buch herausgegeben wird. Der Autor erarbeitet anschließend eine Hörspielfassung, die 1930 im Berliner Rundfunk gesendet wird. 1931 wird der Roman verfilmt; auch hier arbeitet Döblin am Drehbuch mit.

Roman des „kleinen Mannes" aus dem Unterweltmilieu

‚Berlin Alexanderplatz' ist die Geschichte eines „kleinen Mannes", Franz Biberkopf, der sich in der Großstadt zurechtfinden muss. Er hat vier Jahre im Zuchthaus gesessen, weil er seine Geliebte umgebracht hat. Jetzt will er versuchen, „anständig zu bleiben in Berlin, mit Geld und ohne". Biberkopf zieht rast- und orientierungslos durch die Straßen und Kneipen. Ohne Sinn und Verstand, nur auf die eigene Kraft vertrauend, will er seinen Willen durchsetzen. Immer wieder wirft ihn seine Überheblichkeit aus der Bahn. Niederlagen kann er sich nicht eingestehen, die Hilfe anderer nicht akzeptieren. Sein ramponiertes Ego führt ihn immer tiefer in die großstädtische Unterwelt. So wird er erneut in das Leben der Einbrecher, Prostituierten und Zuhälter hineingezogen und auf eine Wanderschaft durch die Großstadt gezwungen, an deren Ende er wieder dort steht, wo das Abenteuer seiner Niederlagen begonnen hat – am Alexanderplatz, um nichts reicher als den Verlust seiner Geliebten und die Erfahrung, alle Illusionen um die eigene Bedeutung aufgeben zu müssen.

Roman der Großstadt

Der Titel des Romans deutet jedoch bereits an: Der eigentliche Held der Handlung ist nicht der Einzelne, sondern die Großstadt selbst. Döblin will nicht in erster Linie eine sozialpsychologische Fallstudie vorlegen, die auf die vergeblichen Versuche eines Strafentlassenen aufmerksam macht, sich ins bürgerliche Leben zu integrieren. Biberkopfs Geschichte spielt in der Großstadt, die eine eigene Dynamik besitzt und sich ihm als chaotisch und bedrohlich entgegenstellt.

Alfred Döblin: ‚Berlin Alexanderplatz'

Der Rosenthaler Platz unterhält sich.
Wechselndes, mehr freundliches Wetter, ein Grad unter Null. Für Deutschland breitet sich ein Tiefdruckgebiet aus, das in seinem ganzen Bereich dem bisherigen Wetter ein Ende bereitet hat. Die geringen vor sich gehenden Druckveränderungen sprechen für langsame Ausbreitung des Tiefendruckes nach Süden, so daß das Wetter weiter unter seinem Einfluß bleiben wird. Tagsüber dürfte die Temperatur niedriger liegen als bisher. Wetteraussichten für Berlin und weitere Umgebung.
Die Elektrische Nr. 68 fährt über den Rosenthaler Platz, Wittenau, Nordbahnhof, Heilanstalt, Weddingplatz, Stettiner Bahnhof, Rosenthaler Platz, Alexanderplatz, Straußberger Platz, Bahnhof Frankfurter Allee, Lichtenberg, Irrenanstalt Herzberge. Die drei Berliner Verkehrsunternehmen, Straßenbahn, Hoch- und Untergrundbahn, Omnibus, bilden eine Tarifgemeinschaft. Der Fahrschein für Erwachsene kostet 20 Pfennig, der Schülerfahrschein 10 Pfennig, Fahrpreisermäßigung erhalten Kinder bis zum vollendeten 14. Lebensjahr, Lehrlinge und Schüler, unbemittelte Studenten, Kriegsbeschädigte, im Gehen schwer behinderte Personen auf Ausweis der Bezirkswohlfahrtsämter. Unterrichte dich über das Liniennetz. Während der Wintermonate darf die Vordertür nicht zum Ein- und Aussteigen geöffnet werden, 39 Sitzplätze, 5918, wer aussteigen will, melde sich rechtzeitig, die Unterhaltung

mit den Fahrgästen ist dem Wagenführer verboten, Auf- und Absteigen während der Fahrt ist mit Lebensgefahr verbunden.
Mitten auf dem Rosenthaler Platz springt ein Mann mit zwei gelben Paketen von der 41 ab, eine leere Autodroschke rutscht noch grade an ihm vorbei, der Schupo sieht ihm nach, ein Straßenbahnkontrolleur taucht auf, Schupo und Kontrolleur geben sich die Hand: Der hat aber mal Schwein gehabt mit seine Pakete.
Diverse Fruchtbranntweine zu Engrospreisen, Dr. Bergell, Rechtsanwalt und Notar, Lukutate, das indische Verjüngungsmittel der Elefanten, Fromms Akt, der beste Gummischwamm, wozu braucht man die vielen Gummischwämme.
Vom Platz gehen ab die große Brunnenstraße, die führt nördlich, die AEG. liegt an ihr auf der linken Seite vor dem Humboldthain. Die AEG. ist ein ungeheures Unternehmen, welches nach Telefonbuch von 1928 umfaßt: Elektrische Licht- und Kraftanlagen, Zentralverwaltung, NW 40, Friedrich-Karl-Ufer 2 – 4, Ortsverkehr, Fernverkehr Amt Norden 4488, Direktion, Pförtner, Bank Elektrischer Werte A.G., Abteilung für Beleuchtungskörper, Abteilung Rußland, Abteilung Metallwerke Oberspree, Apparatefabriken Treptow, Fabriken Brunnenstraße, Fabriken Hennigsdorf, Fabrik für Isolierstoffe, Fabrik Rheinstraße, Kabelwerk Oberspree, Transformatoren-Fabrik Wilhelminenhofstraße, Rummelsburger Chaussee, Turbinenfabrik NW 87, Huttenstraße 12 – 16.
Die Invalidenstraße wälzt sich linksherum ab. Es geht nach dem Stettiner Bahnhof, wo die Züge von der Ostsee ankommen: Sie sind ja so berußt – ja hier staubts. – Guten Tag, auf Wiedersehn. – Hat der Herr was zu tragen, 50 Pfennig. – Sie haben sich aber gut erholt. – Ach die braune Farbe vergeht bald. – Woher die Leute bloß das viele Geld zu verreisen haben. – In einem kleinen Hotel da in einer finstern Straße hat sich gestern früh ein Liebespaar erschossen, ein Kellner aus Dresden und eine verheiratete Frau, die sich aber anders eingeschrieben haben.

Die filmische Darstellungsweise als adäquate Möglichkeit, die moderne Welt zu erfassen

Mit seiner komplizierten Erzähltechnik findet Döblin einen überzeugenden Ausdruck für das Panorama der Millionenstadt. Er wechselt zwischen epischem Bericht, innerem Monolog und erlebter Rede, montiert Auszüge aus Statistiken, Wetterberichten und dem Telefonbuch, übernimmt Schlagzeilen, Zeitungsanzeigen und medizinische Diagnosen. Sein dokumentarisches Material (➛ S. 81 f., 136, 154, 166, 171) versetzt Döblin mit Zitaten aus dem Alten und Neuen Testament, mit Liedfetzen, Schlagern und Sprichwörtern. So entsteht insgesamt das Bild einer verstörenden Wirklichkeit, die sich aber zugleich als ein diffiziles Netzwerk fein aufeinander abgestimmter Strukturen erweist. In dieser Doppelgestalt erscheint die zeitgenössische Wirklichkeit als gleichzeitiges Nebeneinander von Beziehungslosigkeit und funktioneller Struktur, von objektiven Tatsachen und subjektiver Empfindung.

Alfred Döblins moderner Zeitroman entspricht der ähnlich komplexen Struktur in James Joyces Großstadtroman ‚Ulysses' (➛ S. 166, 180). Beide muten dem Leser viel zu. Er soll eine aktive Rolle einnehmen und sein gewohntes Leseverhalten aufgeben. Innerhalb des Romangefüges muss er eigene Markierungspunkte setzen, um nicht in der Vielfalt der Textfragmente, der Motive und Versatzstücke die Orientierung zu verlieren. Das fordert mehr Geduld und Konzentration als bei der Lektüre herkömmlicher Romane.

Leser muss sein gewohntes Leseverhalten aufgeben

ALFRED DÖBLIN (1878–1957)

- 10.8.1878 in Stettin als Sohn einer Kaufmannsfamilie geboren
- Studierte in Freiburg Medizin und war dann in Regensburg in einer psychiatrischen Anstalt tätig
- 1911 bis 1933 Arzt in Berlin
- Emigrierte 1933 nach Frankreich, 1940 Flucht in die USA
- 1949 Rückkehr nach Deutschland, von 1953 bis 1956 erneut in Frankreich
- 28.6.1957 in Emmendingen bei Freiburg gestorben

Die literarische Epoche der Neuen Sachlichkeit

Ein neuer Blick auf die Wirklichkeit

Zu Beginn der 20er-Jahre wird ein neues Verhältnis der Künstler zur Realität erkennbar. Ihre Produktion lässt auf Anhieb einen Gegenimpuls zum Expressionismus erkennen. Die Bilder zeigen nicht mehr den extremen Subjektivismus, der die gegenständliche Welt nach willkürlichen Visionen verzerrt. Hier wird der Alltag nicht mehr gemieden zugunsten einer sehnsüchtig gesuchten Utopie, geht es nicht mehr um eine Typisierung der Figuren, die den Einzelnen zum Menschen schlechthin ausweitet. Im Gegenteil. Den Träumen der Expressionisten steht eine kühl-illusionslose Nüchternheit der Darstellung, ein Gefühl für das Machbare, Alltägliche, Bodenständige gegenüber. Die Menschen sind präzise und in ihren sozialen Merkmalen erfasst: denen des Arbeiters, des Arbeitslosen, des Schiebers, des Arztes, der Hure. Damit geraten banale Objekte in den Blick der Künstler; sie lassen sich von Kleidung, Mobiliar, Arbeitsgerät inspirieren, beziehen Fabrikhallen, Straßenzüge, Bordelle oder Hinterhofmilieus in ihre Arbeiten ein. Auch die unscheinbarsten Dinge werden peinlich genau anvisiert und isoliert, sodass es erstarrt wirkt, zum Stillleben gerät.

Neusachliche Tendenzen in der Kultur der 20er-Jahre

Von neusachlichen Tendenzen spricht man nicht nur in der Malerei, sondern auch in der Architektur, dem Kunstgewerbe, der Musik. Der Begriff wird auch für literarische Texte übernommen. Spätestens seit 1926 ist die Bezeichnung ein Modebegriff, der sich in den Werken selbst wiederfindet. **Erich Kästner** nennt sein wichtiges Gedicht ‚Sachliche Romanze' (1928):

Erich Kästner: ‚Sachliche Romanze'

Als sie einander acht Jahre kannten
(und man darf sagen: sie kannten sich gut),
kam ihre Liebe plötzlich abhanden.
Wie andern Leuten ein Stock oder Hut.
Sie waren traurig, betrugen sich heiter,
versuchten Küsse, als ob nichts sei,
und sahen sich an und wußten nicht weiter.
Da weinte sie schließlich. Und er stand dabei.

Vom Fenster aus konnte man Schiffen winken.
Er sagte, es wäre schon Viertel nach Vier
und Zeit, irgendwo Kaffee zu trinken.
Nebenan übte ein Mensch Klavier.

Sie gingen ins kleinste Cafe am Ort
und rührten in ihren Tassen.
Am Abend saßen sie immer noch dort.
Sie saßen allein, und sie sprachen kein Wort
und konnten es einfach nicht fassen.

Erich Kästners „indirekte Lyrik"

Sachlich-distanziert beschreibt der Autor hier die innerlich bereits vollzogene Trennung eines Liebespaares, dem die „Liebe plötzlich abhanden" gekommen ist wie ein Gegenstand, „ein Stock oder Hut". Die Ausdrucksweise ist betont nüchtern. Sie folgt mit ihren einfachen Begriffen wie dem schlichten, weitgehend parataktischen Satzbau der Alltagssprache. Emotionale Ausdrücke vermeidet Kästner. Er will den Eindruck von Trostlosigkeit „indirekt" erzeugen. Das entspricht seiner Konzeption, die der Autor 1927/28 in einem Aufsatz mit dem Titel ‚Indirekte Lyrik' zusammenfasst.

„Die heute moderne Lyrik ist eine Dichtung der Umwege. (...) Der Lyriker spielt nur auf seine Gefühle an; er spricht sie nicht aus. Er verspottet sie eher, als sie unbedenklich zu beichten. Wenn seine Verse am sachlichsten klingen, gerade dann birgt sich dahinter Erschütterung. (...) Die indirekte Lyrik unserer Tage provoziert Missverständnisse, weil sie „verschämte Kunst" ist. Wer sich maskiert, will nicht erkannt werden. Es ist ihm weniger peinlich, für frech und gelegentlich albern, als für zart und traurig gehalten zu werden."

Der schnoddrig-melancholische Ton macht Schule

Erich Kästners Forderung nach Versachlichung trifft auf offene Ohren. Sein schnoddriger Ton, der Verletzungen andeutet, ohne sie zum Thema werden zu lassen, wird bereits in den Titeln seiner Gedichtsammlungen ‚Herz auf Taille' und ‚Gesang zwischen den Stühlen' (1932) erkennbar. Der gleiche Tonfall findet sich auch in Bertolt Brechts Großstadt- und Technik-Lyrik ‚Hauspostille' (1927) und ‚Aus dem Lesebuch für Städtebewohner' wieder. Stärker noch gilt das für die Gedichte Kurt Tucholskys, der seine Texte häufig als Kabarettchansons schreibt und damit den Tagesbezug herstellt.

Bertolt Brecht als Dramatiker der Neuen Sachlichkeit

Im Bereich der Dramatik setzt **Bertolt Brecht** schon in seinen frühen Stücken auf die rationale Einsicht seines Publikums und setzt sich konsequent von der Dramaturgie der expressionistischen Autoren ab. Im Gegensatz zu ihren Werken, die auf die Einfühlung des Publikums, die Identifizierung mit dem Geschehen auf der Bühne bauen, setzt er radikal auf die aufklärerische, politische Bildung der Zuschauer. Brecht erprobt dramaturgische Prinzipien, die ihn von den herkömmlichen Maßstäben realistischer Gestaltung weit abbringen. Er gilt den Zeitgenossen als Protagonist der Neuen Sachlichkeit. Kennzeichen dafür findet man bereits in seinem frühen Stück ‚Trommeln in der Nacht' (1922), für das er 1924 den Kleistpreis erhält. Hier geht es um aktuelles Geschehen, einen Frontsoldaten, der als Spätheimkehrer in das revolutionäre Nachkriegsberlin kommt und seinen Platz zwischen Kriegsgewinnlern und dem Straßenkampf finden muss. Er entscheidet sich für eine dritte Lösung – und geht mit seiner schwangeren Braut ins Bett.

In diesem Drama ist bereits der lakonische, von Sarkasmus getränkte Ausdruck vorhanden, der für die Werke Brechts kennzeichnend bleiben wird. Ein zweites Kennzeichen ist die Ablehnung der Illusionsbühne. Brecht verlangt von

Das Theater als Sportpalast

seinen Zuschauern Informiertheit und Kompetenz, so wie sie das von Sportveranstaltungen gewohnt sind. Ihm schwebt die kritische, informierte Haltung eines Fachpublikums vor, das ohne sentimentale oder pathetische Gefühle das Geschehen verfolgt. Er empfiehlt daher, während der Vorstellung von „Trommeln in der Nacht" „einige Plakate mit Sprüchen wie „Glotzt nicht so romantisch" aufzuhängen". Als Verfremdungseffekt (➛ S. 148 ff., 172, 175) ist auch die Dekoration des Stücks eingesetzt. Kurz vor Ende des Dramas heißt es daher noch einmal:

Desillusionierung und Verfremdung

„Glotzt nicht so romantisch! Ihr Wucherer! *Trommelt.* Ihr Wucherer! *Trommelt.* Ihr Halsabschneider! *Aus vollem Halse lachend, fast erstickend:* Ihr blutdürstigen Feiglinge, ihr! *Sein Gelächter bleibt stecken im Hals, er kann nicht mehr, er torkelt herum, schmeißt die Trommel nach dem Mond, der ein Lampion war, und die Trommel und der Mond fallen in den Fluß, der kein Wasser hat.* Besoffenheit und Kinderei. Jetzt kommt das Bett, das große, weiße, breite Bett, komm!"

Prosa der Neuen Sachlichkeit

Vor allem ist es aber der Roman, der die zeitgenössische Wirklichkeit festhalten kann. Hier spielt die Umwelt eine ebenso wichtige Rolle wie die Personen. Der Roman legt also nicht einseitig Wert auf das Leben und die Meinungen derer, von denen er handelt. Ebenso ausgiebig widmet er sich der Welt, in der und unter deren Bedingungen sie leben. In den Blick geraten dabei so weit auseinander liegende Bereiche wie technische Einrichtungen, der Straßenverkehr, die Arbeits- und Vergnügungsstätten, Parteiversammlungen und Luxuslokale, Modesalons und Kellerwohnungen.

Reportagen von Egon Erwin Kisch

Der Trend zu brauchbarer, aktueller und dokumentarischer Literatur (➛ S. 81 f., 132, 154, 166, 171) zeigt sich vor allem in der Reportage. Egon Erwin Kisch, der „rasende Reporter", entwickelt sie zu einem literarisch anspruchsvollen Genre. Seine Reportagen ‚Der rasende Reporter' (1925), ‚Zaren, Popen, Bolschewiken' (1927), ‚Paradies Amerika' (1930), ‚China geheim' (1933) verbinden sensationelle Enthüllungen mit den großen sozialen und politischen Entwicklungen der Zeit.

Das Leben der Angestellten

Darstellungen über die Großstadt zeigen vor allem die aufkommende Schicht der Angestellten – Siegfried Kracauer nennt für 1928 die Zahl von 3,5 Millionen in Deutschland, davon 1,2 Millionen Frauen – eine eigene Plattform. Berlin sei durch eine „ausgesprochene Angestelltenkultur" geprägt, „das heißt einer Kultur, die von Angestellten für Angestellte gemacht und von den meisten Angestellten für eine Kultur gehalten wird."

Neue Frauenfiguren im Roman

Irmgard Keun: ‚Gilgi – eine von uns' und ‚Das kunstseidene Mädchen'

Wenn es um die Welt der Angestellten geht, sind auch die neuen Frauenfiguren angesprochen. Als Prototyp der Modernisierung stehen sie für Selbstständigkeit, Berufstätigkeit, Arbeitseifer und Begeisterung für die Freizeit. In **Irmgard Keuns** Erfolgsromanen ‚Gilgi – eine von uns' (1931) und ‚Das kunstseidene Mädchen' (1932) erscheinen sie als moderne, sachliche Frauen par excellence. Sie glauben an Leistung, Karriere, Planbarkeit und Verstand, hassen Gefühle, die außer Kontrolle geraten können – und müssen am Ende doch erkennen, dass das Leben unsachlich und unplanbar ist. Die Sprache der Romane imitiert die Charaktere der Protagonistinnen. Es sind innere Monologe, die Einzeleindrücke zusammenhanglos aneinanderreihen; die Erzählerin verschwindet hinter ihren Figuren. Die kurzen, häufig elliptischen Sätze erinnern an das Drehbuch eines Spielfilms. Doris, das „kunstseidene Mädchen", will den Aufstieg in Berlin erzwingen. Das entscheidende Stichwort ihres Lebens ist der Film. Sich selbst und was ihr begegnet, erlebt sie in Bildern. Sie will auch später ihre Aufzeichnungen filmisch genießen können:

Leben wie im Film

„Ich will schreiben wie im Film, denn so ist mein Leben und wird noch mehr so sein. (...) Ich will so ein Glanz werden, der oben ist. Mit weißem Auto und Badewasser, das nach Parfüm riecht, und alles wie Paris. Und die Leute achten mich hoch, weil ich ein Glanz bin (...) Ich werde ein Glanz sein, und was ich dann mache ist richtig (...) nichts kann mir mehr passieren an Verlust und Verachtung, denn ich bin ein Glanz."

Lakonischer, unprätentiöser Stil

Vom Gefühlspathos der Expressionisten bleibt nichts zurück. An die Stelle einer individuellen Handschrift, die sich in einem Übermaß an Metaphern, in Sprachchiffren, einer brüchigen Syntax darstellt, tritt ein lakonischer, unprätentiöser Stil. Das hängt mit der Grundstimmung zusammen, die in Deutschland nach dem revolutionären Aufbruch 1918/19 zu finden ist. Jetzt geht es darum, die wirtschaftliche und politische Misere hinter sich zu lassen und sein Leben ökonomisch erfolgreich in der neuen Republik einzurichten. Gefragt ist ein neuer Ton, der auf Nüchternheit und Alltagstauglichkeit angelegt ist. Literatur soll gebrauchsfertig sein, sie muss mit den neuen Medien konkurrieren und die Interessen des Publikums bedienen. Die Autoren entwickeln daher neue Schreibtechniken. Das gilt für die Unterhaltungsromane von Irmgard Keun ebenso wie für die Dramen Bertolt Brechts oder die Lyrik Erich Kästners und Mascha Kalékos.

Massenkultur

„Fordismus": Fließband-Technologie und die Freiheit des Konsums

Die enge Verzahnung der deutschen mit der amerikanischen Wirtschaft trifft auch das politische und kulturelle Leben in Deutschland. Der Automobilproduzent Henry Ford (1863–1947) propagiert, die entscheidende Grundlage der Demokratie liege in der Freiheit des Konsumierens. Er hat mit seiner völlig durchrationalisierten Technik der Fließbandproduktion erreicht, dass sich die „Tin Lizzy", das Modell Ford T, zu einem billig gebauten und massenhaft verkauften Fahrzeug entwickelt. Eine strikt durchgeführte Rationalisierung der Produktion ist für ihn die Vorbedingung für die Beteiligung breiter Schichten am gesellschaftlichen Wohlstand. Seine Vorstellungen werden auch in der Kulturdiskussion aufgegriffen. Im Vordergrund steht jetzt der Gebrauchswert von Literatur. Gefordert wird ein sachlicher Stil, der Kollektivinteressen ins Zentrum stellt und nicht das Schicksal Einzelner verhandelt. Es geht nicht mehr um den individuellen Helden, sondern um die Darstellung sozialer Typen. Geschrieben wird für ein Massenpublikum, dessen Interessen die Künstler und Autoren aufgreifen sollen.

Fords Thesen dringen in die Diskussion kultureller Werte ein: Gebrauchswert von Literatur

Massenkultur in den „Goldenen Zwanzigern"

Das Phänomen der Masse wird von Hoffnungen und Ängsten begleitet. Die politischen Parteien sehen die verunsicherten Menschen in erster Linie als eine Verfügungsmasse, die für Aufmärsche, öffentlichkeitswirksame Aktionen oder als Wählergruppen eingesetzt werden kann. Für die literarische Avantgarde gilt es, auf die Herausforderung zu reagieren. Unterhaltungsbetriebe spielen in den „Goldenen Zwanziger-Jahren" eine wichtige Rolle: Tanzlokale sprießen aus dem Boden, Ballhäuser, Cafés, Restaurants, die großen Hotels – alle bieten Tanzmusik und laden zum „Five o'Clock-Tea". Sportpaläste, Kinos, Revuen und Cabarets buhlen um die Gunst des Publikums. Angesichts der alltäglichen Präsenz der Kinos und des Rundfunks erscheint das Buch als Relikt vergangener Zeiten. Wichtiger als die ohnehin geringen Verkaufszahlen der Verlage ist für die Autoren daher die Möglichkeit, Texte in der Tagespresse zu veröffentlichen – sei es als Essay, als Reportage oder als Fortsetzungsserie.

Die neue Frau

Frauen gewinnen eine eigenständige Rolle

Das Bild der Frau in der Gesellschaft ändert sich. Werden Frauen bislang vor allem über den Status ihrer Männer definiert, gewinnen sie nun eine eigenständige Rolle. Weibliches Selbstbewusstsein ist das Ergebnis grundlegender Veränderungen. Die Novemberrevolution bringt Frauen erstmals die gesetzliche Gleichberechtigung und das aktive wie passive Wahlrecht. Frauen werden in den 20er-Jahren in das Wirtschaftsleben integriert. Die Angestellte gilt als die „neue Frau" schlechthin: Sie ist selbstbewusst, berufstätig und finanziell unabhängig. Dieses Bild findet sich auch und vor allem in der Mode. Nach dem Ende des Kaiserreichs fallen – im wörtlichen Sinn – die alten Zöpfe. Die langen Haare wandeln sich zum Pagenschnitt, die Rocksäume rutschen nach oben, das einschnürende Korsett wird abgelegt.

Politische Radikalisierung

Folgen der Wirtschaftskrise: Verunsicherung auf dem Kunstmarkt

Auch in der Phase der wirtschaftlichen Konsolidierung gelingt es nicht, die strukturellen Brüche der Republik zu überwinden. Die politische Polarisierung zwischen rechts und links dauert an; nur wenige Deutsche identifizieren sich mit der Weimarer Republik. Der wirtschaftliche Aufschwung endet 1929 mit dem Börsencrash abrupt: Es kommt zu Massenarbeitslosigkeit und Konkursen. Eine allgemeine Katastrophenstimmung macht sich breit. Die Wirtschaftskrise führt zu einer dramatischen Verunsicherung auf dem Kunstmarkt und zu großer materieller Not. Bringt die politische und wirtschaftliche Krise um 1920 innovative künstlerische Konzepte auf den Weg, scheinen die Auseinandersetzungen jetzt die Künstler nur abzustoßen und in Lethargie zu versetzen. Sie werden erst durch die braune Machtübernahme im Januar 1933 wachgerüttelt. Konservativen Kritikern ist die Annäherung von Autoren der Neuen Sachlichkeit an die Medien und den Stil der Massenkultur ohnehin ein Dorn im Auge. Offene Feindseligkeit schlägt ihnen aber von Kritikern entgegen, die mit der NSDAP sympathisieren. Die Neue Sachlichkeit sei ein Verrat der Seele an den Geist, des Gefühls an den Verstand, der Fantasie an den Intellekt. Im Oktober 1933 schreibt Reichsinnenminister Frick im ‚Völkischen Beobachter':

Offene Feindschaft von der NS-Literaturkritik

„Auch jene eiskalten, gänzlich undeutschen Konstruktionen, wie sie unter dem Namen der neuen Sachlichkeit ihr Geschäft trieben, müssen heute ausgespielt haben. […] Echte Kunst ist nie neu und ist nie alt, sondern sie entströmt dem Herzblut des Volkes, das auch nie neu oder alt ist, sondern von Ewigkeit zu Ewigkeit pulst."

Kritik an den Autoren der Neuen Sachlichkeit von links und von rechts

Die heftige Kritik von beiden Seiten lässt erkennen, wie stark die Literatur der Neuen Sachlichkeit die Debatte auch gegen Ende der Weimarer Republik noch dominiert. Erst mit Beginn der nationalsozialistischen Diktatur kommt das zwangsläufige Ende. Fast alle Autoren, die im Umkreis der Neuen Sachlichkeit schreiben, werden ins Exil gezwungen. Die Tendenz ihrer Texte bleibt weitgehend unverändert – neu sind die Erfahrungen, die jetzt in ihren Werken angesprochen werden.

Werke

Erich Kästner: ‚Fabian. Die Geschichte eines Moralisten' (1931)

Der Titelheld des Romans ist ein Moralist, der auf den „Sieg der Anständigkeit" wartet. Er glaubt nicht daran, dass die Arbeiterklasse die humanistischen Ideale der Menschheit verwirklichen kann, denn Armut mache weder gut noch klug. Fabian sieht den Ereignissen distanziert zu. Erst als er sieht, wie ein Junge in der Elbe zu ertrinken droht, versucht er zu handeln. Während der Junge aber ans Ufer schwimmen kann, ertrinkt Fabian, weil er nicht schwimmen kann.

Bertolt Brecht: ‚Trommeln in der Nacht' (1922)

Der Soldat Kragler kehrt aus der Kriegsgefangenschaft zurück in das von revolutionären Unruhen aufgewühlte Berlin. Von seinen Kumpanen wird er gebeten, eine führende Rolle zu übernehmen. Er hat aber wenig Lust auf ein blutiges Heldentum, weigert sich, sich an der Revolution zu beteiligen. Er sucht sein privates Glück, will nur noch in das „große, breite, weiße Bett" seines Mädchens – auch wenn die ihm in der Zwischenzeit untreu geworden ist.

Irmgard Keun: ‚Das kunstseidene Mädchen' (1932)

Doris, die Protagonistin des Romans, ist Sekretärin bei einem zudringlichen Rechtsanwalt. Sie will in die große weite Welt – nach Berlin, um dort Karriere zu machen. Sie stürzt sich ins Nachtleben, geht kurzlebige Affären mit verschiedenen Männern ein. Die erträumte Filmkarriere bleibt aus, aber Doris gibt nicht auf.

Alle Querverweise im Überblick:

Montagetechnik: S. 130 ➛ 83, 116, 166, 171
Dokumentarisches Material: S. 132 ➛ 81 f., 136, 154, 166, 171
Großstadtroman: S. 133 ➛ 166, 180
Verfremdungstechniken: S. 136 ➛ 148 f., 172, 175
Dokumentarische Literatur: S. 136 ➛ 81 f., 132, 154, 166, 171

Zusammenfassung:

Weimarer Republik / Neue Sachlichkeit

In der **Mannheimer Kunsthalle** wird **1925 eine Ausstellung eröffnet**, die unter dem Titel „Neue Sachlichkeit" eine neue Kunstrichtung in Deutschland präsentiert. Sie liefert das Stichwort, unter dem ganz unterschiedliche Künstler ausgestellt werden. Gemeinsam ist ihnen ein **verändertes Verhältnis zur Realität**. Sie bilden einen **Gegenimpuls zum Expressionismus**. Die Bilder zeigen nicht mehr den extremen Subjektivismus, der die gegenständliche Welt nach willkürlichen Visionen verzerrt. Hier wird der Alltag nicht mehr gemieden zugunsten einer sehnsüchtig gesuchten Utopie, geht es nicht mehr um eine Typisierung der Figuren, die den Einzelnen zum Menschen schlechthin ausweitet. Im Gegenteil. Den Träumen der Expressionisten steht eine **kühl-illusionslose Nüchternheit** der Darstellung, ein **Gefühl für das Machbare, Alltägliche, Bodenständige** gegenüber. Die Menschen sind präzise und in ihren sozialen Merkmalen erfasst. Diese Kennzeichen prägen die Kultur der Weimarer Republik. Sie ist Spiegelbild einer Gesellschaft, die nach dem verlorenen Krieg und den Illusionen der Revolution desillusioniert ist und nichts mehr von großen Ideen der Welt-erlösung wissen will.

Sachliche Lyrik geht **kühl-distanziert** auf Alltagsverhältnisse ein; **„Gebrauchslyrik"** heißt als neue Forderung, dass die Texte auf ihren „Gebrauchswert" – so eine Forderung Bertolt Brechts – befragt werden können.

Das **Theater der Neuen Sachlichkeit** greift sozialpolitische Fragen der Zeit auf. Es verarbeitet Impulse aus Varieté, Sportveranstaltung und Jazz zu einem massenkulturellen Spektakel. Mit **Verfremdungseffekten** sollen die Zuschauer dazu veranlasst werden, eine kritische Position einzunehmen.

Der Roman kann die zeitgenössische Wirklichkeit festhalten. Der **Trend zu brauchbarer, aktueller und dokumentarischer Literatur** zeigt sich, wenn in den Texten die Umwelt eine ebenso wichtige Rolle spielt wie die Personen. Die Welt, in der und unter deren Bedingungen sie leben, wird in den Blick genommen. Dabei spielen so weit auseinander liegende Bereiche wie technische Einrichtungen, der Straßenverkehr, die Arbeits- und Vergnügungsstätten, Parteiversammlungen und Luxuslokale, Modesalons und Kellerwohnungen eine wesentliche Rolle.

Gegen Ende der Weimarer Republik nimmt die **Kritik an den Autoren der Neuen Sachlichkeit** vehement zu. Die politischen Auseinandersetzungen verlangen nach eindeutiger Parteinahme, so die Kritiker von links. Die nationalsozialistische Kritik diskreditiert ihre Werke pauschal als intellektuell: In ihnen sei kein Tropfen völkischen Blutes zu entdecken.

Wichtige Köpfe der geistigen Emigration Deutschlands (Triptychon von Arthur Kaufmann, 1939 – 64): 1. Regisseur Berthold Viertel; 2. Regisseur Fritz Lang; 3. Schriftsteller Günther Anders; 4. Komponist Ernst Toch; 5. Philosoph Ernst Bloch; 6. Der Maler des Triptychons Arthur Kaufmann; 7. dessen Frau Elisabeth Musset-Kaufmann; 8. Psychologe Max Wertheimer; 9. Geiger Emanuel Feuermann; 10. Komponist Arnold Schönberg; 11. Maler George Grosz; 12. Maler Joseph Koch; 13. Schriftsteller Heinrich Mann; 14. Lektor Paul Zucker; 15. Schauspielerin Luise Rainer; 16. Chefarzt Ulrich Friedemann; 17. Dirigent Otto Klemperer; 18. Theologe Paul Tillich; 19. Schrifsteller Arnold Zweig; 20. Psychologe William Stern; 21. Dramatiker Ferdinand Bruckner; 22. Physiker Albert Einstein; 23. Schriftsteller Klaus Mann; 24. Schriftsteller Thomas Mann; 25. Schriftstellerin Erika Mann; 26. Schriftsteller Ludwig Renn; 27. Kunsthändler Curt Valentin; 28. Komponist Hanns Jelinek; 29. Schriftsteller Bruno Frank; 30. Regisseur Erwin Piscator; 31. Journalistin Lotte Goslar; 32. Schriftsteller Oskar Maria Graf; 33. Zeichner B. F. Dolbin; 34. Philosoph Kurt Goldstein; 35. Komponist Kurt Weill; 36. Regisseur Max Reinhardt; 37. Schauspielerin Helene Thimig; 38. Schrifsteller Ernst Toller

EXILLITERATUR
LITERATUR IM DRITTEN REICH

Klaus Mann (1906 – 1949)
Der älteste Sohn Thomas Manns ist einer der ersten, der 1933 ins Exil geht. Er wird zur zentralen Figur der antifaschistischen Publizistik, vor allem als Herausgeber der Zeitschrift „Die Sammlung".

1936 Mephisto
➢ **s. S. 156**

Anna Seghers (1900 – 1983)
Seghers stellt den Alltag der „Kleinen Leute" in den Mittelpunkt des Geschehens und zeigt, wie sich ihr Leben im Nationalsozialismus ändert.

1942 Das siebte Kreuz
➢ **s. S. 156**

Oskar Loerke (1884 – 1941)
Seine Gedichte verweisen auf die Möglichkeit, eine stille Form des Widerstands zu leisten, indem der Rückzug in eine Welt des Geistes gewiesen wird.
➢ **s. S. 145**

Exil
1933 – 1945

Drittes Reich
1933 – 1945

Heinrich Mann (1871 – 1950)
Mit historischen Stoffen und Epochenbilanzen beleuchtet er die Exilzeit.

1935 – 1938 Henri Quatre
1945 Ein Zeitalter wird besichtigt
➢ **s. S. 154**

Bertolt Brecht (1898 – 1956)
Geht sehr früh 1933 ins Exil. Mit seinen Stücken will er dazu beitragen, die Wirklichkeit zu verändern.

1943 Der gute Mensch von Sezuan
➢ **s. S. 148**

Lion Feuchtwanger (1884 – 1958)

1936 Die Geschwister Oppenheim
➢ **s. S. 155**

Exilliteratur / Literatur im Dritten Reich

In diesem Kapitel erfahren Sie:

- Sofort nach ihrer Machtübernahme kontrollieren die Nationalsozialisten auch das gesamte Kulturleben. Mit der Verhaftung von Intellektuellen und den Bücherverbrennungen beginnt die Verfolgung kritischer Autoren. Mehr als 200 von ihnen verlassen Deutschland und gehen ins Exil.
- Zahlreiche Autoren bleiben in Deutschland. Sie stehen in Opposition zum Dritten Reich und wählen eine Haltung des „Inneren Exils".
- Offiziell gefördert dagegen wird die nationalsozialistische Literatur, die antisemitische, kriegsverherrlichende und rassistische Ideen vertritt.

Literatur im Dritten Reich

Gleichschaltung des Kulturlebens nach 1933

Der Kulturpolitik der Nationalsozialisten geht es in einer ersten Phase darum, alles zu vernichten, was als das künstlerische und intellektuelle Niveau der 20er-Jahre gegolten hat. Dafür müssen die Künstler bekämpft, die kulturellen Institutionen zerstört und durch eigene Organisationsstrukturen ersetzt werden. Diese Politik ist eng verflochten mit der „Gleichschaltung" der Parteien, Gewerkschaften und Verbände in den revolutionären Anfangsjahren des Dritten Reichs. Deutlich wird daran, welches Gewicht die Nationalsozialisten der Kultur und den Medien zubilligen. Es soll keine Freiräume mehr geben. Der NS-Staat setzt von Anfang an auch im Kulturbereich eine lückenlose Erfassung aller Individuen und Gruppen durch. Es gilt, ein Maximum an Kontroll- und Eingriffsmöglichkeiten zu schaffen. An der Öffentlichkeit geht das vorbei; sind es doch verbandsinterne Bestimmungen, die zunächst nur für Autoren und Künstler selbst Bedeutung haben. Nationalsozialistische Literatur steht jetzt im Vordergrund der staatlichen Förderung. Autoren wie Will Vesper, Heinrich Lersch, Gerhard Schumann, Edwin Erich Dwinger u. a. stellen sich bereitwillig zur Verfügung, um die nationalsozialistische Politik zu verklären. In ihren Gedichten, Dramen oder Romanen bemühen sie sich allerdings vergeblich, die ideologische Begeisterung in literarische Qualität umschlagen zu lassen.

Absolute Kontrolle der Intellektuellen und Künstler als Ziel der NS-Kulturpolitik

Probleme der jüngeren Autoren

Autoren vor allem der jüngeren, zwischen 1900 und 1910 geborenen Generation, die in der Spätphase der Weimarer Republik zu schreiben beginnen und das Pech haben, ihren literarischen Durchbruch in dem Augenblick zu erleben, als der Nationalsozialismus an die Macht kommt, sind in einer besonders misslichen Lage. Sie werden zu Anpassungsleistungen genötigt, wollen sie weiterhin publiziert werden. Zu ihnen gehören Autoren wie Wolfgang Koeppen, Günther Eich, Peter Huchel, Marie Luise Kaschnitz, Wolfgang Weyrauch, die mit ihren Werken repräsentativ für die deutsche Nachkriegsgesellschaft werden. Sie beziehen nach 1945 deutlich Position, wenn es darum geht, das Wiederaufleben von Ideen aus dem Dritten Reich zu bekämpfen. Dennoch bewegen auch sie sich während der Jahre des Nationalsozialismus innerhalb der NS-Kulturpolitik und versuchen eine eigene Haltung unter den gegebenen Spielregeln zu finden.

Zeitschriften wie ‚Das Innere Reich' oder ‚Die Kolonne' bilden Kristallisationspunkte für die Publikation von Texten dieser Autoren. Hier finden sie eine Möglichkeit, gedruckt zu werden. Sie müssen dafür aber in Kauf nehmen, dass sich ihre Texte in direkter Nachbarschaft zur Lyrik von NS-Dichtern befinden. Diese Autoren werden der **„Inneren Emigration"** zugerechnet, einem ebenso unscharfen wie vieldeutigen Begriff. Die Grenze zwischen Anpassung und Widerstand ist schmal; die Distanz zum Nationalsozialismus sehr unterschiedlich ausgeprägt; sie entzieht sich häufig einer eindeutigen Beurteilung. Gemeint ist mit dem Begriff einer „Emigration nach innen" die Abgrenzung von der nationalsozialistischen Herrschaft. Es ist eine Form des passiven Widerstands, denn die gesellschaftlichen Verhältnisse werden nicht herausgefordert, Kritik erscheint allenfalls in einer „Sklavensprache", die den Eingeweihten zugänglich ist, die Machthaber aber nicht irritieren muss. „Innere Emigration" grenzt sich andererseits von den Mitläufern oder aktiven Befürwortern der nationalsozialistischen Herrschaft ab. Sie ist nicht-oppositionell und nicht-nationalsozialistisch zugleich.

Autoren der „inneren Emigration"

Oskar Loerke: ‚Im Silberwald' (1934)

In besonderer Weise kann die **Naturlyrik** dazu dienen, die barbarische Gegenwart mit einem Gegenmodell zu konfrontieren. So verweisen die Gedichte von **Oskar Loerke** auf die Möglichkeit, eine stille Form des Widerstands zu leisten, indem der Rückzug in eine Welt des Geistes gewiesen wird. Das Titelgedicht aus seinem Band ‚Der Silberdistelwald' (1934) zeigt exemplarisch, welche Möglichkeiten der Lyriker hat, auf seine Gegenwart Bezug zu nehmen, ohne sich explizit darauf festlegen zu lassen.

Naturlyrik als Gegenmodell

Oskar Loerke: ‚Der Silberdistelwald'

Natur als Metapher für eine unvergängliche Ordnung

Mein Haus, es steht nun mitten
Im Silberdistelwald.
Pan ist vorbeigeschritten.
Was stritt, hat ausgestritten
In seiner Nachtgestalt.

Die bleichen Disteln starren
Im Schwarz, ein wilder Putz.
Verborgne Wurzeln knarren:
Wenn wir Pans Schlaf verscharren.
Nimmt niemand ihn in Schutz.

Vielleicht, daß eine Blüte
Zu tiefer Kommunion
Ihm nachfiel und verglühte:
Mein Vater du, ich hüte,
Ich hüte dich, mein Sohn.

Der Ort liegt waldinmitten,
Von stillstem Licht gefleckt.
Mein Herz – nichts kam geritten,
Kein Einhorn kam geschritten –
Mein Herz nur schlug erweckt.

Versteht man den „Silberdistelwald" als Metapher für das Dritte Reich, so wird deutlich, dass für das lyrische Ich in diesem System kein Platz ist. Von der nationalsozialistischen Machtergreifung und den veränderten Lebensbedingungen bedroht, zieht es sich an einen Ort „waldinmitten" zurück. Das Bild der „bleichen starren[den] Disteln im Schwarz" vermittelt den Eindruck, einer diffusen, aber allgegenwärtig drohenden Gefahr ausgesetzt zu sein. Zuflucht bietet „Pan", der Naturgott, eine Chiffre für den mit sich selbst im Einklang stehenden Menschen. Der Schutz ist allerdings nur begrenzt möglich. Das Adverb „Vielleicht" zu Beginn der dritten Strophe betont die Ungewissheit, ob eine Vereinigung mit ihm überhaupt möglich ist. Die Schlusszeilen des Gedichts lassen erkennen, dass der „Silberdistelwald" weiter existieren wird, der Rückzug in die Welt des Geistes an den Strukturen selbst nichts ändert, dem Einzelnen aber Trost spenden kann.

Damit entsteht mehr als ein unverfängliches Idyll. Natur erscheint als Metapher für die Gewissheit, in eine unvergängliche Ordnung eingebettet zu sein und damit der Bedrohung durch ein inhumanes System standhalten zu können.

Exilliteratur

Maßnahmen gegen NS-feindliche Autoren

Schon vor der Machtergreifung werden öffentlich Maßnahmen diskutiert, mit denen man NS-feindliche Autoren mundtot machen könne. Das reicht von der Androhung eines Schreibverbots bis zu Joseph Goebbels' Ankündigung, dieses „schreibende Gesindel ... an die Wand" zu stellen. Kann man solche Äußerungen zunächst noch als Schaumschlägerei einer radikalisierten nationalen Biertischpolitik werten, zeigt sich bereits zu Beginn der nationalsozialistischen Herrschaft, wie ernst diese Wortwahl zu nehmen ist.

Ein Rundumschlag gegen jüdische, linke, pazifistische, expressionistische, unkonventionelle – kurz: moderne Autoren

Im Rampenlicht stehen jüdische Autoren wie Lion Feuchtwanger (➤ S. 154 ff.), Erich Mühsam und Max Brod. Bertolt Brecht S. 151, Ernst Toller, Johannes R. Becher, Kurt Tucholsky, Heinrich Mann, Erich Maria Remarque und Anna Seghers (➤ S. 156) werden demokratische, pazifistische, antimilitaristische oder sozialistische Tendenzen vorgeworfen, Autoren wie Franz Werfel, Walter Hasenclever oder Fritz von Unruh stehen wegen ihres expressionistischen Stils in der Kritik. Irmgard Keun oder Else Lasker-Schüler sind wegen ihres unkonventionellen Lebensstils verhasst, Alfred Döblin, Erich Kästner und Carl Zuckmayer, weil sie in ihren Werken das moderne Großstadtleben mit all seinen sozialen Widersprüchen darstellen.

Bücherverbrennungen

Bücherverbrennungen, inszeniert als „Aktionen wider den undeutschen Geist", finden im Frühjahr 1933 in den meisten deutschen Universitätsstädten statt. Der Anstoß geht von Propagandaminister Goebbels aus, getragen werden sie von der Deutschen Studentenschaft. Um die Aktionen vorzubereiten, werden „Schwarze Listen" über „schädliches und unerwünschtes Schrifttum" aufgestellt und sukzessive erweitert. Vom 12. April 1933 an hängen Plakate in den Städten, die „12 Thesen" der Studierenden über die angebliche Höherwertigkeit der eigenen und die Minderwertigkeit artfremder Kultur. Nach diesem Muster finden am 10. Mai 1933 in verschiedenen Universitätsstädten 22 Bücherverbrennungen statt; für das gesamte Frühjahr sind etwa 50 Verbrennungsrituale dokumentiert.

Autoren werden in die Emigration gezwungen oder in KZs umgebracht

Die profiliertesten und politisch aktiven Künstler, Autoren und Wissenschaftler werden in die Emigration gezwungen oder in KZs gefoltert und umgebracht wie Jakob van Hoddis, Carl von Ossietzky oder Erich Mühsam. Sie sind wegen ihrer jüdischen Herkunft verhasst oder sie haben polarisiert und mit ihren Werken dafür gesorgt, dass die Auseinandersetzungen in Weimar auf den Punkt gebracht wurden. Damit findet ein beispielloser Exodus der deutschen Kultur statt.

Bertolt Brecht: ‚Der gute Mensch von Sezuan' (1943)

Brecht geht 1933 ins Exil

Einer der ersten, der 1933 ins Exil geht, ist Bertolt Brecht. In den Jahren 1926 bis 1933 hat er sich ausführlich mit marxistischem Gedankengut auseinandergesetzt. In dieser Zeit schreibt Brecht seine ‚Lehrstücke' (‚Die Ausnahme und die Regel', ‚Die Mutter', ‚Die Maßnahme'), die den Klassenkampf auf die Bühne tragen sollen. Brecht will mit seinen Stücken dazu beitragen, die Wirklichkeit zu verändern. Wichtig ist dabei nicht nur der Inhalt der Dramen – er sieht die begrenzte Wirkungsmöglichkeit von Literatur ganz realistisch. Aber wenn dieser Inhalt mit einer Dramentechnik verbunden wird, die den Zuschauer zum Nachdenken und schließlich zum Handeln bringt, könnte der Schriftsteller seinen Beitrag zur Gesellschaftsveränderung leisten.

Brecht entwickelt das epische Theater

Dafür entwickelt er neue Ausdrucksformen des Theaters. Das Publikum soll sich nicht gefühlsmäßig mit den Figuren auf der Bühne identifizieren, mit ihnen mitleiden oder sich mit ihnen freuen – es soll in kühler Distanz bleiben, um überprüfen zu können, ob sich die Dramengestalten richtig verhalten und dadurch lernen, sein eigenes Verhalten zu verändern. Brecht fasst sein Dramenkonzept unter dem Begriff „episches Theater" zusammen.

Verfremdungseffekte (➤ S. 136, 172, 175) sind die zentralen Werkzeuge, die Brecht zu diesem Zweck einsetzt. Brechts Schauspieler sollen sich nicht in die dargestellte Figur verwandeln. Sie treten aus ihrer Rolle heraus, wenden sich direkt an das Publikum und fordern es zum Nachdenken auf. Mit eingestreuten Songs wird das Geschehen unterbrochen und kommentiert. In der Zeit zwischen 1933 und 1956 entwickelt Brecht das von ihm entworfene epische Theater in verschiedenen Varianten weiter. Seine bekanntesten Stücke, ‚Mutter Courage', ‚Leben des Galilei', ‚Der gute Mensch von Sezuan' entstehen während dieser Zeitspanne.

‚Der gute Mensch von Sezuan'

Im **‚Guten Menschen von Sezuan'** (abgeschlossen 1941) kommen drei Götter auf die Erde, weil sie gehört haben, es sei unmöglich für die Menschen, gut zu sein und zugleich menschenwürdig zu leben. Das wollen sie nicht glauben. Ausgangspunkt ihres Besuchs ist eine grundlegende Bedingung: „die Welt kann so bleiben, wie sie ist, wenn genügend gute Menschen gefunden werden, die ein menschenwürdiges Dasein leben können". Sie finden allerdings lediglich einen Menschen, der sie aufzunehmen bereit ist: die Prostituierte Shen Te.

Sie bedanken sich für ihr Nachtquartier mit einem Geldgeschenk. Damit kann Shen Te einen Tabakladen eröffnen und den Nachbarn des Viertels aus ihrer Not helfen. Trotz ihres guten Willens zeigt sich aber schnell, dass sie nicht allen helfen kann. Ein menschenwürdiges Dasein und mitmenschliche Güte aufrechterhalten kann sie nur, indem sie sich in eine zweite Person verwandelt.

In der Rolle des skrupellosen Vetters Shui Ta bringt sie die Geschäfte in Ordnung und weist die Schmarotzer rücksichtslos zurück. Shui Ta baut schließlich eine florierende Tabakfabrik auf, die aber den Armen erbarmungslose Arbeitsbedingungen aufzwingt. Deutlich wird: Der Mensch kann nur gut sein, wenn er andere in eine menschenunwürdige Lage bringt.

Bertolt Brecht: ‚Der gute Mensch von Sezuan', Bild 8

Shui Ta's Tabakfabrik

In den Baracken des Herrn Shu Fu hat Shui Ta eine kleine Tabakfabrik eingerichtet. Hinter Gittern hocken, entsetzlich zusammengepfercht, einige Familien, besonders Frauen und Kinder, darunter die Schwägerin, der Großvater, der Schreiner und seine Kinder. Davor tritt Frau Yang auf, gefolgt von ihrem Sohn Sun.

FRAU YANG *zum Publikum:* Ich muß Ihnen berichten, wie mein Sohn Sun durch die Weisheit und Strenge des allgemein geachteten Herrn Shui Ta aus einem verkommenen Menschen in einen nützlichen verwandelt wurde. Wie das ganze Viertel erfuhr, eröffnete Herr Shui Ta in der Nähe des Viehhofs eine kleine, aber schnell aufblühende Tabakfabrik. Vor drei Monaten sah ich mich veranlaßt, ihn mit meinem Sohn dort aufzusuchen. Er empfing mich nach kurzer Wartezeit.

Aus der Fabrik tritt Shui Ta auf Frau Yang zu.

SHUI TA Womit kann ich Ihnen dienen, Frau Yang?

FRAU YANG Herr Shui Ta, ich möchte ein Wort für meinen Sohn bei Ihnen einlegen. Die Polizei war heute morgen bei uns, und man hat uns gesagt, daß Sie im Namen von Fräulein Shen Te Anklage wegen Bruch des Heiratsversprechens und Erschleichung von 200 Silberdollar erhoben haben.

SHUI TA Ganz richtig, Frau Yang.

FRAU YANG Herr Shui Ta, um der Götter willen, können Sie nicht noch einmal Gnade vor Recht ergehen lassen? Das Geld ist weg. In zwei Tagen hat er es durchgebracht, als der Plan mit der Fliegerstelle scheiterte. Ich weiß, er ist ein Lump. Er hat auch meine Möbel schon verkauft gehabt und wollte ohne seine alte Mama nach Peking. *Sie weint.* Fräulein Shen Te hielt einmal große Stücke auf ihn.

Shui Ta Was haben Sie mir zu sagen, Herr Yang Sun?

Sun *finster:* Ich habe das Geld nicht mehr.

Shui Ta Frau Yang, der Schwäche wegen, die meine Kusine aus irgendwelchen, mir unbegreiflichen Gründen für Ihren verkommenen Sohn hatte, bin ich bereit, es noch einmal mit ihm zu versuchen. Sie hat mir gesagt, daß sie sich von ehrlicher Arbeit eine Besserung erwartet. Er kann eine Stelle in meiner Fabrik haben. Nach und nach werden ihm die 200 Silberdollar vom Lohn abgezogen werden.

Sun Also Kittchen oder Fabrik?

Shui Ta Sie haben die Wahl.

Sun Und mit Shen Te kann ich wohl nicht mehr sprechen?

Shui Ta Nein.

Sun Wo ist mein Arbeitsplatz?

Frau Yang Tausend Dank, Herr Shui Ta! Sie sind unendlich gütig, die Götter werden es Ihnen vergelten.

Das achte Bild stellt Frau Yang in den Vordergrund. Sie erzählt, dass ihr Sohn Sun mit der Hilfe Shui Tas vom Taugenichts zum Aufseher in der Tabakfabrik aufgestiegen sei. Wie im Film werden einzelne Szenen aus dem Arbeitsleben der Fabrik ineinandergeschnitten. Damit kann der Zuschauer die Worte der Frau Yang mit der Wirklichkeit in der Fabrik vergleichen. Eine erste Rückblende zeigt, dass Sun 200 Silberdollar, die er von Shen Te erhalten hat, weil sie ihn liebt, durchgebracht hat. Von der versprochenen Hochzeit ist keine Rede mehr. Shui Ta verklagt ihn daher und zwingt Sun dazu, in seiner Fabrik zu arbeiten, wenn er nicht ins Gefängnis will. Dieses Bild lässt deutlich die Verwendung von Verfremdungseffekten erkennen. Frau Yang erzählt aus ihrem beschränkten Blickwinkel vom Werdegang ihres Sohnes. Sehr schnell zeigt sich, dass ihre Worte im Widerspruch zu den tatsächlichen Vorgängen in der Tabakfabrik, zum Verhalten ihres Sohnes und der Bewertung Shui Tas stehen.

Achtes Bild zeigt den Verfremdungseffekt: Kontraste zwischen Bühnenbild und Bewertung und zwischen subjektiver Perspektive und realen Interessen

Schon das Bühnenbild beleuchtet die Arbeitsverhältnisse: In den Baracken hocken „entsetzlich zusammengepfercht" ganze Familien hinter Gittern. Das lässt die allgemeine Achtung, von der Frau Yang spricht, fragwürdig erscheinen. Die erste Rückblende verweist auf einen weiteren Widerspruch. Shui Ta zwingt Sun dazu, seine Schulden in der Tabakfabrik abzuarbeiten. Er vermeidet dadurch eine Gerichtsverhandlung und kann die Summe automatisch von Suns Lohn abziehen. Wenn Frau Yang in überschwänglichen Worten Shui Ta als „unendlich gütig" bezeichnet und wünscht, dass seine Güte von den Göttern vergolten werde, zeigt sich, dass hinter diesen hoch geschraubten Begriffen die eigene Interessenlage einer Mutter steht, die ihren Sohn in gesicherte Verhältnisse bringen will. Noch die pädagogische Standpauke, die sie ihm hält, hat lediglich den Sinn, sich selbst Shui Ta gegenüber als ehrenwert und vorbildhaft darzustellen.

Distanzierung des Publikums durch Aus-der-Rolle-Treten der Bühnenfigur und durch Rückblenden

Das Theater Brechts will dem Zuschauer eine neue Haltung des Sehens und Verstehens vermitteln. Wenn also Frau Yang aus ihrer Rolle ausbricht und sich direkt ans Publikum wendet, sprengt ihr Verhalten den Fortgang der Handlung. Das Gleiche geschieht, wenn mit den Rückblenden die Chronologie aufgerissen wird. Damit soll deutlich werden, dass der Zuschauer in einem Theater sitzt; er soll das gezeigte Spiel nicht mit der Wirklichkeit verwechseln. Er wird dafür in eine distanzierte Position versetzt, die ihm Zeit zum Nachdenken gibt. Verstärkt wird dieser Zug durch die Widersprüche zwischen Text und Bühnenbild, zwischen überschwänglichem Dank auf der einen und profitorientiertem Verhalten auf der anderen Seite.

Das epische Theater als Experiment

Schon 1939 verweist Brecht darauf, dass sich mit den Formen des epischen Theaters nicht alle Themen und Probleme auf gleiche Weise in den Griff bekommen lassen. Er besteht vielmehr auf dem experimentellen Charakter seines Konzepts:

„Ist dieser neue Darstellungsstil nun der neue Stil, ist er eine fertige, überblickbare Technik, das endgültige Resultat aller Experimente? Antwort: Nein. Er ist ein Weg, den wir gegangen sind. Die Versuche müssen fortgesetzt werden."

BERTOLT BRECHT (1898–1956)

- 10.2.1898 in Augsburg als Sohn eines Papierfabrikdirektors geboren
- 1917–1921 Medizin- und Literaturstudium in München
- Ab 1924 in Berlin als Dramaturg am Theater tätig
- 1933 Emigration nach Dänemark, über Finnland, Moskau 1941 in die USA
- 1949 gründet er in Ost-Berlin das Berliner Ensemble
- 14.8.1956 in Ost-Berlin gestorben

Die Phasen des Exils

Klaus Mann formuliert das Selbstverständnis der Exilautoren

Klaus Mann (1906–1949) (➛ S. 156), der älteste Sohn Thomas Manns, ist einer der ersten, der 1933 ins Exil geht und sich sofort in den Kampf gegen die Diktatur stürzt. Er wird zur zentralen Figur der antifaschistischen Publizistik, vor allem als Herausgeber der Zeitschrift ‚Die Sammlung' in Holland. Als er 1949 das Selbstverständnis der Exilautoren umreißt, ist das Dritte Reich zusammengebrochen, die Emigration beendet, sind viele Illusionen zerstört – einen Monat nach Abschluss seines „Lebensberichts" begeht der Autor in Cannes Selbstmord.

„Der deutsche Schriftsteller im Exil sah seine Funktion als eine doppelte: Einerseits ging es darum, die Welt vor dem Dritten Reich zu warnen und über den wahren Charakter des Regimes aufzuklären, gleichzeitig aber mit dem „anderen", „besseren" Deutschland, dem illegalen, heimlich opponierenden also, in Kontakt zu bleiben und die Widerstandsbewegung in der Heimat mit literarischem Material zu versehen, andererseits galt es, die Tradition des deutschen Geistes und der deutschen Sprache, eine Tradition, für die es im Lande ihrer Herkunft keinen Platz mehr gab, in der Fremde lebendig zu erhalten und durch den eigenen schöpferischen Beitrag weiterzuentwickeln."

Adressatengruppen der Exilautoren:
- „die Welt"
- die Emigranten
- der illegale Widerstand

Adressaten der Exilliteratur sieht Klaus Mann zunächst in einer außerdeutschen Öffentlichkeit, die er unkonturiert als „die Welt" bezeichnet. Gewarnt werden soll die Bevölkerung der Gastländer – angesichts der außenpolitischen Erfolge der NSDAP und der Sympathie für eine „Politik der festen Hand" in Europa ein problematisches Ziel. Indirekt angesprochen sind auch die Mitemigranten. Dabei geht es vor allem um kulturelle Selbstverständigung und Selbstbestätigung, eine Diskussion im *inner circle* über den Druck von außen und zahlreiche interne Fehden. Eine dritte Gruppe, das „bessere Deutschland", die illegalen Widerstandsgruppen im Dritten Reich, spricht Klaus Mann direkt an. Seine Vorstellung, es gebe in Deutschland eine schweigende Mehrheit, die sich von aktiven Antifaschisten zur Opposition anstacheln ließe, spiegelt das Wunschdenken der Emigranten. Vor allem gelten Arbeiter und ihre Organisationen als Ansprechpartner, von denen erwartet wird, dass sie genug Potenzial besitzen, um das nationalsozialistische System beseitigen zu können.

Fehleinschätzungen:
- „der gute Nazi"
- die verführten Deutschen

Groß sind die Hoffnungen, dass innere Widersprüche im Herrschaftssystem des Nationalsozialismus zu einem Zusammenbruch führen könnten; dass etwa die SA als „sozialistischer Teil" des Nationalsozialismus sich empören würde, könnte sie nur durch ein aufklärerisches Bewusstsein erreicht werden. Die Fehleinschätzung von Majorität und Minorität ist in den Kreisen der Emigranten verbreitet. Die Anhängerschaft der Nationalsozialisten wird reduziert auf eine Masse von Verführten, deren Zustimmung zudem oft nur erzwungen sei.

Erst nach seinem politischen Selbstverständnis formuliert Klaus Mann auch das literarische Selbstverständnis der Exilautoren. Er greift dafür auf so vage Begriffe wie „die große Tradition des deutschen Geistes und der deutschen Sprache“ zurück, um die unterschiedlichsten Genres und Stilrichtungen darunter zusammenzufassen, ohne damit mehr zu sagen, als dass die Exilautoren für sich in Anspruch nehmen, die Traditionslinie der deutschen Literatur zu verkörpern. Implizit heißt das, was in Deutschland noch veröffentlicht wird, kann nicht beanspruchen, Literatur von internationalem Rang zu sein.

Das literarische Selbstverständnis der Exilautoren: Fortführung der literarischen Tradition

Die Gegenüberstellung von Geist und Ungeist lässt die moralisch-politischen Absichten erkennen: **Exilautoren** verstehen sich als Vertreter einer gerechten Sache im Kampf gegen ein unmenschliches System. Das merkt man ihren Texten an: Häufig werden die Gegensätze grell geschminkt, für Differenzierungen bleibt wenig Raum. Das Pathos der „gerechten Sache“ verleitet dazu, Charaktere und Handlungsverläufe schärfer zu akzentuieren, Gut und Böse als eindeutige Pole zu zeichnen. Die Antihelden sind schändlich, die Sympathieträger handeln idealistisch und uneigennützig. Solche eindeutigen Figurenzeichnungen haben einen politisch-pädagogischen Zweck: Sie sollen den Lesern die Augen öffnen und Vorbilder präsentieren. Die deutlich erkennbare Absicht trägt aber die Gefahr in sich, klischeehaft zu wirken und die beanspruchte literarische Qualität dem politischen Ziel zu opfern.

Politische und literarische Ansprüche geraten in Widerspruch

Romane sind die bevorzugte Literaturgattung des Exils. Dafür sprechen mehrere Gründe. Es sind zum einen Marktgesetze: Romane lassen sich relativ unproblematisch übersetzen und können damit international vermarktet werden. Für die Dramen fehlt es dagegen an Aufführungsmöglichkeiten. Bis 1938 stehen den Autoren zwar noch die Theater in Österreich und die deutschsprachigen Bühnen der Tschechoslowakei zur Verfügung. Doch auch diese geraten bald unter Druck faschistischer Gruppen und der deutschen Diplomatie. Selbst die neutrale Schweiz nimmt politische Rücksichten; lediglich das Züricher Schauspielhaus bildet eine Ausnahme. Nach 1933 wird es zu einer der wichtigsten Spielstätten des Exiltheaters. So entstehen zwar zwischen 500 und 700 Dramentexte, etwa 100 Hörspiele und 400 Drehbücher – der Öffentlichkeit bleiben sie aber meist vorenthalten.

Romane als bevorzugte Form der Exilliteratur

Dramatische Texte finden kaum Aufführungsmöglichkeiten

Am schwierigsten ist die Lage für Gedichtbände. Ihr Marktwert tendiert gegen Null. Lyrik bietet die größten Übersetzungsprobleme; Formexperimente lassen sich schwer in fremde Sprachen und Konventionen übertragen. Nur Exilzeitschriften bieten die Möglichkeit, Texte zu veröffentlichen. Daher erscheinen die meisten der im Exil entstandenen Lyrikbände auch erst nach 1945.

„Schlechte Zeit für Lyrik“

Das Bild der Exilliteratur, wie es Klaus Mann programmatisch umrissen hat, wandelt sich mit der Dauer des Exils. Ebenso ändert sich auch das Deutschlandbild mit der größer werdenden Distanz der Autoren. Auch die eigene Lage im Exil erhält einen neuen Stellenwert mit der zwangsläufigen Einsicht, dass eine schnelle Änderung der Verhältnisse in Deutschland nicht zu erreichen ist.

Phasen der Exilliteratur:

1933–1935/36
Hoffnung auf einen raschen Zusammenbruch Nazideutschlands

In einer ersten Phase erwartet ein erheblicher Teil der Emigranten, dass sich der Nationalsozialismus wie ein kurzzeitiger „Betriebsunfall" der Geschichte rasch heilen lässt, dass die fortbestehenden sozialen Probleme und internen Auseinandersetzungen das System in kurzer Zeit zur Aufgabe zwingt. Die meisten Autoren lassen sich daher im nahegelegenen Ausland nieder. Sie glauben, auf gleicher Augenhöhe mit der Regierungsgewalt zu kämpfen und nur für den Augenblick von der Gestaltung der Verhältnisse ausgeschlossen zu sein.

Dokumentarische Texte
(➢ S. 81 f., 132, 136, 166, 171)

Aufklärung und Überzeugungsarbeit stehen an erster Stelle während dieser Phase des Exils. Mitteilungen über die Verhältnisse müssten doch, so meint ein großer Teil der meist linken Intellektuellen, einen Aufschrei der Empörung in Deutschland auslösen. Naziverbrechen werden etwa im Bericht des kommunistischen Reichstagsabgeordneten Hans Beimler dokumentiert ‚Im Mörderlager Dachau' (1933), in der Darstellung des sozialdemokratischen Reichstagsabgeordneten Gerhart Seger über seine Flucht aus dem KZ ‚Oranienburg' (1934) oder der Schilderung des Schauspielers und Regisseurs Wolfgang Langhoff ‚Die Moorsoldaten' (1935). Ihre Texte treffen auf ein großes Interesse. Das zeigt auch die Dokumentation ‚Braunbuch über Reichstagsbrand und Hitlerterror', die Willi Münzenberg 1933 in Paris verlegt. Sie erreicht, in 33 Sprachen übersetzt, eine Auflage von 600 000 Exemplaren.

1935/36–1939
Ernüchterung

Um das Jahr 1935/36 wird deutlich, wie sehr sich die Emigranten über die Stärke des Dritten Reichs getäuscht hatten. Ernüchterung wird spürbar, auch in den Lebensverhältnissen der Autoren. Ihre finanziellen und juristischen Probleme in den Gastländern verschärfen sich, als die Aneignung Österreichs den literarischen Markt schrumpfen lässt. Es lässt sich nicht mehr leugnen, dass sie die Situation falsch beurteilt haben. Je klarer wird, dass mit einem Zusammenbruch des Faschismus nicht zu rechnen ist, desto mehr rückt die Literatur vom offenen Angriff ab.

Historische Romane

Die chaotischen Verhältnisse in der Gegenwart und der ungewisse Ausgang der Entwicklung in Deutschland lassen die Autoren in die Vergangenheit zurückblicken. Sie suchen vergleichbare Situationen, in die sie die Gegenwart zurückprojizieren können. Die Behandlung historischer Stoffe wird so charakteristisch für die zweite Phase der Exilliteratur. Die Romane schildern Unterdrückung, Scharlatanerie oder politische Verführung. Im Zentrum stehen positive Gestalten als Hoffnungsträger wie in Heinrich Manns ‚Henri Quatre' (1935/38) oder in Gustav Reglers Bauernkriegsroman ‚Die Saat' (1938). Mit Hilfe negativer Figuren wie in Walter Mehrings Satire ‚Müller. Chronik einer deutschen Sippe' (1935) oder Feuchtwangers ‚Der falsche Nero' (1936) wird auf den Terror und die wahrscheinliche Katastrophe der Nazidiktatur angespielt.

Exilromane

Ein zweites Genre dieser Zeit ist der **Exilroman**, der die eigene Situation spiegelt. Mit dem fortdauernden Exil sind die Autoren in zunehmendem Maß genötigt, sich mit dem Stoff auseinanderzusetzen, den sie genau kennen. Daher sind diese Texte stark **autobiografisch** geprägt, z. B. in Klaus Manns ‚Der Vulkan. Roman unter Emigranten' (1939) oder Lion Feuchtwangers ‚Exil' (1939).

Als dritte Romanform dieser Jahre entsteht der **Deutschlandroman**, in dem eine kritische Auseinandersetzung mit dem Dritten Reich, den Ursachen seiner Entstehung und Konsolidierung und den Chancen für seine Ablösung gesucht wird. Zu diesem Genre gehören Klaus Manns ‚Mephisto' (1936), Irmgard Keuns ‚Nach Mitternacht' (1937) oder Anna Seghers' ‚Das siebte Kreuz' (1939). Überraschend ist die Variationsbreite, mit der diese Romane ihr gemeinsames Thema – Alltagsleben im Dritten Reich, die sozialpsychologischen Faktoren seiner Entstehung und Konsolidierung, die Chancen der Widerstandskräfte – bearbeiten.

Deutschlandromane

Die Erfolge Deutschlands in den ersten Kriegsjahren haben für die Emigranten Konsequenzen: In den Gastländern gelten sie als Kumpane der Nazis, werden als „Fünfte Kolonne" verdächtigt oder als Kriegstreiber beschuldigt. Sie werden interniert oder müssen mit der Auslieferung an die Gestapo rechnen. Kein Exilant, der nicht seelische Verletzungen davonträgt. Die meisten leiden unter dem Verlust ihres kulturellen Bezugsfeldes; der fehlende Gebrauch der Muttersprache macht sich bemerkbar. Viele Autoren verstummen in Einsamkeit und Verzweiflung, weil ihre schriftstellerische Existenzgrundlage entfallen ist. Manche können dem materiellen und psychischen Druck nicht mehr standhalten und nehmen sich das Leben: Kurt Tucholsky begeht bereits 1935 in Schweden Selbstmord, Ernst Toller erhängt sich 1939 in einem New Yorker Hotelzimmer, Walter Hasenclever, Walter Benjamin, Carl Einstein und Ernst Weiss nehmen sich 1940 nach der Besetzung Frankreichs das Leben, Stefan Zweig und seine Frau 1942 in Brasilien.

Die anfänglichen deutschen Kriegserfolge verschlechtern die Situation der Exilautoren

Mit dem Kriegseintritt der USA wird deutlich, dass die Macht der Nationalsozialisten begrenzt ist. Jetzt sehen auch einige der Autoren wie etwa Klaus Mann ihre Aufgabe darin, aktiv zu werden und ihre Dienste dem Militär anzubieten. Charakteristisch für diese Phase der Exilliteratur sind die Versuche, eine Bilanz der Epoche zu ziehen, sie mit eigenen Lebenserfahrungen zu verbinden, um damit einschätzen zu können, wie sich die weitere Entwicklung nach dem Zusammenbruch der alten Weltordnung gestalten lassen kann. Exemplarisch stehen dafür Stefan Zweigs Erinnerungsbuch ‚Die Welt von gestern' (1942), Heinrich Manns Autobiografie ‚Ein Zeitalter wird besichtigt' (1945) oder der antifaschistische Zeitgeschichtsroman ‚Die Toten bleiben jung' (1949) von Anna Seghers.

Letzte Phase des Exils durch Epochenbilanzen geprägt

Werke

Lion Feuchtwanger: ‚Die Geschwister Oppenheim' (1933)

Der Roman stellt unterschiedliche Möglichkeiten dar, auf die Diktatur zu reagieren. Der individuelle Widerstand Gustav Oppenheims kommt zu spät und bleibt als vereinzelter wirkungslos. Der Selbstmord seines Sohnes wirkt wie ein wenig sinnvolles Märtyrertum. Nur die Opposition macht Sinn, die um ein politisches Ziel mit politischen Mitteln geführt wird.

Möglichkeiten auf die Diktatur zu reagieren

Klaus Mann: ‚Mephisto. Roman einer Karriere' (1936)

Karrieren im Dritten Reich

Der Roman zeigt einen skrupellos auf seine Karriere ausgerichteten Schauspieler, dem alle Mittel recht sind, um sein Ziel zu erreichen. Schließlich wird er zum Schauspieler auf der politischen Bühne. Ohne politisch engagiert zu sein, lässt er sich mit dem NS-Staat ein, wird gefeierter Staatsschauspieler und Intendant in Berlin. Der Autor will damit den Typ eines Mitläufers darstellen, der bereit ist, der Machtentfaltung der Herrscher zu Diensten zu sein, wenn er damit seinen eigenen Erfolg verbinden kann. Gleichzeitig ist ‚Mephisto' ein Schlüsselroman, dessen Figuren die Zeitgenossen sehr leicht entschlüsseln können: gemünzt auf den bekannten Schauspieler und Intendanten Gustav Gründgens, der in den 20er-Jahren für kurze Zeit Klaus Manns Schwager gewesen ist. Gründgens fühlt sich durch diesen Text verleumdet und erreicht auf dem Gerichtsweg, dass ‚Mephisto' in der Bundesrepublik jahrzehntelang nicht erscheinen darf und erst durch die Verfilmung István Szabós 1981 eine unerwartete Renaissance erlebt.

Anna Seghers: ‚Das siebte Kreuz' (ab 1937)

Alltag der „Kleinen Leute"

Seghers setzt einen ganz anderen Schwerpunkt. Sie stellt den Alltag der „Kleinen Leute" in den Mittelpunkt des Geschehens und zeigt, wie sich ihr Leben im Nationalsozialismus ändert. Äußerlich haben sie sich zwar angepasst und funktionieren nach den Vorgaben des Systems. Einige besitzen jedoch eine verborgene innere Kraft zum Widerstand, die unter bestimmten Voraussetzungen aktiviert werden kann. Die Flucht Georg Heislers, eines jungen Kommunisten aus dem Konzentrationslager Westhofen, wird zu einem solchen Impuls, der den „eisernen Bestand" an Menschlichkeit freisetzt und Menschen wieder zusammenführt, die unter dem Druck des Faschismus vereinzelt werden.

Alle Querverweise im Überblick:

Anna Seghers: S. 147 ➢ 156
Lion Feuchtwanger: S. 147 ➢ 154 ff.
Verfremdungseffekt: S. 148 ➢ 136, 172, 175
Klaus Mann: S. 152 ➢ 156
Dokumentarische Texte: S. 154 ➢ 81 f., 132, 136, 166, 171

Zusammenfassung:

Exilliteratur / Literatur im Dritten Reich

Die **Bücherverbrennungen der Nationalsozialisten** sind als öffentlichkeitswirksame Ereignisse geplant. Sie sollen für alle deutlich machen: Auch die Kultur der Weimarer Republik gilt nicht mehr. Sie muss vernichtet und durch neue, mit der nationalen Idee des neuen Staates übereinstimmende Werke ersetzt werden.

Das Bild der Literatur, die zwischen 1933 und 1945 im Dritten Reich geschrieben wird, ist mehrfach gebrochen: Es gibt die **staatskonformen Autoren**, die sich den Machthabern andienen. Andere Schriftsteller versuchen, auf Nebengeleise auszuweichen, indem sie – wie etwa Erich Kästner – Unterhaltungsliteratur oder Drehbücher schreiben. Autoren der **„Inneren Emigration“** versuchen, Distanz zur Politik des Dritten Reiches zu wahren und trotzdem weiterhin in Deutschland zu publizieren. Sie lassen zwischen den Zeilen erkennen, was sie eigentlich schreiben wollen – nehmen dafür aber in Kauf, missverstanden zu werden. Es ist häufig schwer zu beurteilen, ob ihre Werke als Form des Widerstands zu werten sind. **Klaus Mann** spielt eine zentrale Rolle unter den **deutschen Exilautoren**. In seinen Werken macht er deutlich, welche Bedeutung und welche Funktion die **Exilliteratur** besitzt: Sie steht **in der Tradition des deutschen Geisteslebens**, sie **repräsentiert das bessere Deutschland** und sie **klärt die Welt über die wahre Gefahr des Dritten Reiches auf**. Exilautoren leben in bedrängten Verhältnissen. Ihre Ansprüche sind dennoch hoch gesteckt: Sie sehen sich als Vertreter des „besseren Deutschland“ – im literarischen Rang wie in der moralischen Haltung ihrer Werke.

Die **Exilliteratur der ersten Phase (1933 – 1935/36)** ist durch die Hoffnung geprägt, der Nationalsozialismus könne schnell überwunden werden, wenn es nur gelingt, die deutsche Bevölkerung zu überzeugen und das Ausland zu warnen.

In der **zweiten Phase (1936 – 1939)** wird deutlich, dass die Autoren Illusionen aufgesessen sind. In ihren Werken geht es jetzt darum, kritisch aufzuarbeiten, worauf der Erfolg der Nationalsozialisten gründet und welche Perspektiven sich für eine antifaschistische Arbeit ergeben.

Ist die **letzte Phase (1939 – 1945)** der Exilliteratur zunächst durch Enttäuschung und Verzweiflung geprägt, zeigt sich mit dem Kriegseintritt der USA eine neue Perspektive: Das Dritte Reich geht seinem Untergang entgegen.

Ingeborg Bachmann (1926–1973)
Der schwermütige Unterton und die ungewöhnliche Sprache und Bilderkraft ihrer Gedichte zieht die Zuhörer in den Bann.

1953 Die gestundete Zeit
➤ **s. S. 162**

Wolfgang Koeppen (1906–1996)
Er gestaltet in seinen Romanen die Adenauer'sche Restaurationszeit.

1951 Tauben im Gras
➤ **s. S. 166**

1953 Treibhaus

1954 Der Tod in Rom

Wolfgang Borchert (1921–1947)
Sein Heimkehrer-Drama handelt von der Rückkehr eines jungen Soldaten aus dem Krieg.

1947 Draußen vor der Tür
➤ **s. S. 160**

Trümmerliteratur / Kahlschlag 1945–1950

Anknüpfen an die Moderne 1950–1959

Uwe Johnson (1934–1984)
Er zieht 1959 nach Westdeutschland um, da er in der DDR keine Veröffentlichungschancen besitzt. Er hat zu sehr mit allen Tabus der DDR gebrochen.

1959 Mutmaßungen über Jakob
➤ **s. S. 165**

Gruppe 47
V.l.n.r.: Martin Walser, Ingeborg Bachmann, Heinrich Böll

NACHKRIEGSLITERATUR: 1945 – 1969

Max Frisch (1911 – 1991)
Frisch ist skeptisch, was die verändernde Kraft von Literatur betrifft. Sie sei allenfalls imstande, die Verhältnisse in Frage zu stellen und Alternativen anzudeuten.

1954 Stiller

1957 Homo Faber
➛ **s. S. 181**

1961 Andorra
➛ **s. S. 171**

Friedrich Dürrenmatt (1921 – 1990)
Er schildert eine Welt, in der die Gegensätze bis zur Absurdität angewachsen sind und die Verantwortung des Einzelnen sich in einer überbordenden Bürokratie verliert.

1956 Der Besuch der alten Dame
➛ **s. S. 181**

1962 Die Physiker
➛ **s. S. 175**

Peter Weiss (1916 – 1982)
Aussagen vom Frankfurter Auschwitz-Prozess werden als Quellenmaterial für das Dokumentartheater benutzt.

1965 Die Ermittlung
➛ **s. S. 171**

Protest!
1960 – 1969

Günter Grass (*1927)
Grass setzt sich über die Tabus der 50er- und 60er-Jahre hinweg. Er gestaltet eine Welt, die durch kleinbürgerlichen, katholischen Mief und bornierte Machthaber geprägt ist.

1959 Die Blechtrommel
➛ **s. S. 166, 181**

1963 Hundejahre
➛ **s. S. 167**

Christa Wolf (*1929)
Sie setzt sich mit den Problemen der sozialistischen Arbeitswelt auseinander. Weil sie die Konflikte benennt, die sich aus dem geteilten Deutschland für die betroffenen Menschen ergeben, löst sie eine heftige Kontroverse aus.

1963 Der geteilte Himmel
➛ **s. S. 178**

Erich Fried (1921 – 1988)
In der Verkürzung und Zuspitzung seiner Gedichte zu Epigrammen will er die Leser zur Stellungnahme zwingen.

1966 und vietnam und
➛ **s. S. 169**

Rudi Dutschke bei einem Protestmarsch

Nachkriegsliteratur: 1945 – 1969

In diesem Kapitel erfahren Sie:

- Die Literatur der ersten beiden Jahrzehnte nach dem Zweiten Weltkrieg wird Nachkriegsliteratur genannt. Sie kann in drei Phasen unterteilt werden:
- Trümmerliteratur: Sie bezeichnet die Literatur einer jungen Autorengeneration, die 1945 einen neuen Anfang sucht. Ihre Themen sind die Rückkehr aus dem Krieg und die Trümmer, in denen Deutschland liegt.
- Anknüpfen an die Moderne: Die Literatur der 50er-Jahre sucht Anschluss an die internationale Moderne. Sie setzt sich kritisch mit der gesellschaftlichen Restauration der Adenauerzeit auseinander.
- Protest!: In den 60er-Jahren findet eine Politisierung der Literatur statt. Vor allem die Studentenbewegung fordert auch in der Literatur Engagement gegen Militarisierung und Unterdrückung, v. a. gegen den Vietnamkrieg.

Trümmerliteratur / „Kahlschlag“: Literatur nach 1945

Wolfgang Borchert: ‚Draußen vor der Tür‘ (1947)

Literatur in Westdeutschland nach 1945: „Kahlschlag“

Für die jungen Autoren bedeutet die Zeit des Nationalsozialismus eine Zäsur: Traditionslinien sind verschüttet, der Kontakt zu den Trends im Ausland abgebrochen, die wichtigsten deutschen Künstler vertrieben. Was bleibt, ist Orientierungslosigkeit. Die traditionellen Texte der älteren Autoren sagen den jungen deutschen Autoren nichts mehr, die der Emigranten sind ihnen fern. Notwendig sei daher jetzt ein literarischer „Kahlschlag“, so Wolfgang Weyrauch in seiner 1949 erschienenen Anthologie ‚Tausend Gramm‘. Gebraucht werden eine neue Sprache, die sich von den pathetischen Floskeln des Nationalsozialismus löst, und Themen, die mit den eigenen Erfahrungen aus Kriegs- und Nachkriegszeit zu tun haben. Wolfgang Borchert (1921 – 1947) stellt dazu fest:

„Wir brauchen keine Dichter mit guter Grammatik. Zu guter Grammatik fehlt uns Geduld. Wir brauchen die mit dem heißen heiser geschluchzten Gefühl. Die zu Baum Baum und zu Weib Weib sagen und ja sagen und nein sagen: laut und deutlich und dreifach und ohne Konjunktiv. (...) Denn unser Schlaf ist voll Schlacht. Unsere Nacht ist im Traumtod voller Gefechtslärm. (...) Und unser Morgen ist voller Alleinsein.“

Borchert artikuliert eigene Erfahrungen

Er schreibt 1946 ein Theaterstück, das eigene Erfahrungen artikuliert. Sein Heimkehrer-Drama ‚Draußen vor der Tür‘ handelt von der Rückkehr eines jungen Soldaten aus dem Krieg. Auch der Autor ist mit 20 Jahren eingezogen worden. Wegen kritischer Äußerungen gegen die Nazis mehrfach eingesperrt, zum Tode verurteilt und „zur Bewährung an die Front“ begnadigt, kehrt er als schwerkranker Mann nach Hamburg zurück. Er erlebt das Kriegsende in einem Hamburger Krankenhaus; 1946 wird er als unheilbar entlassen. Sein Stück entsteht innerhalb einer Woche auf dem Krankenbett. Im Untertitel nennt er es „Ein Stück, das kein Theater spielen und kein Publikum sehen will“. Ein Irrtum, wie sich rasch zeigt: Borchert trifft den Nerv seines Publikums. Den anhaltenden Bühnenerfolg des Dramas erlebt er jedoch nicht mehr. Der Autor stirbt einen Tag vor der Erstaufführung an den Hamburger Kammerspielen.

Wolfgang Borchert: ‚Draußen vor der Tür‘
Ein Stück, das kein Theater spielen und kein Publikum sehen will.

Ein Mann kommt nach Deutschland.
Er war lange weg, der Mann. Sehr lange. Vielleicht zu lange. Und er kommt ganz anders wieder, als er wegging. Äußerlich ist er ein naher Verwandter jener Gebilde, die auf den Feldern stehen, um die Vögel (und abends manchmal auch die Menschen) zu erschrecken. Innerlich – auch. Er hat tausend Tage draußen in der Kälte gewartet. Und als Eintrittsgeld mußte er mit seiner Kniescheibe bezahlen. Und nachdem er nun tausend Nächte draußen in der Kälte gewartet hat, kommt er endlich doch noch nach Hause.
Ein Mann kommt nach Deutschland.
Und da erlebt er einen ganz tollen Film. Er muß sich während der Vorstellung mehrmals in den Arm kneifen, denn er weiß nicht, ob er wacht oder träumt. Aber dann sieht er, daß es rechts und links neben ihm noch mehr Leute gibt, die alle dasselbe erleben. Und er denkt, daß es dann doch wohl die Wahrheit sein muß. Ja, und als er dann am Schluß mit leerem Magen und kalten Füßen wieder auf der Straße steht, merkt er, daß es eigentlich nur ein ganz alltäglicher Film war, ein ganz alltäglicher Film. Von einem Mann, der nach Deutschland kommt, einer von denen. Einer von denen, die nach Hause kommen und die dann doch nicht nach Hause kommen, weil für sie kein Zuhause mehr da ist. Und ihr Zuhause ist dann draußen vor der Tür. Ihr Deutschland ist draußen, nachts im Regen, auf der Straße.
Das ist ihr Deutschland.

Das Schicksal der Kriegsheimkehrer

Borcherts Drama fasst die Erfahrungen der meisten Soldaten in Worte, die aus einem Krieg zurückkommen, der sie innerlich und äußerlich zerstört hat. Mit Entsetzen stellen sie fest, dass sie nicht erwartet und für ihre Entbehrungen belohnt werden, sondern überflüssig geworden sind und stören. Sie fordern Rechenschaft von jenen, die sie in den Krieg jagten und zum Krüppel machten. Dass Borcherts Drama zu einem Welterfolg wird, ist vorhersehbar; das Schicksal der Kriegsheimkehrer ist über jeden aktuellen Anlass hinaus identisch. Es trifft für alle Soldaten zu.

„Neubeginn“: Literatur der 50er-Jahre

Ingeborg Bachmann: ‚Früher Mittag‘ (1953)

Ingeborg Bachmann
‚Die Gestundete Zeit‘

1952 wird **Ingeborg Bachmann** (1926–1973) von der „Gruppe 47“ eingeladen, ihre Gedichte vorzutragen. Ein Jahr später erhält sie für ihren Gedichtband **‚Die gestundete Zeit‘** den Preis der Autoren. Mit einer ungewöhnlichen Sprach- und Bilderkraft, dem schwermütigen Unterton ihrer Gedichte zieht sie die Zuhörer in den Bann. Ein neuer Tonfall wird in Bachmanns Texten erkennbar, der sich vom puren Realismus der frühen Nachkriegszeit abwendet. Auch sie lassen aber die Verweigerung erkennen, sich der Wirtschaftswunderwelt anzupassen. Noch immer sind in ihren Gedichten die Verstörungen durch den Zweiten Weltkrieg spürbar.

Ingeborg Bachmann: ‚Früher Mittag‘

Still grünt die Linde im eröffneten Sommer,
weit aus den Städten gerückt, flirrt
der mattglänzende Tagmond. Schon ist Mittag,
schon regt sich im Brunnen der Strahl,
schon hebt sich unter den Scherben
des Märchenvogels geschundener Flügel,
und die vom Steinwurf entstellte Hand
sinkt ins erwachende Korn.

Wo Deutschlands Himmel die Erde schwärzt,
sucht sein enthaupteter Engel ein Grab für den Haß
und reicht dir die Schüssel des Herzens.

Eine Handvoll Schmerz verliert sich über den Hügel.

Sieben Jahre später
fällt es dir wieder ein,
am Brunnen vor dem Tore,
blick nicht zu tief hinein,
die Augen gehen dir über.

Sieben Jahre später,
in einem Totenhaus,
trinken die Henker von gestern
den goldenen Becher aus.
Die Augen täten dir sinken.

Schon ist Mittag, in der Asche
krümmt sich das Eisen, auf den Dorn
ist die Fahne gehißt, und auf den Felsen
uralten Traums bleibt fortan
der Adler geschmiedet.

Nur die Hoffnung kauert erblindet im Licht.

Lös ihr die Fessel, führ sie
die Halde herab, leg ihr
die Hand auf das Aug, daß sie
kein Schatten versengt!

Wo Deutschlands Erde den Himmel schwärzt,
sucht die Wolke nach Worten und füllt den Krater mit Schweigen, eh sie der
Sommer im schütteren Regen vernimmt.

Das Unsägliche geht, leise gesagt, übers Land:
schon ist Mittag.

Gesellschaftskritik und sprachliche Schönheit fließen zusammen

Die Menschen sind hier so gefährdet wie die Natur. Das Gedicht lässt eine Bilderwelt entstehen, in der die Katastrophe der Vergangenheit eng auf die politische und gesellschaftliche Wirklichkeit der Gegenwart bezogen ist. Ingeborg Bachmanns Verse spielen mit traditionellen literarischen Themen. Sie zitieren Märchenmotive, das von Schubert vertonte Volkslied ‚Am Brunnen vor dem Tore‘ und Goethes ‚Es war ein König in Thule‘, um die historische Situation im Nachkriegsdeutschland festzuhalten und die gefährdete Position des Dichters in ihr zu bestimmen. Die Autorin setzt ein konkretes historisches Datum („Sieben Jahre später“), um den wahren Kern eines vorgeblichen Idylls zu entlarven. Sie stellt auch den Zusammenhang zwischen dem Zerbrechen der lyrischen Form und der historischen Katastrophe her („Wo Deutschlands Himmel die Erde schwärzt, / sucht sein enthaupteter Engel ein Grab für den Haß“). Noch hält sie allerdings an der Hoffnung fest, dass auch „das Unsägliche“ noch „leise“ gesagt werden könne.

Zeitlicher Rahmen

Chaotische Nachkriegsjahre; Kapitulation wird von vielen als Niederlage, nicht als Befreiung empfunden

Welche Situation wartet auf die Exilanten, die nach der Kapitulation nach Deutschland zurückkehren? Für die wenigsten Deutschen stellt sich das Ende des Nationalsozialismus als die lang ersehnte Befreiung von einer brutalen Diktatur dar. Die meisten, Mitläufer wie Opportunisten oder Gleichgültige, nehmen apathisch hin, was mit ihnen geschieht – sie haben Mühe zu verstehen, wie die „Volksgemeinschaft“ zerfällt, die Verheißungen eines „Tausendjährigen Reiches“ in Besatzung, Teilung, Ohnmacht und Entbehrung enden.

Wirtschaftswunder in den 50er-Jahren und die „Unfähigkeit zu trauern"

Die 50er-Jahre erscheinen dagegen einem großen Teil der Bevölkerung als die „goldenen" Jahre des Wirtschaftswunders. Der Lebensstandard steigt für alle. Die Ausrichtung aller Energien auf den ökonomischen Wiederaufbau führt jedoch zu einem Arbeits- und Leistungsfanatismus, der jedes Nachdenken über die Vergangenheit verdrängt. Im Zeichen des Wirtschaftswunders wird die „Unfähigkeit zu trauern" – so der Titel einer Publikation von Alexander und Margarete Mitscherlich – Teil des deutschen Psychogramms. Der Wiederaufbau kostet Kraft und lässt die Aufbaugeneration jedes Bewusstsein von Schuld abstreifen. Die Deutschen lehnen es in ihrer großen Mehrheit ab, sich an die nationalsozialistische Vergangenheit erinnern zu lassen. Unbequemen Fragen setzt man sich ungern aus.

Der Aufbau des Sozialismus in Ostdeutschland und hohe Flüchtlingszahlen in den Westen

Auch in der sowjetischen Besatzungszone werden in diesen Jahren Fakten geschaffen. Die SED wird neue Einheitspartei und von den Kommunisten dominiert. Walter Ulbricht leitet unter enormem Druck den „Aufbau des Sozialismus" ein, der in die völlige Abhängigkeit von der Politik der Sowjetunion führt. Die DDR wird zu einem wichtigen Eckstein der sowjetischen Politik – durch die Grenze zum Westen aber auch ein höchst verletzlicher Partner. Insbesondere Berlin bildet eine offene Flanke, die durch den Mauerbau am 13. August 1961 geschlossen wird.

Die Literatur der 50er-Jahre

Dichter der Inneren Emigration melden ihre Ansprüche an

In der deutschen Nachkriegsdiskussion dominieren Schriftsteller, die bereits vor und während des Dritten Reichs publiziert haben. Die Rückkehr von Emigranten ist kaum erwünscht. Autoren der Inneren Emigration wie Werner Bergengruen, Georg Britting oder Hans Carossa sind repräsentativ für die 40er- und 50er-Jahre. Sie sind in den Lehrplänen der Schulen vertreten, gehören zu den meistgelesenen Autoren und erreichen mit ihren Werken hohe Auflagenzahlen. Sie knüpfen an ästhetische Traditionen der Zeit vor 1933 an, um dem raschen Wechsel der Zeit die vermeintliche Dauerhaftigkeit einer überzeitlich verstandenen Literatur entgegenzuhalten. Rudolf Hagelstange findet dafür das Bild des in seiner geistigen Freiheit vereinsamten Autors, der einer dumpfen Masse gegenübersteht. In der Lyriksammlung ‚Venezianisches Credo', die ab 1946 eine Auflage von über 50 000 Exemplaren erreicht, heißt es: „Der Marktplatz war Euer Platz, das Glück die Menge / Die Freiheit aber darbte in der Enge."

SBZ/DDR bemüht sich um emigrierte Künstler

Anders gestaltet sich die Situation für deutsche Emigranten in der sowjetisch besetzten Zone. Die Russen bemühen sich um die emigrierten Künstler, bieten ihnen materielle und ideelle Hilfe an und fordern sie auf, sich an der Kulturpolitik des neuen Staates zu beteiligen. Diese Politik zieht all diejenigen an, die dem Sozialismus näherstehen als dem Kapitalismus. Heinrich Mann etwa ist bereit, beim Aufbau des ersten sozialistischen Staates auf deutschem Boden mitzuarbeiten. Er stirbt im Exil, bevor er die Reise antreten kann. Bertolt Brecht und Anna Seghers werden später zu den Grundpfeilern der DDR-Literatur.

Kampf gegen den „Formalismus", für den „sozialistischen Realismus"

Die DDR wird in den Nachkriegsjahren von vielen Intellektuellen begrüßt, weil sie sich nachdrücklich zum Antifaschismus bekennt. Schnell zeigt sich aber, dass der Staat Wohlverhalten und Anpassung verlangt. Im März 1951 bestimmt das Zentralkomitee der SED, Literatur und Kultur müssten von „Formalismus" freigehalten werden. Gemeint ist damit jedes Werk, das nach einem modernen künstlerischen Ausdruck sucht. Bedeutende Autoren der modernen Weltliteratur – Franz Kafka, James Joyce, Marcel Proust – werden damit ebenso abgelehnt wie die Werke von Pablo Picasso oder Ernst Barlach. Eine Ausstellung mit Werken des Bildhauers – der bereits unter den Nazis mit Berufsverbot belegt war, muss 1952 in Dresden vorzeitig abgebrochen werden. Auf der zweiten SED-Parteikonferenz im Juli 1952 gibt es dann klare Vorgaben, wie denn die Kunst der DDR gestaltet zu sein habe: Gefragt ist der „neue Mensch", der Aktivist, der Held des sozialistischen Aufbaus.

Der „Bitterfelder Weg"

1959 verkündet Walter Ulbricht in einer Rede im Elektrochemischen Kombinat Bitterfeld den „Bitterfelder Weg" (→ S. 178) als Leitlinie: Es gilt, das politische Bewusstsein der Bürger zu schärfen, indem Schriftsteller die Betriebe als literarisches Terrain entdecken, Arbeiter selbst zur Feder greifen und aus ihrem Alltag berichten. Wer sich dieser Zielsetzung entzieht, findet sich in der Opposition wieder, muss sich entweder auf Repressalien oder die Flucht in die Bundesrepublik einlassen.

Uwe Johnson ‚Mutmaßungen über Jakob' – ein vollendeter Tabubruch in Inhalt und Form

Uwe Johnson (1934–1984) entzieht sich dem Druck der staatlichen Literaturpolitik, indem er 1959 nach Westdeutschland umzieht. Im gleichen Jahr erscheint sein Roman **‚Mutmaßungen über Jakob'**. Johnson weiß, dass er mit diesem Manuskript keine Veröffentlichungschancen besitzt. Er hat zu sehr mit allen Tabus der DDR gebrochen: Der Roman schildert die Geschichte des 35-jährigen Jakob Abs, der bei der Deutschen Reichsbahn in Dresden beschäftigt ist. Er kommt zu Tode, als er quer über die Gleise geht – ein seltsames Ende für jemanden, der das Leben auf dem Bahnhof so gewöhnt ist wie er. In diese Handlung sind die Geschehnisse des Ungarnaufstands 1956 eingebunden, die zeitgleich mit den letzten Lebenswochen Jakobs geschildert werden. Dazu kommt ein Fall von „Republikflucht", Jakobs Mutter ist in den Westen gegangen. Überschattet wird die Geschichte um Jakobs Tod durch Aktionen der Staatssicherheit, die ihn eingehend überwacht, verhört und – möglicherweise – für seinen Tod verantwortlich ist.

Die Gruppe 47

Gruppe 47 als Geburtsstunde der Literatur der Bundesrepublik

Als eigentliche Geburtsstunde der Literatur der Bundesrepublik könnte der 6. September 1947 gelten. Auf Einladung von Hans Werner Richter trifft sich eine kleine Gruppe von Autoren, um eine neue Zeitschrift ‚Der Skorpion' zu gründen. Im April 1947 hatte die amerikanische Militärregierung Richter als Herausgeber der kultur-politischen Zeitschrift ‚Der Ruf' entlassen, weil der sich zu wenig an die Vorgaben der Besatzungsmacht gehalten habe, sein Blatt zu „nihilistisch" gewesen sei. Das Treffen der Autoren wird zum Gründungstag der „Gruppe 47". Fast alle Autoren, die in den 50er- und 60er-Jahren zu Rang und Namen gelangen, kommen aus ihrem Umkreis: Heinrich Böll, Günter Grass S. 169, Martin Walser, Günter Eich, Walter Jens oder Hans Magnus Enzensberger. Das literarische Leben der Nachkriegszeit wird so durch die „Gruppe 47" entscheidend gestaltet. Die Texte, die hier gelesen werden, bestimmen den Maßstab, an dem sich moderne deutsche Literatur messen lassen muss. Es geht um engagierte, gesellschaftskritische Literatur, die auf jedes Pathos verzichtet und auf eine realistische, nüchterne Sprache setzt, um Sprachcollagen und dokumentarisches Theater (➛ S. 81 f., 132, 136, 154, 171).

Wolfgang Koeppen ‚Tauben im Gras'

Wolfgang Koeppen (1906–1996) gestaltet in drei Romanen – ‚Tauben im Gras' 1951, ‚Treibhaus' 1953 und ‚Der Tod in Rom' 1954 – die Adenauer'sche Restaurationszeit, das Leben der Spießer und der Funktionäre. Die deutsche Wirklichkeit wird in einer Montagetechnik (➛ S. 83, 116, 130, 171) vorgestellt, die auf die Tradition von Alfred Döblin und James Joyce zurückgreift. Dieser assoziative Stil wird am überzeugendsten in Koeppens erstem Roman **‚Tauben im Gras'** eingesetzt. Er lässt wie auf einem Spielplan alle Figuren an einem Ort und einem einzigen Tag im zerbombten München des Jahres 1949 auftreten. Knappe Szenen mit einer Vielzahl einzelner Eindrücke, Erlebnisse und Schicksale im ununterbrochenen Bewusstseinsstrom verschiedener Personen lassen einen Großstadtroman (➛ S. 130 ff., 180) entstehen, der die Simultaneität des Lebens in seinen verschlungenen Abläufen aufgreift.

‚Die Blechtrommel': Ein neuer grotesker Erzählstil fordert die Gegnerschaft des bürgerlich-konservativen Lagers heraus

Auch **Günter Grass** (*1927) wird zu den Tagungen der Gruppe 47 eingeladen. 1958 liest er zwei Kapitel aus seinem fast vollendeten Roman **‚Die Blechtrommel'** und erhält den Preis der Autoren. Der erste Satz des Romans zeigt bereits den verqueren, übermütig-radikalen Gestus des Romans. Der Gnom Oskar Matzerath, das Erzähler-Ich, besitzt mit seinen 30 Jahren in der Anstalt eine herausgehobene, sogar überlegene Position. Schon bei Geburt im Vollbesitz des Verstandes, passt er nicht in die Strukturen der kleinbürgerlichen Welt. Er wehrt sich von Anfang an dagegen und beschließt mit drei Jahren, nicht mehr zu wachsen. Seine Perspektive bestimmt das Romangeschehen, das die erste Hälfte des 20. Jahrhunderts umfasst.

Der Roman wird sofort nach seinem Erscheinen zum Skandal. Über die Tabus der 50er- und 60er-Jahre setzt Grass sich skrupellos hinweg. Er gestaltet eine Welt, die durch kleinbürgerlichen, katholischen Mief und verklemmte Erotik, drastische Ekelgefühle und bornierte Machthaber geprägt ist. Das verzeiht man ihm nicht, er wird als Nihilist kritisiert und wegen seiner angeblichen Neigung zu Pornografie und Gotteslästerung vor Gericht gezogen.

Protest! Literatur der 60er-Jahre

Günter Grass: ‚Hundejahre' (1963)

„Mir sind Politik und Literatur nie einander ausschließende Gegensätze gewesen. Die Sprache, in der ich schreibe, ist krank an Politik; das Land, in dem ich schreibe, trägt schwer an den Folgen seiner Politik; die Leser meiner Bücher sind wie ich, der Autor, gezeichnet von Politik. (...) Um der politischen Verfallenheit der Literatur Nachdruck zu geben, hat man die Schriftsteller und haben sich die Schriftsteller ermuntert, engagiert zu sein."

Günter Grass:
‚Literatur und Politik'

Konsequente und kritische Auseinandersetzung mit den gesellschaftlichen Verhältnissen fordert **Günter Grass** in seinem Essay ‚Literatur und Politik'. Diese engagierte Literatur wird in unterschiedlichen Spielarten zum zentralen Thema der Autoren in den 60er-Jahren. Grass zeigt in seinen Werken und in seiner Biografie, wie Schriftsteller in die politische Praxis eingreifen. Er ergänzt seinen ersten Roman ‚Die Blechtrommel' mit der Novelle ‚Katz und Maus' (1961) und dem Roman ‚Hundejahre' (1963) zur ‚Danziger Trilogie'. Damit arbeitet er die Schuld der Bürger im Dritten Reich und in der Bonner Republik auf. Seine Figuren – Oskar Matzerath, Tulla Pokriefke, der große Mahlke, Pilenz, Eddi Amsel, Walter Matern – gehören alle der gleichen kleinbürgerlichen Schicht an und beobachten das Geschehen aus ihrer eigenwillig-bösartigen, grotesken Warte.

Danziger Trilogie:
- Die Blechtrommel
- Katz und Maus
- Hundejahre

Günter Grass: ‚Hundejahre'

Matern, der sich mit der kleinen, nun schon achtjährigen Walli Sawatzki an der Hand die Beine vertritt, hört auf dem Düsseldorfer Weihnachtsmarkt in der Bolkerstraße zum erstenmal von den „Wunderbrillen". (...) Der Verkäufer, gewiß ein Saisonarbeiter, ruft nicht, er flüstert: „Wunderbrillen zum Aufsetzen, Wunderbrillen zum Durchgucken." Aber dieser Name, so märchenhaft er anklingen mag, ist mehr für die Erwachsenen, die das Portemonnaie haben, bestimmt; denn unter der heranwachsenden Jugend hat es sich schon herumgesprochen, was es mit dem Wunder auf sich hat: Dreizehnjährige Jungens und sechzehnjährige Backfische nennen die Brillen zumeist „Erkennungsbrillen"; Primaner und Automechaniker, die gerade ausgelernt haben, auch Studenten im ersten Semester sprechen von „Erkenntnisbrillen". (...)
Alle Befragten weichen aus, doch soweit kann man sicher gehen: Das unbewaffnete Auge eines Jugendlichen sieht seinen Vater anders als ein jugendliches, hinter der Wunderbrille in Anschlag liegendes Auge. Ferner wird bestätigt: Die Wunderbrille zeigt jugendlichen Brillenträgern die Vergangenheit der Eltern in wechselnden Bildern, oft genug und bei einiger Geduld in chronologischer Folge. Episoden, die

aus diesen oder jenen Gründen den heranwachsenden Kindern verschwiegen wurden, werden greifbar deutlich. Auch in diese Richtung bemühten sich Befragungen der Firma Brauxel & Co. sowie der Schulbehörden ziemlich vergeblich. Immerhin – und erstaunlicherweise – kann man vermuten, daß nicht erschreckend viele erotische Geheimnisse gelüftet werden – es bleibt bei den üblichen Seitensprüngen –, vielmehr wiederholen sich im doppelten Rund der Vatererkennungsbrillen Gewalttaten, verübt geduldet veranlaßt vor elf zwölf dreizehn Jahren: Mord, oft hundertfacher. Beihilfe zum. Zigarettenrauchen und Zusehen, während. Bewährte dekorierte umjubelte Mörder. Mordmotive werden zu Leitmotiven. Mit Mördern an einem Tisch, im gleichen Boot, Bett und Kasino. Trinksprüche, Einsatzbefehle. Aktenvermerke. Stempel anhauchen. Manchmal sind es nur Unterschriften und Papierkörbe. Viele Wege führen zum. Worte und Schweigen können. Jeder Vater hat wenigstens einen zu verbergen. Viele bleiben so gut wie ungeschehen, verschüttet verhängt eingemietet, bis im elften Nachkriegsjahr die Wunderbrillen auf den Markt kommen und Täter zur Schau stellen.
Keine Einzelfälle. Es sei denn, dieser und jener Jugendlicher erklärte sich bereit, seine Erkenntnisse statistisch verwerten zu lassen; aber vorhandenes Material wird von Söhnen und Töchtern geheimgehalten, wie vorher Väter und Mütter diskret blieben bis in die Träume hinein. Scham mag eine hemmende Rolle spielen. Wer seinem Vater äußerlich gleicht, fürchtet Schlüsse über weitere Ähnlichkeiten. Zudem wollen Gymnasiasten und Studenten ihren von den Eltern oft unter Opfern finanzierten Ausbildungsweg nicht stören, indem sie die Eltern zur Rede stellen. Gewiß nicht die Firma Brauxel & Co., aber jemand, der die Wunderbrillen entwickelte, der also Glimmerspiegelchen von Gneisen löste und dem üblichen Glasgemenge Glimmer beimengte, mag ein Endziel der Brillenaktion gesehen und womöglich erhofft haben. Aber es kommt nicht zum Aufstand der Kinder gegen die Eltern. Familiensinn, Selbsterhaltungstrieb, nüchterne Spekulation wie blinde Liebe zu den Bloßgestellten verhindern eine Revolution, die unserem Jahrhundert einige Schlagzeilen geliefert hätte: „Kinderkreuzzüge erleben Neuauflage! – Organisierte Halbwüchsige haben den Flugplatz Köln-Wahn besetzt! – Notstandsgesetze treten in Kraft!"

Die „Wunderbrille" liefert Erkenntnisse über das Verhalten der Elterngeneration im Dritten Reich

Eine „Wunderbrille" erscheint notwendig, um den Mief der 50er-Jahre zu erkennen. Aber nur „jugendlichen Brillenträgern" ist sie zugänglich. Ihnen liefert sie „Erkenntnis" über das Verhalten der Eltern im Dritten Reich. Es sind nicht die privaten Seitensprünge, die das erotische Interesse der Pubertierenden reizen könnten. In den Vordergrund treten die Monster der Vergangenheit. Mit Satzfetzen deutet Grass nur an, was der Glanz der Wirtschaftswunderwarenwelt überdeckt: „Mord, oft hundertfacher. Beihilfe zum. Zigarettenrauchen und Zusehen während." Hinter den biederen Fassaden des Familienlebens wird das Entsetzen deutlich.

Das will im konservativen Bürgertum niemand hören. Widerspruch gegen diesen „Nestbeschmutzer" schwillt noch mehr an, als Grass seine Rolle als bloß moralischer Beobachter der Zeit aufgibt. Im Wahlkampf 1965 zieht er für die SPD auf Wahlreise. 1963 geht Günter Grass noch davon aus, dass die Jugendlichen sich schämen, die Eltern mit ihren Erkenntnissen zu konfrontieren oder dass sie deren Karrieredenken bereits übernommen haben. Wenige Jahre später findet sich jedoch in der APO eine Generation, die gegen die etablierten Verhältnisse protestiert und politisches Engagement einfordert.

Grass als Wahlkämpfer für die SPD

GÜNTER GRASS (*1927)

- 16.10.1927 in Danzig als Sohn eines Architekten geboren
- 1947 Steinmetz- und Bildhauerlehre
- Ab 1953 Studium der Malerei, Grafik, Bildhauerei
- 1955 Mitglied der „Gruppe 47"
- Seit 1956 freier Künstler und Schriftsteller
- 1999 Nobelpreis für Literatur

1967 trifft sich die Gruppe 47 ein letztes Mal. Ihre Tagung wird von Studenten gesprengt, denen die Haltung der Autoren verdächtig geworden ist. Moralische Empörung über Kriegsereignisse und die spießigen Nachkriegszeiten genügt ihnen nicht mehr. Engagement für die SPD erscheint ihnen vor allem in Zeiten der Großen Koalition dubios. Die Dichter sollen die Zustände nicht kritisch beschreiben, sondern verändern.

Letzte Sitzung der Gruppe 47 wird von Studenten gesprengt

Politische Lyrik erlebt eine unerwartete Konjunktur. **Erich Fried** (1921–1988), der als Jude 1938 nach London emigrieren muss und dort auch nach dem Krieg bleibt, wird einer breiteren Öffentlichkeit mit seinen ‚Warngedichten' (1964) bekannt. In der Verkürzung und Zuspitzung seiner Gedichte zu Epigrammen will er die Leser zur Stellungnahme zwingen. 1966 veröffentlicht er einen Gedichtband ‚und vietnam und', der sich mit dem Vietnamkrieg, seinen Folgen und seiner Vorgeschichte beschäftigt.

Erich Frieds Protestgedichte

‚und vietnam und'

Erich Fried: ‚Beim Nachdenken über Vorbilder'

Die uns vorleben wollen	Wenn sie uns vorsterben wollten
wie leicht das Sterben ist	wie leicht wäre das Leben

Fried arbeitet mit einfachen Gegensätzen und doppelten Bedeutungen. Jemandem etwas „vorleben" heißt übertragen, Vorbild sein zu wollen. Im Kontext des Vietnamkriegs bezieht sich das auf die ideologische Rechtfertigung für diesen Krieg. Das Sterben in Vietnam sei wegen höherer politischer Ziele gerechtfertigt, so jedenfalls die Position von Politikern und Militärs. Fried stellt die Absurdität dieser Haltung bloß, indem er „vorleben" mit „Sterben" konfrontiert: Der Tod lässt sich kaum „vorleben". Im zweiten Teil des Gedichts wird seine Gegenposition deutlich. Die Wortneuschöpfung „vorsterben" erscheint widersinnig, leuchtet jedoch unmittelbar ein. Wenn die Vertreter eines „gerechten Krieges" als Erste für ihre Position einstehen würden, wäre die Diskussion darum vermutlich schnell beendet. Fried macht indirekt auch auf die Feigheit der Vertreter dieser Position aufmerksam, die große Ideale im Munde führen, das Sterben dafür aber stets anderen überlassen.

„Die Kunst ist tot"

Andere Autoren stellen den Sinn von Literatur angesichts der politischen Probleme radikal in Frage, sie sei harmlos, überflüssig und gesellschaftspolitisch wirkungslos. „Die Kunst ist tot" schreibt Karl Markus Michel 1968 und bezieht sich damit auf Graffitis im Pariser Mai. Höhnisch rechnet er der Gruppe 47 vor:

„Was Westdeutschland betrifft, so weiß man spätestens seit Ostern dieses Jahres, daß die als Hort aller Unzufriedenheit, als Born der Zersetzung verschrieene Gruppe 47 nicht einmal ein Papiertiger ist, sondern ein Schoßhund. Die Gruppe hat den rebellierenden Studenten weder Stichwörter geliefert noch Beifall gespendet. Sie wurde von ihnen vielmehr jenem Establishment zugeschlagen, in dem sie bisher ihren eigenen Feind gesehen hat."

Neue Themen

Ähnlich fordert auch Hans Magnus Enzensberger 1968 „die politische Alphabetisierung Deutschlands". „Für literarische Kunstwerke läßt sich eine wesentliche gesellschaftliche Funktion in unserer Lage nicht angeben." Er bringt aber auch „bescheidene, ja geradezu dürftige Vorschläge", wie eine Literatur auszusehen habe, die zur Politisierung beitragen könnte: „beispielsweise Günter Wallraffs Reportagen aus deutschen Fabriken".

Die „Gruppe 61"

Neue Themen werden in die Literatur hineingetragen. Seit 1961 gibt es in Dortmund die Gruppe 61, die von gewerkschaftlich orientierten Schriftstellern gegründet wird. Sie wollen über die Lebenswirklichkeit von Arbeitern schreiben, sich kritisch mit der Arbeiterdichtung und ihrer Geschichte auseinandersetzen. Die politisch engagierten Autoren greifen auf dokumentarisches Material (➛ S. 81 f., 132, 136, 154, 166) zurück. Sie wollen dem Leser unbekannte oder verdrängte Tatbestände von gesellschaftspolitischer Brisanz vor Augen führen und so zur politischen Bildung beitragen. Der Originalton, der in Erfahrungsberichten, Interviews, Reportagen zum Ausdruck kommt, wird zum wichtigsten Material der Autoren. So berichten Arbeiter, Angestellte, Hausfrauen in Erika Runges ‚Bottroper Protokollen' (1968) über ihr Leben im Ruhrgebiet.

Dokumentartheater

Dieses künstlerische Programm erhält aber vor allem Bedeutung für das Theater. Den Anfang macht **Rolf Hochhuth** (* 1931) mit seinem Stück ‚Der Stellvertreter' über die Haltung des Vatikans zur Judenermordung im Dritten Reich 1963. Die neue Blüte des Dokumentartheaters setzt sich fort mit Heinar Kipphardts (1922–1982) Stück ‚In Sachen J. Robert Oppenheimer', das den Hochverratsprozess gegen den amerikanischen Physiker und Atomwissenschaftler Oppenheimer (1964) thematisiert. **Peter Weiss** (1916–1982) reklamiert mit der Zitatmontage (➛ S. 83, 116, 130, 166) seiner Stücke eine verloren gegangene politische Funktion für das Theater. Schillers Forderung nach der „Schaubühne als moralischer Anstalt" (➛ S. 36 f.) erhält neue Aktualität, wenn er in seinem Drama ‚Die Ermittlung' den Frankfurter Auschwitz-Prozess aufarbeitet.

Aussagen vom Frankfurter Auschwitz-Prozess als Quellenmaterial

In diesem Stück aus dem Jahr 1965 verwendet Peter Weiss Aussagen, die er als Beobachter beim Frankfurter Auschwitz-Prozess erfahren hat. Er gibt den Inhalt unverändert wieder und legt so den Charakter eines Tribunals mit seiner nüchternen Bestandsaufnahme, der geduldigen Ermittlung von Wahrheit fest. Er bearbeitet die Form der Texte und benutzt das authentische Material als Steinbruch: Er wählt aus, organisiert und fügt die Daten neu zusammen. Aussagen werden aufbereitet und verdichtet. Sie verfremden das realistische Drama und geben ihm einen rituellen Charakter. Damit bleibt der Originalton erhalten, durch die Zuspitzung der Texte wird der Zuschauer aber genötigt, sich der Brutalität des Geschehens zu stellen und selbst Position zu beziehen.

Literatur aus der Schweiz: Max Frisch und Friedrich Dürrenmatt

Max Frisch: ‚Andorra' (1961)

‚Biedermann und die Brandstifter'

Eine eminente Rolle spielen in der Literatur der 50er- und 60er-Jahre die Schweizer Autoren Max Frisch **S. 174** und Friedrich Dürrenmatt **S. 178** .

1957 entsteht das wohl berühmteste Theaterstück von **Max Frisch**, **‚Biedermann und die Brandstifter'**. An einem exemplarischen Fall demonstriert der Autor, wie schnell und widerstandslos gerade wohlmeinende und biedere

Menschen sich von Terroristen überrumpeln lassen. Zu feige, sich zur Wehr zu setzen und zugleich fasziniert von der Geradlinigkeit und Brutalität ihres Verhaltens geben sie jeden Widerstand auf und hoffen wohl auch dabei, selbst verschont zu werden.

Frisch spielt mit Brechts Technik der Verfremdung (➛ S. 136, 148 ff., 175); er nennt sein Stück selbst eine „Musteraufgabe für episches Theater". Er meint damit vor allem die Unterbrechungen des Handlungsablaufs durch Ansprachen an das Publikum und die Einführung eines „Feuerwehr-Chors", der wie in der antiken griechischen Tragödie Stellung bezieht und die Vorgänge auf der Bühne kommentiert – in einer Sprache, die durch das Versmaß bestimmt wird und sich damit von der Alltagssprache der handelnden Personen abhebt.

‚Andorra': ein Modell

1961 wird ‚Andorra. Stück in 12 Bildern' uraufgeführt. In der Vorbemerkung verweist Frisch auf den Modellcharakter des Dramas:

„Das Andorra dieses Stücks hat nichts zu tun mit dem wirklichen Kleinstaat dieses Namens, gemeint ist auch nicht ein andrer wirklicher Kleinstaat; Andorra ist der Name für ein Modell."

Episches Theater

Frisch übernimmt Brechts Verfremdungstechnik, wenn die Personen aus den Handlungsabläufen ausscheren, um sich direkt ans Publikum zu wenden, wenn die Pointe des Geschehens – Andri ist kein Jude, hat aber die Außenseiterrolle, die ihm übergestülpt wurde, selbst übernommen – dem Publikum gleich zu Beginn mitgeteilt wird. Die Personen sind als Typen, nicht als Individuen gestaltet. Frisch folgt darin Brecht, wenn er schreibt:

„Es braucht kein Anti-Illusionismus demonstriert werden, aber der Zuschauer soll daran erinnert bleiben, daß ein Modell gezeigt wird, wie auf dem Theater eigentlich immer."

Skepsis gegenüber Brechts Konzeption

Frisch widerspricht jedoch Brechts Lehrspielkonzept. Seine Stücke stellen Fragen – die Antworten darauf muss jeder Einzelne selbst finden. Frisch ist skeptisch, was die verändernde Kraft von Literatur betrifft. Er sieht ihre Funktion bescheidener: Sie sei allenfalls imstande, die Verhältnisse in Frage zu stellen und Alternativen anzudeuten. Schon ‚Biedermann und die Brandstifter' trägt daher den Untertitel ‚Ein Lehrstück ohne Lehre'. Der Zuschauer soll sich, so Frisch in seinen Anmerkungen zu ‚Andorra', nicht „belehrt (...) fühlen", er soll mit Fragen konfrontiert werden, ohne Antworten für sein eigenes Verhalten mitgeliefert zu bekommen. Zweifel des Autors an der Lernwilligkeit der Menschen zeigen sich in den Zwischenspielen von **‚Andorra'**. Hier treten sieben der Figuren erneut auf die Bühne und äußern sich als „Zeitzeugen" Jahre später über das damalige Geschehen. Die historische Distanz wird für das Publikum durch die geänderten Kostüme erkennbar.

Das Publikum ist lernunfähig

Max Frisch: „Andorra“, Zwischenspiel vor dem 12. Bild

Vordergrund

Der Doktor tritt an die Zeugenschranke.

Doktor Ich möchte mich kurz fassen, obschon vieles zu berichtigen wäre, was heute geredet wird. Nachher ist es immer leicht zu wissen, wie man sich hätte verhalten sollen, abgesehen davon, daß ich, was meine Person betrifft, wirklich nicht weiß, warum ich mich anders hätte verhalten sollen. Was hat unsereiner denn eigentlich getan? Überhaupt nichts. Ich war Amtsarzt, was ich heute noch bin. Was ich damals gesagt haben soll, ich erinnere mich nicht mehr, es ist nun einmal meine Art, ein Andorraner sagt, was er denkt - aber ich will mich kurz fassen ... Ich gebe zu: Wir haben uns damals alle getäuscht, was ich selbstverständlich nur bedauern kann. Wie oft soll ich das noch sagen? Ich bin nicht für Greuel, ich bin es nie gewesen. Ich habe den jungen Mann übrigens nur zwei oder dreimal gesehen. Die Schlägerei, die später stattgefunden haben soll, habe ich nicht gesehen. Trotzdem verurteile ich sie selbstverständlich. Ich kann nur sagen, daß es nicht meine Schuld ist, einmal abgesehen davon, daß sein Benehmen (was man leider nicht verschweigen kann) mehr und mehr (sagen wir es offen) etwas Jüdisches hatte, obschon der junge Mann, mag sein, ein Andorraner war wie unsereiner. Ich bestreite keineswegs, daß wir sozusagen einer gewissen Aktualität erlegen sind. Es war, vergessen wir nicht, eine aufgeregte Zeit. Was meine Person betrifft, habe ich nie an Mißhandlungen teilgenommen oder irgend jemand dazu aufgefordert. Das darf ich wohl vor aller Öffentlichkeit betonen. Eine tragische Geschichte, kein Zweifel. Ich bin nicht schuld, daß es dazu gekommen ist. Ich glaube im Namen aller zu sprechen, wenn ich, um zum Schluß zu kommen, nochmals wiederhole, daß wir den Lauf der Dinge - damals - nur bedauern können.

Verdrängungsrhetorik

Schon in den ersten Sätzen zeigt sich: Nichts haben diese Personen dazugelernt. Sie haben sich in keiner Weise geändert. Stattdessen versuchen sie jetzt ihre eigene Verantwortung für den Mord zu leugnen und mehr oder minder rhetorisch geschickt die Zeitumstände als Erklärung vorzuschieben. Die Parallelen zur Verdrängungsrhetorik der Nachkriegsjahre in Deutschland sind offensichtlich. Frisch demonstriert am Beispiel eines Einzelfalles, wie durch rassistische Vorurteile, Feigheit und Selbstüberschätzung Außenseiter zunächst definiert, dann ausgegrenzt und schließlich mit mörderischer Konsequenz beseitigt werden. Als Quelle für seinen Dramentext greift Frisch auf eine Tagebuchskizze von 1946 zurück. Diese Skizze **‚Der andorranische Jude‘** entsteht, als der Autor während eines Besuches in Süddeutschland die Kriegszerstörungen sieht und zugleich mit den Versuchen der Bevölkerung konfrontiert wird, die nationalsozialistische Vergangenheit zu „bewältigen“.

Frischs zentrales Thema: Suche nach der eigenen Identität kollidiert mit Rollenfestlegung von außen

Die Suche nach einer eigenen Identität, die mit der Rollenfestlegung von außen kollidiert, ist das zentrale Thema in den Werken von Max Frisch. 1954 veröffentlicht er den Roman ‚Stiller‘, 1957 ‚Homo faber‘.

Sein erster Roman beginnt mit dem Satz: „Ich bin nicht Stiller“, um auf den folgenden Seiten nachzuweisen, dass der Erzähler tatsächlich der vermisste Anatol Ludwig Stiller ist, der allerdings nicht derjenige sein will, für den ihn seine Umwelt hält. Als Mr. White sitzt er zu Beginn des Geschehens in einem Schweizer Untersuchungsgefängnis, weil er nicht wahrhaben will, dass sein Pass falsch und er der gesuchte Stiller ist. Mit aller Macht versucht er, aus seiner Identität auszubrechen und andere Rollen anzunehmen, die er für sich besser akzeptieren kann. Er will seine Biografie neu gestalten, weil er sich in jeder Hinsicht als gescheitert erkennt: in seinem Beruf als Bildhauer erfolglos, als Freiwilliger im Spanischen Bürgerkrieg unfähig, militärische Aufgaben zu erfüllen, als Ehepartner und Liebhaber bindungsunfähig. Seine Wunschbiografie setzt sich aus erlebten und zusammengereimten Abenteuergeschichten zusammen.

MAX FRISCH (1911 – 1991)

- 15.5.1911 in Zürich als Sohn eines Architekten geboren
- Studiert Architektur und hat von 1942 bis 1955 ein Architekturbüro in Zürich
- Danach lebt er als freier Schriftsteller
- 1960 zieht er nach Rom, ab 1965 lebt er im Tessin
- 1976 Friedenspreis des Deutschen Buchhandels
- 4.4.1991 in Zürich gestorben

Friedrich Dürrenmatt: ‚Die Physiker' (1962)

Max Frisch analysiert das Problem der menschlichen Individualität in einer Gesellschaft, die immer mehr zu Einförmigkeit tendiert. Dürrenmatt dagegen verfremdet die Wirklichkeit, indem er die Verhältnisse zuspitzt. Er schildert eine Welt, in der die Gegensätze bis zur Absurdität angewachsen sind und die Verantwortung des Einzelnen sich in einer überbordenden Bürokratie verliert.

Dürrenmatt verfremdet die Wirklichkeit durch Zuspitzung der Verhältnisse

Zu den frühesten Texten Dürrenmatts gehören Kriminalromane. Zunächst aus der Notwendigkeit geschrieben, Geld zu verdienen, lassen sie doch bereits das literarische Programm des Autors erkennen. Die Romane **‚Der Richter und sein Henker'** (1950), **‚Der Verdacht'** (1951) und **‚Das Versprechen'** (1957) zeigen, wie elegant Dürrenmatt mit einem vorgegebenen Schema spielt.

Dürrenmatts Kriminalromane: Spiel mit dem Schema

Eine Kriminalgeschichte bildet auch den Hintergrund für das Theaterstück, das Dürrenmatts Weltruhm begründet: ‚Der Besuch der alten Dame' (1956). Wie in den Prosatexten Dürrenmatts ist auch in diesem Drama die Verbindung von Gerechtigkeit, Rache und Verbrechen auf einen Punkt konzentriert. Dürrenmatt gestaltet seine Geschichte als Groteske: keine zarten Andeutungen, sondern knallige Effekte. Wie ein früher Punkmusiker verspottet und provoziert er sein bürgerliches Publikum. Er stellt monströse Gestalten wie Claire Zachanassian auf die Bühne, die als Retortenfigur aus diversen Prothesen zusammengesetzt, steril wie ein Kunstmensch ist, zu keinerlei Gefühlen fähig als ihrer verletzten Liebe zu folgen.

‚Der Besuch der alten Dame'

Dürrenmatt erscheint kein Gag zu billig, keine Pointe zu banal. Er spielt mit Mitteln des Slapstick-Theaters wie Charlie Chaplin in seinen frühen Filmen. Die Vergröberung der Bühneneffekte ist Dürrenmatts Mittel, dem Zuschauer den künstlichen Charakter des Theatergeschehens vor Augen zu führen. Die grotesken Übersteigerungen sollen auf die wahre Natur der Welt aufmerksam machen. Sie ist chaotisch, unüberschaubar und daher erschreckend. Zufälle treten an die Stelle von Verantwortung und Planbarkeit. Lächerliche, monströse, satanische Elemente werden zum adäquaten Ausdruck eines absurden Geschehens. Sie tragen aber auch dazu bei, dass der Zuschauer auf Distanz gehalten wird und seine Angst durch ein befreiendes Gelächter überwindet – auch wenn es ihm häufig genug im Hals stecken bleibt:

Dürrenmatts Technik der Verfremdung

„In der Wurstelei unseres Jahrhunderts, in diesem Kehraus der weißen Rasse, gibt es keine Schuldigen und keine Verantwortlichen mehr. Alle können nichts dafür und haben es nicht gewollt. (...) Uns kommt nur noch die Komödie bei. (...) Unsere Welt hat ebenso zur Groteske geführt wie zur Atombombe, wie ja die apokalyptischen Bilder des Hieronymus Bosch auch grotesk sind."

Dürrenmatts Komödien

Als „Komödien" beschreibt Dürrenmatt seine Stücke, in denen der Ausgang entscheidend durch etwas „Nichtvoraussehbares" entschieden wird. Es ist durch planvolles Verhalten weder herbeizuführen noch zu vermeiden. Denn unkalkulierbar sind außerordentliche Umstände, die zu dem Verhalten der Figuren den größtmöglichen Kontrast bilden. Je konsequenter die Komödie gestaltet ist, um so peinlicher ist der Missstand, in den der Komödienheld gerät, umso ärgerlicher das Hindernis, das ihn zur komischen Figur werden lässt. Die betroffenen Figuren, die solchen Zufällen ausgesetzt werden, geraten aus der Rolle des Täters in die des ohnmächtigen Opfers, aus potenziell tragischen Helden werden Narren.

Friedrich Dürrenmatt: ‚Die Physiker'

MÖBIUS (...) Ich wählte die Narrenkappe. Ich gab vor, der König Salomo erscheine mir, und schon sperrte man mich in ein Irrenhaus.

NEWTON Das war doch keine Lösung!

MÖBIUS Die Vernunft forderte diesen Schritt. Wir sind in unserer Wissenschaft an die Grenzen des Erkennbaren gestoßen. Wir wissen einige genau erfaßbare Gesetze, einige Grundbeziehungen zwischen unbegreiflichen Erscheinungen, das ist alles, der gewaltige Rest bleibt Geheimnis, dem Verstande unzugänglich. Wir haben das Ende unseres Weges erreicht. Aber die Menschheit ist noch nicht soweit. Wir haben uns vorgekämpft, nun folgt uns niemand nach, wir sind ins Leere gestoßen. Unsere Wissenschaft ist schrecklich geworden, unsere Forschung gefährlich, unsere Erkenntnis tödlich. Es gibt für uns Physiker nur noch die Kapitulation vor der Wirklichkeit. Sie ist uns nicht gewachsen. Sie geht an uns zugrunde. Wir müssen unser Wissen zurücknehmen, und ich habe es zurückgenommen. Es gibt keine andere Lösung, auch für euch nicht. (...)

FRL. DOKTOR *feierlich* Auch mir ist der goldene König Salomo erschienen.

Die drei starren sie verblüfft an.

MÖBIUS Salomo?

FRL. DOKTOR All die Jahre.

Newton lacht leise auf.

FRL. DOKTOR *unbeirrbar* Zuerst in meinem Arbeitszimmer. An einem Sommerabend. Draußen schien noch die Sonne, und im Park hämmerte ein Specht, als auf einmal der goldene König heranschwebte. Wie ein gewaltiger Engel.

EINSTEIN Sie ist wahnsinnig geworden.

FRL. DOKTOR Sein Blick ruhte auf mir. Seine Lippen öffneten sich. Er begann mit seiner Magd zu reden. Er war von den Toten auferstanden, er wollte die Macht wieder übernehmen, die ihm einst hienieden gehörte, er hatte seine Weisheit enthüllt, damit in seinem Namen Möbius auf Erden herrsche.

EINSTEIN Sie muß interniert werden. Sie gehört in ein Irrenhaus.

FRL. DOKTOR Aber Möbius hat ihn verraten. Er versuchte zu verschweigen, was nicht verschwiegen werden konnte. Denn was ihm offenbart worden war, ist kein Geheimnis. Weil es denkbar ist. Alles Denkbare wird einmal gedacht. Jetzt oder in der Zukunft. Was Salomo gefunden hatte, kann einmal auch ein anderer finden, es sollte die Tat des goldenen Königs bleiben, das Mittel zu seiner heiligen Weltherrschaft, und so suchte er mich auf, seine unwürdige Dienerin.

EINSTEIN *eindringlich* Sie sind verrückt. Hören Sie, Sie sind verrückt.

FRL. DOKTOR Der goldene König hat mir den Befehl gegeben, Möbius abzusetzen und an seiner Stelle zu herrschen. Ich gehorchte. Ich war Ärztin und Möbius mein Patient. Ich konnte mit ihm tun, was ich wollte. Ich betäubte ihn, jahrelang, immer wieder, und photokopierte die Aufzeichnungen Salomos, bis ich auch die letzten Seiten besaß.

,Die Physiker': Der Wissenschaftler und die Macht

Dieses Schicksal widerfährt Möbius, dem genialen Naturwissenschaftler in Dürrenmatts „Komödie in zwei Akten" ‚Die Physiker'. Möbius hat die „Weltformel" entdeckt. Aus Angst, mit seinem Wissen den Interessen der Mächtigen zu dienen, hat er sich in eine Irrenanstalt geflüchtet und gibt vor, von König Salomon besucht zu werden. Mit ihm befinden sich zwei weitere angebliche Kernphysiker in der Anstalt, die sich als Newton und Einstein ausgeben. Tatsächlich sind sie jedoch Agenten des Ostens bzw. des Westens, die versuchen, Möbius auszuspionieren. Jeder der drei muss, um sein Geheimnis zu wahren, eine Pflegerin ermorden, zuletzt Möbius die Krankenschwester Monika, die ihn liebt und aus der Irrenanstalt herausholen möchte. Er hat seine Forschungen verbrannt, damit seine Ergebnisse von niemandem ausgenutzt werden können. Was er nicht weiß: Die Leiterin der Anstalt, Fräulein Doktor Mathilde von Zahnt, eine unheimliche, monströse Ärztin, ist selbst wahnsinnig geworden, aber gerissen genug, um die Weltmacht an sich zu reißen. Sie hat längst die Papiere von Möbius fotografiert, verkauft und damit ein Vermögen erworben. So baut sie einen Konzern auf, der alles beherrschen und zerstören kann – in den Händen einer Verrückten liegt damit das Schicksal der Welt. Der Wissenschaftler, der die Welt vor seinen Erkenntnissen retten möchte, ist in die Weltzentrale einer irrwitzigen Macht geflüchtet – ein groteskes Bild für die Situation von

Intellektuellen in Ost und West. Wie Möbius kapitulieren sie vor dem atomaren Wettrüsten und sind doch unfähig, der Katastrophe zu entgehen. Im Konflikt der Weltmächte ist der Weltuntergang absehbar.

FRIEDRICH DÜRRENMATT (1921–1990)

- 5.1.1921 in Konolfingen bei Bern als Pfarrerssohn geboren
- Studierte Theologie, Philosophie, Literatur und Naturwissenschaften, sein Berufsziel war Maler
- Durch frühe literarische Erfolge konnte er als freier Schriftsteller leben
- Ab 1952 lebte er in Neuchâtel
- 1968/1969 Theaterdirektor in Basel
- 14.12.1990 in Neuchâtel gestorben

Literatur in der DDR

Christa Wolf: ‚Der geteilte Himmel' (1963)

Die Literatur der DDR in der Bundesrepublik

Die Politisierung der Literatur hält in den 60er-Jahren an. Dabei findet die Literatur der DDR jedoch kaum Beachtung. Das Desinteresse speist sich aus der politischen Entwicklung. Nach dem Mauerbau 1961 werden offizielle Gespräche zwischen Autoren beider deutscher Staaten abrupt abgebrochen, die Veröffentlichung von Texten aus der DDR in westdeutschen Verlagen bekämpft, die Aufführung von Theaterstücken boykottiert.

Christa Wolf ‚Der geteilte Himmel'

In dieser Situation findet die Erzählung der DDR-Autorin **Christa Wolf** (* 1929) ‚Der geteilte Himmel' (1963) Beachtung. Zum ersten Mal wird die Teilung Deutschlands zum Thema. Ganz im Sinne des „Bitterfelder Wegs" (➛ S. 165) setzt sich die Autorin mit den Problemen der sozialistischen Arbeitswelt auseinander. Weil sie die Konflikte benennt, die sich aus dem geteilten Deutschland für die betroffenen Menschen ergeben, löst sie eine heftige Kontroverse aus. Bemängelt wird von offizieller Seite, dass sie nicht deutlich genug die Vorzüge des Sozialismus gegenüber dem Kapitalismus herausstelle und damit die revolutionäre Perspektive vermissen lasse.

Christa Wolf: ‚Der geteilte Himmel'

Es war der erste Augustsonntag. In aller Herrgottsfrühe saß Rita im Schnellzug nach Berlin. Seit gestern hatte sie einen Brief bei sich, in dem stand „Es ist nun soweit. Ich erwarte dich jetzt jeden Tag. Denk immer daran …" (…)
Sie fuhr nicht zum ersten Mal nach Berlin, aber damals begriff sie, daß sie diese Stadt überhaupt nicht kannte. Sie fuhren an Laubengärten vorbei, an Parks, dann an den ersten Fabriken. Keine schöne Stadt, dachte sie. Aber man sieht ihr nichts an.
Ihr Reisebegleiter sah auf. „Ich hoffe", sagte er freundlich, „Ihr Verlobter wohnt in Pankow oder Schöneweide?"
„Warum?" fragte Rita bestürzt.
„Man könnte Sie danach fragen."
„Ja", sagte sie schnell. „Pankow. Er wohnt in Pankow."
„Dann ist's ja gut."
Will er mich aushorchen? Oder warnen? Und was sage ich, wenn sie nach der Straße fragen? Wie wenig eigne ich mich für das, was ich da tue … Wer soll mir glauben, daß ich es tun muß?
Zum Nachdenken blieb keine Zeit mehr. Der Zug hielt. Polizisten kamen herein und verlangten die Ausweise zu sehen. (Wenn sie mich fragen – lügen werde ich nicht. Dem nächsten besten erzähle ich jetzt alles von Anfang bis Ende.) Sie blätterten in ihrem Ausweis und gaben ihn zurück. Ihre Hände zitterten, als sie ihn in die Tasche zurücksteckte. Nicht sehr wirksam, diese Kontrolle, dachte sie fast enttäuscht.
Der Mann, der ihr gegenübersaß, trocknete sich mit einem blütenweißen, scharf gebugelten Taschentuch die Stirn.
„Heiß", sagte er.
Danach sprachen sie nicht mehr. Rita sah ihn noch einmal an der Sperre, zusammen mit einer Frau, die aus dem gleichen Zug gestiegen war und mit der er sehr vertraut schien.
Dann vergaß Rita ihn. Sie hatte ihre eigenen Sorgen. In der Nebenhalle des Bahnhofs fand sie einen großen Stadtplan. Sie stand sehr lange davor und lernte fremde Straßen und Bahnhofsnamen auswendig. Ihr war klar: In der Sache, die sie heute vorhatte, war sie ganz auf sich angewiesen.
Sie trat an den Fahrkartenschalter. Zum ersten Mal mußte sie preisgeben, was sie tun wollte.
„Zoologischer Garten", sagte sie.
Gleichmütig wurde ihr eine kleine gelbe Pappkarte zugeschoben. „Zwanzig", sagte die Frau hinter der Glasscheibe.
„Und wenn man – zurückkommen will?" fragte Rita zaghaft.
„Also vierzig", sagte die Frau, nahm die Karte zurück und schob eine andere durch das Fensterchen.
Darin also unterschied diese Stadt sich von allen anderen Städten der Welt: Für vierzig Pfennig hielt sie zwei verschiedene Leben in der Hand.

Liebe und Republikflucht

Es geht in ihrem Text um eine junge Lehrerin, die nach ihrem psychischen Zusammenbruch im Krankenhaus liegt. Sie hatte sich in einen Chemiker verliebt, der mit seinen Vorschlägen für eine neue Entwicklung an Betriebsfunktionären gescheitert ist und daher „Republikflucht" begangen hat. Die Ich-Erzählerin folgt ihm, kehrt dann jedoch enttäuscht wieder zurück in die DDR. Die Schilderung einer Zugfahrt über die Grenze nach Westberlin kurz vor dem Mauerbau erscheint spektakulär, weil sie ein Tabu bricht. Nach DDR-Gesetzen ist es ein Verbrechen, die sozialistische Gesellschaft zu verlassen. Auch wenn die Erzählerin sich schließlich für ihren Staat entscheidet, wird doch ein Moment von Ungehorsam deutlich, der irritiert.

Die Erzählung ist konventionell geschrieben, allein ihr Thema erregt Aufmerksamkeit. Viele Kritiker erkennen in diesem Buch eine oppositionelle Haltung gegenüber der offiziellen Politik. Diese Einstellung prägt die Sicht auf die DDR-Literatur in den 60er-Jahren. Gesucht wird nach verschlüsselten Botschaften darüber, wie das Leben im Sozialismus ist. Interessant erscheinen die Bücher, wenn sie Anzeichen für politische Abweichungen enthalten.

Wolf Biermann: Kritiker an beiden Systemen

Schwieriger macht es den Kritikern ein Autor wie **Wolf Biermann**. Er passt in keine Schublade: Als 17-Jähriger zieht er von Hamburg nach Ostberlin, weil er im Sozialismus leben will. 1960 beginnt er zu komponieren und Lieder zu schreiben, 1963 erhält er sein erstes Auftrittsverbot in der DDR und wird aus der SED ausgeschlossen. Wie gefährlich den Regierenden seine Lieder erscheinen, zeigt sich 1965. Gegen ihn wird ein offizielles Auftritts-, Veröffentlichungs- und Ausreiseverbot ausgesprochen. 1976 wird er während eines Konzerts in Köln, für das er eine Ausnahmegenehmigung erhalten hatte, ausgebürgert. Trotz aller Pressionen scheint er sich in seiner Haltung als enfant terrible wohl zu fühlen. Er setzt sich mit seiner Kritik an beiden deutschen Staaten zwischen alle Stühle.

Werke

Wolfgang Koeppen: ‚Tauben im Gras' (1951)

An einem Tag, in einem Ort spielen alle Ereignisse dieses Romans: Koeppen lässt seine Figuren im zerbombten München des Jahres 1949 auftreten. Knappe Szenen mit einer Vielzahl einzelner Eindrücke, Erlebnisse und Schicksale verschmelzen im ununterbrochenen Bewusstseinsstrom verschiedener Personen und lassen so einen Großstadtroman (➛ S. 130 ff., 166) entstehen, der sie Simultaneität der Ereignisse aufgreift.

Friedrich Dürrenmatt: ‚Der Besuch der alten Dame' (1956)

Die Multimilliardärin Claire Zachanassian besucht ihre Heimatstadt Güllen. Sie wird sehnsüchtig erwartet, denn die verarmten Bewohner warten auf eine großzügige Spende. Sie ist auch bereit, Güllen eine Milliarde zu schenken – unter der Voraussetzung allerdings, dass ihr früherer Geliebter Ill getötet wird. Er hat sie, als sie schwanger wurde, im Stich gelassen. Die Güllener sind nicht sofort bereit, sich auf diese Bedingung einzulassen.

Max Frisch: ‚Homo Faber' (1957)

Der Protagonist in diesem Roman ist Ingenieur von Beruf, dessen Weltbild von einem technisch-naturwissenschaftlichen Verständnis, von Zahlen und Statistiken geprägt ist: „Ich bin Techniker und gewohnt, die Dinge zu sehen, wie sie sind." Alles Gefühlsmäßige ist ihm fremd; auch seine Beziehungen zu Frauen sind von Vernunft bestimmt. Er will berechenbare Verhältnisse und weist zurück, was sich diesem Schema nicht unterordnet. Er muss jedoch erfahren, dass eine ganze Kette schicksalsträchtiger Ereignisse über ihn hereinbricht und ihn mit seiner Vergangenheit konfrontiert.

Günter Grass: ‚Die Blechtrommel' (1959)

Der Ich-Erzähler Oskar Matzerath schreibt als 30-jähriger Insasse einer Heil- und Pflegeanstalt seine Lebensgeschichte auf. Er beginnt seine Erzählung mit der Zeugung, „im Herzen der Kaschubei", schildert seine Geburtsstadt Danzig in den 20er-Jahren, die Machtübernahme der Nazis, die Kriegs- und Nachkriegszeit. Mit seiner Blechtrommel entwickelt er sich zum Künstler, er bringt es sogar fertig, allein mit seinem Trommeln eine perfekt organisierte Veranstaltung der Nationalsozialisten durcheinanderzubringen.

Alle Querverweise im Überblick:

Bitterfelder Weg: S. 165 → 178
Montagetechnik: S. 166 → 83, 116, 130, 171
Dokumentarisches Theater: S. 166 → 81 f., 132, 136, 154, 171
Großstadtroman: S. 166 → 130 ff., 180
Dokumentarisches Material: S. 171 → 81 f., 132, 136, 154, 166
Zitatmontage: S. 171 → 83, 116, 130, 166
Schiller: "Die Schaubühne als moralische Anstalt": S. 171 → 36 f.
Verfremdung: S. 172 → 136, 148 ff., 175
Großstadtroman: S. 180 → 130 ff., 166

Zusammenfassung:

Nachkriegsliteratur 1945 – 1969

Chaos regiert Deutschland in den ersten Nachkriegsjahren: Eine apathische Bevölkerung ist am Ende des Nationalsozialismus nur damit beschäftigt, die eigenen Probleme, Hunger, Zerstörung und Kälte zu bewältigen. Die eigene Verantwortung für die Verbrechen im Dritten Reich zu verarbeiten, erscheint daher abseitig. „Die da oben" waren verantwortlich und die gibt es jetzt nicht mehr. Es beginnt die Aufbauarbeit. Sie steht im Zeichen des **Kalten Krieges** und der **sozialen Marktwirtschaft**. Naiver Stolz über die Leistungen der Nachkriegszeit tritt an die Stelle der Verarbeitung nationalsozialistischer Verbrechen.

In der sowjetisch besetzten Zone wird die politische Macht in den Händen der SED konzentriert, das Wirtschaftssystem nach den Vorgaben der **Planwirtschaft** ausgerichtet. **1961** schließt die DDR durch den **Bau der Berliner Mauer** die Grenze zum Westen. Hinter dem Begriff „Formalismus" werden ab 1951 von der DDR-Führung alle modernen Schreibweisen abgestempelt. Die Partei verlangt von den Autoren, dass sie den Alltag der Menschen thematisieren. Wer sich diesem Druck nicht beugen will, muss in die Bundesrepublik flüchten.

Die ersten Jahre der Nachkriegszeit erweisen sich als **Enttäuschung für die Exilautoren**: Sie sind im Westen nicht gefragt. In der sowjetischen Besatzungszone werden sie zwar zunächst hofiert, bald aber enttäuscht und an den Rand gedrängt. In der westdeutschen Nachkriegsliteratur dominieren Autoren, die sich mit unterschiedlicher Berechtigung der „Inneren Emigration" zuzählen. Aber es melden sich bald auch junge Autoren mit eigenen Erfahrungen zu Wort. Ihr Thema ist die **Heimkehrer- und Trümmerliteratur**.

Mit ihren Tagungen wird die **Gruppe 47** zur entscheidenden Keimzelle der westdeutschen Literatur in den 50er-Jahren. Sie vertritt einen nonkonformistischen Stil und eine am Realismus orientierte Sprache. Die wichtigsten Autoren werden durch sie gefördert.

In den **60er-Jahren** endet die Wiederaufbauphase in Deutschland. **Krisen in der Wirtschaft und in der Gesellschaft** lassen sich nicht mehr übersehen. Vom „Wirtschaftswunder" der 50er-Jahre bleibt wenig übrig. Auch die autoritäre Erstarrung der Bundesrepublik beginnt sich aufzulösen. Die Generation der Nachgeborenen fragt kritisch nach, was die Eltern während des Dritten Reichs getan haben. Ein **neues Protestpotenzial** kommt jetzt aus der Mitte der Gesellschaft. In wachsender Zahl prägen Jugendliche das Bild der Demonstrationen, die in ihrem Protest gegen die deutschen Tugenden von Ordnung, Sauberkeit, Fleiß und Obrigkeitsdenken ihren Lebensstil ausdrücken. Eine schmale Elite, die Studenten, melden sich kritisch zu Wort. Die **Studentenbewegung** etabliert sich nicht zuletzt auf dem Schweigen der Eltern – als radikaler Antifaschismus und Generationskonflikt. Ab 1967 gewinnt die **antiautoritäre Protestbewegung** mit ihren Ideen immer mehr an Boden. Auch die Autoren setzen sich in ihren Werken mit der gesellschaftlichen und politischen Situation der Bundesrepublik und der Rolle der USA auseinander. Eine große Gruppe von Schriftstellern unterstellt ihre Werke direkt politischen Zielen. **Engagierte Literatur** wird in unterschiedlichen Spielarten zum zentralen Begriff der Autoren in den 60er-Jahren.

Die politischen Autoren greifen auf dokumentarisches Material zurück. Sie vertrauen nicht mehr auf ihre Fähigkeit, Geschichten zu erfinden. Sie wollen dem Leser unbekannte oder verdrängte Tatbestände von gesellschaftspolitischer Brisanz vor Augen führen und so zur politischen Bildung beitragen. Das dokumentarische Drama der 60er-Jahre setzt auf den Originalton von historischen Akten und politischen Prozessen, um die sich als Opfer stilisierenden Täter zu entlarven und eine wirkliche Auseinandersetzung mit dem Geschehen im Dritten Reich einzuklagen. Engagierte Lyrik erlebt eine unerwartete Konjunktur. Diese Gedichte markieren eine gesellschaftspolitische Zäsur: Probleme des Individuums werden gegenüber einer konsequenten, kritischen Auseinandersetzung mit den gesellschaftlichen Verhältnissen an den Rand geschoben.

Andere Autoren stellen den Sinn von Literatur angesichts der politischen Probleme radikal in Frage, sie sei harmlos, überflüssig und gesellschaftspolitisch wirkungslos. Die traditionelle bürgerliche Literatur wird für tot erklärt. Sie soll durch politische Manifeste und Aktionen ersetzt werden.

Die Literatur der DDR wird im Westen wenig beachtet. Man sucht v.a. nach unterschwelliger Kritik am SED-Staat. Zwischentöne jenseits der offiziellen Positionen im Ost-West-Konflikt finden kaum Resonanz. Die Studentenbewegung in der Bundesrepublik geht an der DDR vorbei. Eine strikte Zensur und politischer oder strafrechtlicher Druck führen dazu, dass die Entwicklung im Westen als bloßes Problem westlicher Dekadenz gesehen wird.

Peter Schneider (*1940)
Das Schicksal eines Genies folgt dem Muster der gleichnamigen Novelle Büchners. „Lenz" gilt als Ausgangspunkt der Neuen Subjektivität.

1973 Lenz
➛ **s. S. 186**

Ulrich Plenzdorf (1934 – 2007)
Die Erzählung gibt den Jugendlichen in der DDR eine Stimme.

1973 Die neuen Leiden des jungen W.
➛ **s. S. 192**

Christoph Hein (*1944)
Er bezeichnet sich als Chronist des Alltags der DDR.

1982 Der fremde Freund
➛ **s. S. 205**

Patrick Süskind (*1949)
Der postmoderne Roman ‚Das Parfum' ist einer der erfolgreichsten deutschsprachigen Romane des 20. Jahrhunderts.

1985 Das Parfum
➛ **s. S. 194**

Neue Subjektivität 1970 – 1980

Postmoderne 1980 – 1989

Heinrich Böll (1917 – 1985)
Im Vordergrund der Darstellung steht die Gewalt, die von den Medien ausgeht.

1974 Die verlorene Ehre der Katharina Blum
➛ **s. S. 204**

Martin Walser (*1927)
Walser thematisiert Bewusstseinsformen und Befindlichkeiten bürgerlicher Intellektueller in den 70er-Jahren.

1978 Ein fliehendes Pferd
➛ **s. S. 204**

Christa Wolf (*1929)
Die Beschäftigung mit den Mythen der Griechen bringt die Autorin dazu, die Probleme von heute mit den Augen von Homer und Aischylos zu sehen.

1983 Kassandra
➛ **s. S. 205**

Bernward Vesper (1938 – 1971)
‚Die Reise' schildert „das kollektive Scheitern jener Generation, die Mitte der 60er-Jahre aufbrach, die versteinerte Gesellschaft der westlichen Industriestaaten zu verändern".

1977 Die Reise
➛ **s. S. 189**

GEGENWARTSLITERATUR: 1970 – 2000

Ruth Klüger (*1931)
Sie verknüpft eigene Erfahrungen als Kind im Konzentrationslager mit den Abwehrmechanismen, auf die ihre Schilderungen heute treffen. Angst, Wut und Streitlust zeichnen ihre Texte aus.

1994 weiter leben
➢ **s. S. 204**

Bernhard Schlink (*1944)
Schlink verbindet den Umgang mit der NS-Vergangenheit mit einer ungewöhnlichen Liebesgeschichte.

1995 Der Vorleser
➢ **s. S. 203**

Popkultur 1990 – 2000

Benjamin von Stuckrad-Barre (*1975)
Bevor er als Schriftsteller bekannt wurde, hat er als Gag-Schreiber und Kolumnist gearbeitet.

1998 Soloalbum
➢ **s. S. 198**

Loveparade in Berlin

Gegenwartsliteratur: 1970 – 2000

In diesem Kapitel erfahren Sie:

- Mit dem Beginn der 70er-Jahre wird die politische Funktionsbestimmung der Literatur durch eine Wendung in die Innerlichkeit ersetzt. Individuelle, alltägliche Erfahrungen und private Beziehungen werden jetzt thematisiert.
- In den 80er-Jahren bestimmt der Geist der Postmoderne die Literatur. Die Autoren experimentieren mit fiktiven und realen Geschichten, mythischen Motiven und intertextuellen Bezügen.
- In den 90er-Jahren wird die deutsche Einheit zum Thema der Literatur. Die Popliteratur stellt Versatzstücke der Medienwelt, von Werbung und Konsum in den Mittelpunkt.

Neue Subjektivität: Literatur der 70er-Jahre

Peter Schneider: ‚Lenz' (1973)

Enttäuschte Hoffnungen auf Literatur als Instrument der Gesellschaftsveränderung

Zu Beginn der 70er-Jahre wird rasch deutlich, dass Literatur kein taugliches Instrument ist, um gesellschaftliche Veränderungen vorzubereiten. Unmittelbare Ergebnisse sind von ihr nicht zu erwarten.

Zu dieser Erfahrung kommt ein politischer Paradigmenwechsel. Die Einschüchterung durch den so genannten „Radikalenerlass" und die terroristische Gewaltanwendung der RAF tragen dazu bei, ein Klima der politischen Vereisung entstehen zu lassen. Der Rücktritt von Kanzler Brandt und die Übernahme seines Amtes durch Helmut Schmidt belegen, dass die politische Grundströmung sich wandelt. Versteht es Brandt, die Intellektuellen einzubeziehen und in einen Dialog mit Schriftstellern und Künstlern zu treten, verkörpert Schmidt die Macht als Realpolitiker, als Krisenmanager und Macher des politisch Durchsetzbaren. Der Pragmatiker sieht sich für Fragen der Kultur nicht zuständig; seine Bemerkung „Wer Visionen hat, sollte zum Arzt gehen" verdeutlicht die Distanz zu den politischen Utopien.

Veränderte politische Konstellationen

Desillusionierung und neue Perspektiven

Die realen gesellschaftlichen Entwicklungen münden in Desillusionierung. Es scheint so, als habe sich auf breiter Front eine Rückwärtsbewegung durchgesetzt. Veränderungen der politischen Konstellation, der Überdruss vieler Leser an der Politisierung von Literatur und deklamatorische Abnutzungserscheinungen bei den Autoren tragen zum Umschwung bei. Eine Gegenbewegung, ein Weg nach innen, wird im Verlauf der 70er-Jahre erkennbar. Politische, geschichtliche und gesellschaftliche Aspekte fallen dabei nicht einfach weg. Zunehmend werden aber die alltäglichen Erfahrungen der literarischen Figuren und ihre subjektive Erlebniswelt ins Zentrum gerückt. Abstrakte Theoriediskussionen erscheinen als Falle, da sie die sinnliche Wahrnehmung der Wirklich-

„Das Private ist politisch"

keit abstumpfen. „Erfahrungshunger“ nennt Michael Rutschky dieses Phänomen, wenn er das Bewusstsein der 70er-Jahre zu deuten versucht. Er untersucht autobiografische Texte dieses Jahrzehnts und findet eine tiefgreifende Desorientierung der Autoren, die sich nicht mehr an Utopien orientieren, sondern nach dem „eigentlichen Leben“ suchen.

Positionen des Sturm und Drang werden wieder salonfähig

Die Sehnsucht nach ganzheitlich-sinnlicher Erfahrung gleicht derjenigen, die schon zweihundert Jahre zuvor die jungen Genies des Sturm und Drang (➛ S. 32) geleitet hat. „Wir möchten“, schreibt J. M. R. Lenz 1771 in den ‚Anmerkungen übers Theater‘ (gedruckt 1774) „mit einem Blick durch die innerste Natur aller Wesen dringen, mit einer Empfindung alle Wonne, die in der Natur ist, aufnehmen und mit uns vereinigen.“ So wie die Stürmer und Dränger sich von der abstrakten Begrifflichkeit der Aufklärung verabschiedet haben, suchen die Autoren nach dem Scheitern der Studentenbewegung Möglichkeiten, die Grenzen der politischen Agitation zu durchbrechen.

„Neue Arten des Erzählens“

Fordert Peter Schneider noch 1969 die Kulturrevolution, schreibt er wenige Jahre später:

„Einige ihrer literarischen Wortführer, darunter auch ich, verkündeten damals den ‚Tod der bürgerlichen Literatur‘ und verfochten den Primat des politischen Handelns vor dem Schreiben. In aller Regel aber sind die Manifestanten ihren Manifesten nicht lange treu geblieben, sondern fingen nach einer Zeit der Verweigerung oder des Experiments wieder an zu erzählen. (…) Die Rede von ‚der Krise‘ oder ‚dem Ende des Erzählens‘ erweist sich, historisch betrachtet, als ein womöglich notwendiger Umweg, um neue Arten des Erzählens zu erschließen.“

Peter Schneider: ‚Lenz‘

„Ein paar Tage später lief er mit B. durch die alten Straßen. Was er sah, machte ihn ungeduldig. Immer noch saßen die gleichen Leute in den gleichen Cafés, immer noch die gleichen Lieder aus den Boutiquen, immer noch die gleichen Schlagzeilen in den gleichen Zeitungen, das Hochhaus des Verlegers stand immer noch. Und sonst? Die Betriebsgruppe interpretierte immer noch am gleichen Text herum, erfuhr Lenz, der Student Dieter hatte immer noch seinen strahlenden Blick, immer noch gründeten Studenten neue Parteien. „Wie und warum soll sich das alles verändert haben“, fragte B., „etwa deswegen, weil du nicht da warst?“ Später merkte Lenz, daß er wieder zu schnell gewesen war. Der Student Dieter hatte es satt bekommen, nachts Uhren zu reparieren, hatte im Betrieb gekündigt und bereitete sein Examen vor. War das was Neues? Immerhin. Wolfgang hatte von einem Tag auf den andern die Koffer gepackt und ohne ein Wort der Erklärung das Zimmer in seiner Wohngemeinschaft aufgegeben. Er hatte Spaß daran, sich eine eigene Wohnung einzurichten. Das Paar, das seit drei Jahren in Trennung lebte, hatte sich getrennt. Neue Gruppen waren entstanden, die auch mal Musik zusammen hörten. Lenz wurde schon neidisch, daß diese Veränderungen ohne ihn stattgefunden hatten. B. erzählte Lenz dann, er müsse von zuhause ausziehen, er habe keine Lust, Lenz das jetzt zu erklären, jedenfalls wolle er verreisen, weit weg, am liebsten nach Lateinamerika. Was Lenz denn jetzt tun wolle. „Dableiben", erwiderte Lenz."

Peter Schneider: ‚Lenz' Auf den Spuren der Erzählung Georg Büchners (➤ S. 82)

So ist es kein Zufall, dass **Peter Schneider** die „neuen Arten des Erzählens" in einem Text einsetzt, der an das Schicksal eines der jungen Genies anknüpft. ‚Lenz' (1973) folgt dem Muster der gleichnamigen Novelle Georg Büchners. So wie hier der Sturm-und-Drang-Autor versucht, sich von seiner zunehmend existenziellen Verunsicherung und neurotischen Lebensweise zu befreien, indem er sich unter die Obhut des protestantischen Pfarrers Oberlin im abgelegenen elsässischen Steintal begibt, lässt Peter Schneider seinen Protagonisten nach Italien ziehen.

‚Lenz' gilt als Ausgangspunkt der Neuen Subjektivität. Erzählt wird die Geschichte eines jungen Intellektuellen im Westberlin des Jahres 1969. Er engagiert sich politisch und arbeitet in einer Fabrik, um dort die Arbeiter aufzuklären. Daneben besucht er einen Arbeitskreis, der sich in die Lektüre Mao Zedongs vertieft. Er muss jedoch erkennen, dass er als abstrakter Theoretiker außerstande ist, Begriffe und Gefühle zu verbinden, Leidenschaften zu empfinden oder Trost zu spenden.

Die Überwindung theoretischer Sackgassen durch das pralle Leben in Italien

Er gerät völlig außer Tritt, als die Freundin ihn verlässt. Um aus seiner Apathie zu erwachen, versetzt er seine Gitarre und kauft eine Fahrkarte nach Rom. Später zieht er ins norditalienische Trento und findet hier im täglichen Umgang mit Menschen, für die politisches Engagement und Solidarität gelebte Wirklichkeit sind und nicht nur programmatische Thesen, einen Ausweg aus seiner umfassenden Persönlichkeitskrise. Die plötzliche Abschiebung nach Deutschland führt – anders als in Büchners Novelle – nicht zum Scheitern. Lenz hat ein neues Verhältnis zu sich selbst gefunden und kann den Alltag in Deutschland meistern. Peter Schneiders Text endet mit dem optimistischen Wort „Dableiben".

Der autobiografische Charakter der Erzählung

Die Bezeichnung „Erzählung" betont den fiktionalen Charakter des Textes. Ein zweiter Blick lässt aber deutlich werden, dass Lenz' Entwicklung ihre Entsprechung in der Abwendung Peter Schneiders von der zunehmend erstarrten und zersplitterten Studentenbewegung findet. Die Anlage der Hauptfigur, die Erzählperspektive und die Wirklichkeits- und Personendarstellung lassen das Bedürfnis des Autors spüren, die eigene Entwicklung anhand einer literarischen Figur exemplarisch auszugestalten. Er trifft damit den Nerv der Zeit. ‚Lenz' wird ein großer Bucherfolg.

Heinrich Bölls Auseinandersetzung mit der Sensationspresse

1972 Nobelpreis für Literatur

Autobiografische Ansätze finden sich auch in der erfolgreichsten Publikation **Heinrich Bölls ‚Die verlorene Ehre der Katharina Blum'**. 1971 wird der Autor als erster Deutscher nach dem Krieg zum Präsidenten des internationalen PEN gewählt; 1972 erhält er den Nobelpreis für Literatur. Am 10. Januar 1972 veröffentlicht er einen Essay im ‚Spiegel', der eine der heftigsten literarisch-politischen Debatten provoziert: „Will Ulrike Gnade oder freies Geleit?". Er will damit der RAF-Terroristin Ulrike Meinhof einen Ausweg aus der Kriminalität ermöglichen und erhebt zugleich heftige Vorwürfe gegen die Hetzkampagne der ‚BILD-Zeitung'. Böll versucht zu vermitteln, den RAF-Mitgliedern Alternativen aufzuzeigen und der Gesellschaft, den Medien und Behörden zu verdeutlichen, dass eine Verhärtung der Fronten verhindert werden müsse.

Der Vermittlungsversuch misslingt völlig. Der Autor wird als Privatperson zur Zielfigur einer Pressehetze. Eine „Blutspur" sieht BILD zwischen Böll und den Gewalttätern der Roten Armee Fraktion verlaufen. Kurz vor der Verleihung des Nobelpreises und vor der Verhaftung von Ensslin, Meinhof und Baader sieht Böll sich als Wegbereiter der RAF und als deren „Sympathisant" an den Pranger gestellt, mehr noch: Der Tonfall wird hysterisch, wenn es heißt: „Die Bölls sind gefährlicher als Baader-Meinhof" oder „Die Sympathisanten des Linksfaschismus [...] sind nicht einen Deut besser als die geistigen Schrittmacher der Nazis". Die Kampagne schlägt sich 1974 in Bölls Erzählung ‚Die verlorene Ehre der Katharina Blum' nieder. Der Autor gestaltet darin seine Kritik an der BILD-Berichterstattung in kaum verhüllter Form. Im Zentrum seiner Erzählung steht nicht die RAF, sondern ihre Instrumentalisierung in den Medien.

Sympathisant des Terrorismus?

‚Die verlorene Ehre der Katharina Blum' oder: Wie Gewalt entstehen und wohin sie führen kann"

Noch dichter ist die Nähe der Erzählung zur Biografie des Schriftstellers bei einem Text, der erst postum, sechs Jahre nach dem Tod des Autors, erscheint: **Bernward Vespers** Bericht **‚Die Reise'**. Vesper (1938–1971) ist der Sohn des Verfassers von Führer-Hymnen und Vorsitzenden der Reichsschrifttumskammer Will Vesper. Er studiert in Tübingen und Westberlin, schließt sich der radikalen Linken an, verlobt sich mit Gudrun Ensslin, die als Terroristin 1977 in Stammheim Selbstmord begeht. 1967 wird ihr gemeinsames Kind geboren. Als sie sich der RAF anschließt, kehrt Vesper der Politik den Rücken und experimentiert mit Drogen. Nach einem mehrmonatigen Aufenthalt in verschiedenen Nervenkliniken nimmt er sich am 15. Mai 1971 das Leben. Ab 1969 arbeitet Vesper an seinem autobiografischen Roman, der 1977 als Fragment herausgegeben und 1986 durch Markus Imhof verfilmt wird. ‚Die Reise' ist eine Auseinandersetzung Vespers mit der 68er-Generation, in der er beschreibt, wie die studentische Protestbewegung aus der Absage an die faschistisch geprägte Vätergeneration hervorgeht.

Bernward Vesper: Sohn des nationalsozialistischen Schriftstellers

‚Die Reise', ein autobiografischer Roman

Heute gilt der Roman als „das schlechthin gültige Buch über Bewusstsein und Entwicklung der deutschen Nachkriegsjugend" (‚Der Spiegel'), in dem sich „das kollektive Scheitern jener Generation wider(spiegelt), die Mitte der 60er-Jahre aufbrach, die versteinerte Gesellschaft der westlichen Industriestaaten zu verändern" (‚Frankfurter Rundschau'), „ein fürchterliches Buch und doch das wichtigste, das in diesem (selbst)mörderischen deutschen Jahr erschienen ist" (‚Die Zeit').

„Ein fürchterliches Buch" über eine furchtbare Zeit

Bernward Vesper: ‚Die Reise'

//1

E = ERFAHRUNG · HASS²

Das ist unsre Einsteinsche Formel. Man wird kaum die Unverfrorenheit aufbringen, sie in die bronzene Kirchentür meiner Geburtsstadt einzugießen. Die Formel unserer Krankheit und Exzentrität. Sie wird Zerstörungen zur Folge haben, gegen die Nagasaki und Hiroshima lächerlich erscheinen. Aber ich weiß, daß der Weg, den sie anzeigt, zu unserer Erlösung führt. (‚War das in Hiroshima wirklich geschehen? War irgend etwas jemals wirklich geschehen?')

(...)

„Ich werde ein Buch schreiben", sagte ich zu Burton, irgendwo im Süden der Halbinsel Kola muß der kuk österreichische Kriegshafen liegen, es gab einen echten österreichischen Admiral, der sogar eine Seeschlacht gewann. „The title of the book will be *HATE*." Ich hasse Split. Ich hasse Deutschland. Ich hasse diese Deutschen, dieses auf den Straßen herumrollende Gemüse (vegetable). [Ich hasse Autos,] ich hasse diese Straßen, ich hasse jeden einzelnen Bestandteil der Straße, einschließlich der Straßenbäume, Straßenwärter, Straßengräben, Straßenschlachten, Straßburg, Bordstein und die Prägung in den Gullideckeln. Ich hasse Berlin. Ich hasse Kinder. Ich hasse Alte. Ich hasse meinen Vater. Ich hasse meine Mutter etc. etc. etc. über 150 bis 200 Seiten. (Und mittendrin, unvermittelt: *ICH LIEBE MICH* – aber das war schließlich die ungelöste Frage. Oder wäre es nicht besser, beim jetzigen Stand der Dinge sich an irgendeinem dieser Grenzpfähle aufzuhängen, ein Flammenwurf, ein Sternenstrich ... Ich dachte daran, daß das eine ganz gute Geschichte geben würde ... und am Ende die Szene auf nächtlicher Straße, als der Mond über dem Golf stand und ‚ein allen unbegreiflicher, tragischer *SELBSTMORD*'.)

„Ein gutes Buch", sagte Burton.

„Weißt Du", sagte ich, „ich habe ein Mädchen verloren – ich verstehe nichts mehr!"

E = ERFAHRUNG x HASS²

Schon die erste Seite des Buches schlägt einen pathetisch-tragischen Grundton an, der den gesamten Text bestimmen wird: *E = ERFAHRUNG x HASS²*. Als „Einsteinsche Formel" bezeichnet Vesper den Kern, der die Energie der Studentenbewegung antreibe. Eine antifaschistische Rebellion gegen die Väter wird zur Triebkraft der Generation, die sich um ihre Persönlichkeitsentwicklung und ihre Lebensmöglichkeiten beraubt sieht. Um sich aus dieser Bindung zu befreien, müsse man zu prinzipieller Ablehnung bereit sein, zu Gewalt oder zu Drogen greifen. Der radikale Hass auf die „faschistoiden Deutschen" führt Vesper in eine existenzielle Bedrohungskrise. Diese Mentalität, der sein Leben zum Opfer fällt, ist Kennzeichen einer allgemeinen Bewusstseinskrise. Vesper verwendet in seinem Text nicht von ungefähr den Plural, wenn er von der „Formel unserer Krankheit und unserer Exzentrizität" spricht.

Die Adressaten des Romans

Seine möglichen Leser visiert Vesper mehrfach in ‚Die Reise' an. Er rechnet mit einem neugierigen, anonymen Publikum, wenn er auch deutlich sieht, dass

„die proletarische Masse", für die der Text gedacht ist, wohl kaum Bücher zur Kenntnis nimmt. Sein Schreiben hat aber ebenso den Zweck, einen Selbstfindungsprozess in Gang zu setzen. Vesper schreibt, um sich Klarheit über sich selbst zu verschaffen. Der eigentliche Adressat aber ist sein Sohn Felix, dem das Buch auch gewidmet ist. Er soll durch den Roman erkennen, wer sein Vater gewesen ist. An ihn sind mehrere Texteinschübe gerichtet, sodass der autobiografische Roman auch den Charakter einer Briefsammlung annimmt. So verbinden sich in der Funktion des Romans Innen- und Außenperspektive, individuelle, private und politische Argumente.

Frauenliteratur in den 70er-Jahren

An dem Anspruch, authentisch zu sein und unmittelbares, individuelles Erleben wiederzugeben, orientieren sich auch die Autorinnen, die sich in den 70er-Jahren der neuen Frauenbewegung zurechnen. Diese Frauenliteratur setzt 1973 ein, als Karin Strucks Roman ‚Klassenliebe' erscheint. 1975 folgt mit Verena Stefans ‚Häutungen' ein zweiter, äußerst erfolgreicher Text, der sich zu einem Bestseller entwickelt, auch wenn er nur in einem kleinen Frauenverlag publiziert wird. Beides sind Texte, in denen autobiografische Erfahrungen geschildert, die Beziehungen zu Männern – und bei Stefan auch zu Frauen – diskutiert, Tabubrüche veröffentlicht werden und die Problematik des Schreibens in einer von Männern dominierten Sprache thematisiert wird.

Die Literarisierung des weiblichen Ich

Ichbezogenheit und die Suche nach Selbstverwirklichung kennzeichnen die überwiegende Mehrzahl der Texte in der Frauenbewegung. Dabei sei jedoch, so Renate Möhrmann, die Bedeutung der Neuen Subjektivität bei den männlichen Autoren und in der feministischen Literatur geradezu spiegelbildlich verkehrt:

„Hat man hinsichtlich der Gestaltung des männlichen Ich von einem Rück-Zug gesprochen, so ließe sich bei der Literarisierung des weiblichen Ich im wortwörtlichen Sinn von einem Vor-Zug reden. Denn hier ist keine nostalgische Reprivatisierung am Werk, sondern – im Gegenteil – ein Öffentlichmachen von jahrhundertealten Beschädigungen, eine Zurücknahme der zur Gewohnheit gewordenen Verstummung."

Autobiografische Muster

Wie eng **Frauenliteratur** in den 70er-Jahren auf autobiografische Themen bezogen ist, zeigen so unterschiedliche Titel wie Christa Wolfs ‚Kindheitsmuster' (1976), Elisabeth Plessens ‚Mitteilungen an den Adel' (1976), Angelika Mechtels ‚Wir sind arm, wir sind reich' (1977), Christiane Brückners ‚Nirgendwo ist Poenichen' (1977), Ruth Rehmanns ‚Der Mann auf der Kanzel' (1979), Helga Novaks ‚Die Eisheiligen' (1979) und Ilse Gräfin von Bredows ‚Kartoffeln und Stippe' (1979).

Alltagslyrik

So entsteht auch eine Poesie des Alltags, von der Jürgen Theobaldy schreibt: „Die Lyriker sollten ihre Gedichte wieder hineinnehmen ins alltägliche Leben, das die meisten doch leben, sie sollten die Gedichte wieder heranführen an die scheinbar profanen Probleme, die daraus entspringen, an die Gegenstände, die sie Tag und Nacht umgeben." Im Hintergrund steht dabei die Vorstellung, dass eine Veränderung der gesellschaftlichen Verhältnisse am einzelnen Menschen und Wirklichkeitswahrnehmung ansetzen müsse. Anders als in der Zeit der Studentenbewegung ist das Ziel, zunächst eine Veränderung des Einzelnen, seiner Lebensgewohnheiten und Wirklichkeitswahrnehmung zu erreichen, um dadurch das gesellschaftliche System zu verändern.

Literatur der 70er-Jahre in der DDR

Eigener Weg der DDR-Literatur in den 70er-Jahren

In der DDR-Literatur spielen die Spätfolgen der Studentenbewegung so wenig eine Rolle, wie es im sozialistischen Staat eine Opposition, geschweige denn eine außerparlamentarische, geben kann. Hier beginnt in den 70er-Jahren der eher vorsichtige Versuch, diejenigen zu Wort kommen zu lassen, die sich gegen die väterliche Bevormundung durch Staat und Partei wehren.

'Die neuen Leiden des jungen W.'

Ulrich Plenzdorf (1934–2007) gibt mit seiner Erzählung **'Die neuen Leiden des jungen W.'** (1973) den Jugendlichen eine Stimme. Er lässt seine Hauptfigur Edgar Wibeau in schnoddrigem Ton darüber berichten, dass er seine Lehrstelle geschmissen hat, weil er sich nicht von Spießern bevormunden lassen wollte, zeigt ihn als Aussteiger in einer abbruchreifen Gartenlaube, der für Beat-Musik und Blue Jeans eintritt – Einstellungen, die in der DDR durchweg unter Strafe gestellt sind. Edgar wird damit zur Identifikationsfigur für ein jugendliches Publikum. Als Vorbild sucht er sich ausgerechnet seinen Vater, einen unangepassten Künstler. Edgar muss jedoch erkennen, dass er auf diesem Weg scheitert. Er muss sich neu orientieren, einen eigenen Kurs finden. Sein Versuch, einen Weg zurück in die Gesellschaft zu finden, endet tödlich – ein früher Verweis, dass im falschen Leben kein richtiges möglich ist?

Ulrich Plenzdorf: 'Die neuen Leiden des jungen W.'

Ich analysierte mich kurz und stellte fest, daß ich eigentlich lesen wollte, und zwar wenigstens bis gegen Morgen. Dann wollte ich bis Mittag pennen und dann sehen, wie der Hase läuft in Berlin. Überhaupt wollte ich es so machen: Bis Mittag schlafen und dann bis Mitternacht leben. Ich wurde sowieso im Leben nie vor Mittag wirklich munter. Mein Problem war bloß, ich hatte keinen Stoff, keinen Lesestoff. Oder denkt einer, ich hätte vielleicht Bücher mitgeschleppt? Nicht mal meine Lieblingsbücher. Ich dachte, ich wollte mich nicht mit Sachen aus der Vergangenheit belasten. Außerdem kannte ich die zwei Bücher so gut wie auswendig. Meine Meinung zu Büchern war: Alle Bücher kann kein Mensch lesen, nicht mal alle sehr guten. Folglich konzentrierte ich mich auf zwei. Sowieso sind meiner Meinung in jedem Buch fast alle Bücher. Ich weiß nicht, ob mich einer versteht. Ich meine, um ein Buch zu schreiben, muß einer ein paar Tausend Stück andere gelesen haben. Ich kann's mir jedenfalls nicht anders vorstellen. Sagen wir: dreitausend. Und jedes davon hat einer verfaßt, der selber dreitausend gelesen hat. Kein Mensch weiß, wieviel Bücher es gibt. Aber bei dieser einfachen Rechnung kommen schon zig Milliarden und das mal zwei raus. Ich fand, das reicht. Meine zwei Lieblingsbücher waren: Robinson Crusoe. Jetzt wird vielleicht einer grinsen. Ich hätte das nie im Leben zugegeben. Das andere war von diesem Deutsch-Amerikaner Salinger. Ich hatte es durch puren Zufall in die Klauen gekriegt. Kein Mensch kannte das. Ich meine: Kein Mensch hatte es mir empfohlen oder so. Bloß gut. Ich hätte es dann nie angefaßt. Meine Erfahrungen mit empfohlenen Büchern waren hervorragend mies. Ich Idiot war so verrückt, daß ich ein empfohlenes Buch blöd fand, selbst wenn es gut war. Trotzdem werd' ich jetzt noch blaß, wenn ich denke, ich hätte dieses Buch vielleicht nie in die Finger gekriegt. Dieser Salinger ist ein edler Kerl. Wie er da in diesem nassen New York rumkraucht und nicht nach Hause kann, weil er von dieser Schule abgehauen ist, wo sie ihn sowieso exen wollten, das ging mir immer ungeheuer an die Nieren. Wenn ich seine Adresse gewußt hätte, hätte ich ihm geschrieben, er soll zu uns rüberkommen. Er muß genau in meinem Alter gewesen sein. Mittenberg war natürlich ein Nest gegen New York, aber erholt hätte er sich hervorragend bei uns. Vor allem hätten wir seine blöden sexuellen Probleme beseitigt. Das ist vielleicht das einzige, was ich an Salinger nie verstanden habe. Das sagt sich vielleicht leicht für einen, der nie sexuelle Probleme hatte.

Edgar Wibeaus Lektüre: Salingers ‚Der Fänger im Roggen' und Goethes ‚Werther'

Plenzdorf hat seinem Text eine Tiefenstruktur unterlegt, die sich an der Sprache Salingers in ‚Der Fänger im Roggen' und an der Handlung von Goethes ‚Werther' (➤ S. 28 ff.) orientiert. Mit Salingers Romanfigur Holden Caulfield identifiziert sich Edgar auf naive Weise so sehr, dass er den Autor mit seinem Protagonisten gleichsetzt. Goethes Roman dient ihm zunächst als Toilettenpapier. Er verwendet Deckblatt und Nachwort, sodass er weder Titel noch Autor kennt. Er kommt mit dem Stil nicht klar – „Leute, das konnte wirklich kein Schwein lesen", „Das wimmelte nur so von Herz und Seele und Glück und Tränen" – und auch der Inhalt lässt ihn zunächst kalt – „reiner Mist". Die Irritation ist dann aber so stark, dass er den Text „drei Stunden später" in einem Zug durchgelesen hat.

‚Die neuen Leiden' als Initiationsroman

Voller Überheblichkeit setzt er sich über Werthers Situation und Lösungsweg hinweg, um erst später Parallelen zu seinem eigenen Leben zu entdecken. Auch die Sprache Werthers setzt Edgar auf seine Weise ein. Goethes Roman dient ihm als Quelle von Zitaten. Er setzt sie als Versatzstücke ein, um seine momentanen Gefühle zum Ausdruck zu bringen – ohne sie bliebe er vielfach stumm. So verwirrt er planmäßig seine Gesprächspartner, die nicht wissen, wie sie mit diesen Formeln umgehen sollen. Letztlich findet er durch diesen Roman den Weg zu einer ironisch-skeptischen Distanz auch dem eigenen Leben gegenüber. Die bewusstere Selbsteinschätzung ist das Ergebnis eines Initiationsprozesses, wie er in Salingers Roman vorgeprägt ist. Er bleibt jedoch unfertig, weil er abrupt durch den Unfalltod Edgars beendet wird.

Postmoderne: Literatur der 80er-Jahre

Die Rolle der Autoren als moralische Instanz ist abgelaufen

Die Literatur der Postmoderne verweigert sich großen gesellschaftlichen Entwürfen. Hans Magnus Enzensberger erklärt nach dem Tod Heinrich Bölls 1985 den Protest des Schriftstellers für überholt. Die Rolle der Autoren als moralische Instanz habe ausgespielt. Die Zeit der „Berufsaufklärer" sei endgültig abgelaufen. Das Konzept der Postmoderne wird in der kulturpolitischen Debatte Frankreichs fundiert. François Lyotard setzt an die Stelle der großen Sinnentwürfe Sprachspiele, deren Regeln stets neu definiert und verändert werden müssten. Wirklichkeit und Erzählung seien nicht mehr zu unterscheiden, der historische Prozess löse sich auf; es gebe nur noch Vorstellungen darüber, wie Geschichte möglicherweise verlaufen sein könne. Für die Literatur der Postmoderne heißt das, erfundene Biografien treten in Konkurrenz zu realen historischen Figuren, ohne dass relevante Unterschiede zu erkennen sind. Erzähler und Handlung verschwinden bis zur Unkenntlichkeit in einem Verwirrspiel aus Realgeschichte und fabulierten Geschichten.

Merkmale der Postmoderne: Das Verschwinden der Realität

Beispiele in der deutschen Literatur

- Alfred Andersch ‚Vater eines Mörders'
- Sten Nadolny ‚Die Entdeckung der Langsamkeit'
- Wolfgang Hildesheimer ‚Marbot'
- Christoph Ransmayer ‚Die letzte Welt'

Die deutsche Literatur der 80er-Jahre kennt zahlreiche sehr erfolgreiche Beispiele dafür. Alfred Anderschs (1914 – 1980) Erzählung ‚Vater eines Mörders' (1980) beschreibt aus der Perspektive eines beteiligten Schülers eine Schulstunde in einem Münchner Gymnasium, dessen Direktor der Vater Heinrich Himmlers ist. Im Nachwort ergänzt Andersch, dass er selbst der Schüler gewesen sei, der unter diesem Direktor zu leiden gehabt habe. Sten Nadolnys (* 1942) Roman ‚Die Entdeckung der Langsamkeit' (1983) ist auf den ersten Blick ein historischer Roman, da in seinem Mittelpunkt der englische Seeoffizier und Entdecker John Franklin steht, der in der zweiten Hälfte des 19. Jahrhunderts lebte. Das Buch ist jedoch aus der Perspektive der Gegenwart geschrieben und wendet sich gegen die Überflutung an Informationen und Wahrnehmungen, die nur zu Hektik führen. Franklins verzögerte Reaktionsweise bildet dazu ein Gegenbild. Wolfgang Hildesheimer (1916 – 1991) bezeichnet seinen 1981 vorgelegten Text ‚Marbot' als „Biografie" eines jungen englischen Adligen – tatsächlich ist es ein durch und durch erfundenes Erzählwerk. Christoph Ransmayr (* 1954) schildert in seinem Roman ‚Die letzte Welt' (1988) die Erkundungsfahrt nach dem ans Schwarze Meer verbannten römischen Dichter Ovid zur Zeit von Kaiser Augustus.

Patrick Süskind: ‚Das Parfum' (1985)

- Patrick Süskind ‚Das Parfum'

Patrick Süskinds (* 1949) Roman **‚Das Parfum'** (1985) ist vermutlich mit einer in 28 Sprachen übersetzten Gesamtauflage von über 6 Millionen Exemplaren der erfolgreichste deutschsprachige Roman des 20. Jahrhunderts. Er erzählt die Geschichte eines Duftkünstlers und Massenmörders aus dem 18. Jahrhundert, auch er bei allem Raffinement der genau recherchierten historischen Daten eine rein fiktive Figur.

Intertextualität: ein Versteckspiel des Autors

Ein Merkmal postmoderner Texte ist die Zitierlust. Die Kunst greift auf literarische Texte zurück, öffnet sich Trivialem und Alltäglichem, das bunt durcheinandergewürfelt aufgegriffen und vereinnahmt wird. In diesem Formen- und Sprachstil werden die unterschiedlichsten Elemente eingesetzt. In Süskinds ‚Parfum' treffen Schauer- und Kriminalroman aufeinander, die Exposition erinnert an Kleists ‚Michael Kohlhaas' wie an Günter Grass' ‚Die Blechtrommel', der kannibalistische Schluss lässt an den griechischen Dionysoskult ebenso denken wie an Kleists Drama ‚Penthesilea' – es ist ein Spiel der Motive, das dem Leser einen zusätzlichen Lustgewinn verspricht, wenn er sich auf dieses Puzzle einlässt, ohne dass er aber zum Mitspielen genötigt wird. Vergnügen bereitet die Romanlektüre auch ohne dieses literarische Spiel.

Rückgriff auf die Welt der Mythen

Ein weiteres Kennzeichen postmodernen Erzählens ist der Rückgriff auf Mythen: Mystik, religiöse und märchenhafte Motive, die Wiederkehr des Teufels sind Züge, die erneut in Gebrauch genommen werden. Jean-Baptiste Grenouille, der Protagonist Süskinds, weist als mordendes Genie Versatzstücke all dieser mythischen Traditionen auf: Er ist der unerkannte Massenmörder, der Teufel in Menschengestalt, dessen Blutspur die Leichen von fünfundzwanzig jungen Mädchen säumen. Dem Duft seines perfekten Parfums verfällt die Menge in einem erotisch akzentuierten Verehrungstaumel. Mit diesem Destillat gelangt er zu einer Gott ähnlichen Position, aus der er letztlich sein eigenes Ende vorbereitet: Mit seinem Wunderduft erscheint er den Clochards von Paris als Engelsmensch und wird in einer rauschhaften Orgie von ihnen verzehrt.

Patrick Süskind: ‚Das Parfum'

Von Zeit zu Zeit griff er in seine Tasche und schloß die Hand um den kleinen gläsernen Flakon mit seinem Parfum. Das Fläschchen war noch fast voll. Für den Auftritt in Grasse hatte er bloß einen Tropfen verbraucht. Der Rest würde genügen, um die ganze Welt zu bezaubern. Wenn er wollte, könnte er sich in Paris nicht nur von Zehn-, sondern von Hunderttausenden umjubeln lassen; oder nach Versailles spazieren, um sich vom König die Füße küssen zu lassen; dem Papst einen parfümierten Brief schreiben und sich als der neue Messias offenbaren; in Notre-Dame vor Königen und Kaisern sich selbst zum Oberkaiser salben, ja sogar zum Gott auf Erden – falls man sich als Gott überhaupt noch salbte …

All das könnte er tun, wenn er nur wollte. Er besaß die Macht dazu. Er hielt sie in der Hand. Eine Macht, die stärker war als die Macht des Geldes oder die Macht des Terrors oder die Macht des Todes: die unüberwindliche Macht, den Menschen Liebe einzuflößen. Nur eines konnte diese Macht nicht: sie konnte ihn nicht vor sich selber riechen machen. Und mochte er auch vor der Welt durch sein Parfum erscheinen als ein Gott – wenn er sich selbst nicht riechen konnte und deshalb

niemals wüßte, wer er sei, so pfiff er drauf, auf die Welt, auf sich selbst, auf sein Parfum.
(...)
Sie hatten einen Kreis um ihn gebildet, zwanzig, dreißig Personen und zogen diesen Kreis nun enger und enger. Bald faßte der Kreis sie nicht mehr alle, sie begannen zu drücken, zu schieben und zu drängeln, jeder wollte dem Zentrum am nächsten sein.
Und dann brach mit einem Schlag die letzte Hemmung in ihnen, der Kreis in sich zusammen. Sie stürzten sich auf den Engel, fielen über ihn her, rissen ihn zu Boden. Jeder wollte ihn berühren, jeder wollte einen Teil von ihm haben, ein Federchen, ein Flügelchen, einen Funken seines wunderbaren Feuers. Sie rissen ihm die Kleider, die Haare, die Haut vom Leibe, sie zerrupften ihn, sie schlugen ihre Krallen und Zähne in sein Fleisch, wie die Hyänen fielen sie über ihn her.
Aber so ein Menschenkörper ist ja zäh und läßt sich nicht so einfach auseinanderreißen, selbst Pferde haben da die größte Mühe. Und so blitzten bald die Dolche auf und stießen zu und schlitzten auf, und Äxte und Schlagmesser sausten auf die Gelenke herab, zerhieben krachend die Knochen. In kürzester Zeit war der Engel in dreißig Teile zerlegt, und ein jedes Mitglied der Rotte grapschte sich ein Stück, zog sich, von wollüstiger Gier getrieben, zurück und fraß es auf. Eine halbe Stunde später war Jean-Baptiste Grenouille in jeder Faser vom Erdboden verschwunden.

Zerstörung des Individuums entspricht der postmodernen Theorie

Der Roman endet mit der Selbstzerstörung Grenouilles. Seine Rückkehr nach Paris zeigt einen desillusionierten Parfumeur, der alle Macht über die Menschen ausgekostet und sich in seine Allmachtsfantasien verliebt hat, nur um zu erkennen, „dass er sich selbst nicht riechen konnte und deshalb niemals wüsste, wer er sei". Die Einsicht, nach den eigenen Wertmaßstäben ein Nichts zu sein, bringt ihn dazu, sich selbst aufzugeben.

Er durchquert die Stadt, um genau an den Ort wieder zurückzukehren, an dem er geboren wurde. Am Cimetière des Innocents nähert er sich den Desperados, besprenkelt sich mit seinem Zauberduft und überwältigt sie damit vollkommen. Er kommt ihnen vor, als „sei (er) mit einem Mal von Schönheit übergossen gewesen wie von strahlendem Feuer". Besessen von der Gier, ihn vollkommen zu besitzen, fallen sie über ihn her; sie zerlegen diesen „Engel" in „dreißig Teile". Die Kannibalen vom Friedhof lieben und fressen ihn. Am Ende bleibt nichts von ihm übrig: Das ist die parodistische Pointe des Romans, die der Zerstörung des Individuums in der postmodernen Theorie entspricht.

„Die neue Unübersichtlichkeit"

Der Konsens darüber, wie über die Gesellschaft nachzudenken sei, bröckelt. Der Philosoph Jürgen Habermas nennt diese Tendenz in einer Studie 1985 „Die neue Unübersichtlichkeit". Eine Vielfalt von Konzepten prägt die Szene der Literatur und Literaturwissenschaft in den 80er-Jahren. Aus der Kritik an der kapitalistischen Gesellschaft wird die selbstironische Teilhabe an der Konsumgesellschaft, aus dem kritischen und engagierten Intellektuellen der zynische Beobachter, den Peter Sloterdijk in seinem Buch ‚Kritik der zynischen Vernunft' 1983 definiert. Das Projekt der Moderne, die Aufklärung, die politische Indienstnahme, sei gescheitert.

„Anything goes"

„Anything goes" ist die Parole, die der Wissenschaftskritiker Paul Feyerabend 1975 ausgibt: Kunst und Wissenschaft werden austauschbar, feste Grenzen übersprungen. Wenn alles geht, geht auch nichts mehr in vollem Ernst. Das Wissen um das Scheitern der vergangenen Konzepte lässt unterschiedliche Positionen zur gleichen Zeit zu, die mit augenzwinkerndem Unernst vorgetragen werden. Die Postmoderne stellt die Frage, welche Rolle Literatur – gemeint ist im Wesentlichen erzählende Literatur – in der modernen Gesellschaft noch spielen kann, nachdem als sicher geglaubte Positionen geräumt werden mussten. Die revolutionären Positionen der 60er-, die alternativen der 70er-Jahre gelten als überholt.

„Cross the border, close the gap"

Die neuen Positionen werden schon früh, wenn zunächst auch wenig beachtet, öffentlich formuliert. Bereits 1968 beschreibt der amerikanische Literaturwissenschaftler Leslie Fiedler in seinem Freiburger Vortrag das „Zeitalter der neuen Vernunft", den Todeskampf der literarischen Moderne. Die Zukunft gehöre einer Literatur, die den Graben zwischen hoher und niederer Kunst schließt und auf die Genres von Science Fiction, Western und Pornografie zurückgreift. Auf einen kurzen Nenner gebracht, wird „cross the border, close the gap" zu Fiedlers Motto.

Literatur der 80er-Jahre in der DDR

Schreiben als Berichterstatten: Die Position Christoph Heins

Als Chronist des Alltags bezeichnet sich der DDR-Autor **Christoph Hein** (*1944). Seine Novelle ‚Der fremde Freund' erscheint 1982 in der DDR, unter dem Titel ‚Drachenblut' im Folgejahr auch in der Bundesrepublik. Sie gehört zu den in beiden Teilen Deutschlands meist gelesenen und viel diskutierten Büchern eines DDR-Autors. Christoph Hein schildert in diesem Buch die Erstarrung gesellschaftlicher Verhältnisse in einer kargen und sachlichen Sprache, die gerade dadurch eine Gespanntheit und Konzentration erzeugt, der man nur schwer entkommt. Die distanzierte Haltung des Erzählers prägt auch den Ton der Protagonistin, der Verzicht auf Gefühlsausbrüche lässt ihre Verletztheit besonders deutlich hervortreten. Unter der dünnen Oberfläche herrschen nackte Verzweiflung und Hilflosigkeit.

Individuelle Verletzungen als Preis moderner Industriegesellschaften

Der Erfolg in beiden deutschen Staaten macht auch deutlich, dass Heins Novelle keinen Rückschluss auf ein bestimmtes Gesellschaftssystem zulässt. Der Autor konstruiert einen gesellschaftlichen Kontext, der allgemein gehalten ist. Die seelischen Beschädigungen sind in allen modernen Zivilisationen vergleichbar. Der Roman beschreibt ein Lebensgefühl von Kälte und Isolation, das in allen Industriestaaten grassiert.

Katastrophenangst als Thema der Literatur

Christoph Heins Novelle ist eine Geschichte über den Normalzustand spätbürgerlicher Gesellschaften, über Verstörungen, wie sie der alltägliche Wahnsinn produziert. Wie verheerend die Folgen erst sein müssen, wenn technische Katastrophen in diese Normalität einbrechen, wird zu einem zentralen Thema in der Literatur der 80er-Jahre.

• Monika Maron ‚Flugasche'

Angst resultiert aus Katastrophen unterschiedlicher Art. In **Monika Marons** (*1941) erstem Roman **‚Flugasche'** (1981) ist es der leichtsinnige oder bedenkenlose Umgang mit gefährlichen Substanzen. Sie schildert die Umweltkatastrophe, die das Kohlekraftwerk Bitterfeld produziert. Monika Maron, die selbst lange Jahre als Journalistin bei der Berliner Zeitschrift ‚Wochenpost' gearbeitet hat, bekommt die Berührungsängste der Kulturfunktionäre mit kritischen Wahrheiten zu spüren. Kritik an der Industrie der DDR gilt als Tabu. Ihr Roman kann daher zunächst nur in der Bundesrepublik veröffentlicht werden.

• Christa Wolf ‚Kassandra'

1983 erscheint **Christa Wolfs** Erzählung **‚Kassandra'**. Sie nennt den Text eine „Schlüsselerzählung". In ihren Frankfurter Poetik-Vorlesungen berichtet sie, wie die Beschäftigung mit den Mythen der Griechen sie dazu gebracht habe, die Probleme von heute mit den Augen von Homer und Aischylos zu sehen: die Frage von Krieg und Frieden, die Forderung nach der Autonomie der Frau. Die ernüchternde Wahrheit ihrer Erzählung ist, dass die Sieger von heute nur die Verlierer von morgen sein werden, die Hoffnung auf ein „Ende der Geschichte" nach der letzten Schlacht ein frommer Wunsch ist. Jenseits aller aktuellen Anlässe lässt sich ihre Botschaft leicht erkennen: Jeder Krieg ist mit Illusionen gepflastert. Wer davor warnt, wird mit dem Schicksal Kassandras bedroht: Er wird im besten Fall als wahnsinnig, als unpatriotisch, als Kollaborateur bezeichnet, möglicherweise auch eingesperrt oder ermordet.

Pop-Kultur: Literatur der 90er-Jahre

Benjamin von Stuckrad-Barre: ‚Soloalbum'

Der Beginn einer neuen Epoche – die Wende kommt völlig überraschend

Am Ende der 80er-Jahre stellt sich die politische Welt völlig verändert dar. Der Zerfall des Ostblocks bezeichnet das Ende einer Epoche. Die Wende im Herbst 1989 trifft Ost und West unvorbereitet. In der DDR beginnt nach einer kurzen Phase der Euphorie der Alltag der Wende. Erscheint die Wiedervereinigung als Ereignis, das wie im Rausch errungen wurde, folgt die Ernüchterung auf dem Fuß. Der abrupte Wandel nahezu aller politischer, ökonomischer und sozialer Rahmendaten zwingt Deutschland zu einer Anpassung, auf die das Land nicht vorbereitet ist.

Abrechnung mit der intellektuellen Elite der DDR

Für die Schreibenden in der Bundesrepublik kommt die deutsche Einheit aus heiterem Himmel. Man hatte sich mit der Teilung Deutschlands arrangiert, die

DDR als Realität akzeptiert, die Forderung nach Wiedervereinigung dagegen als Relikt aus den Zeiten des Kalten Krieges verstanden und abgewiesen. Viele Intellektuelle sind sprachlos, als es 1990 plötzlich um die Frage einer nationalen Identität geht. Der völlige Zusammenbruch der DDR ist dann die hohe Zeit der Abrechnung mit den Intellektuellen in Ost und West, die sich nicht offensiv genug vom sozialistischen System distanziert haben. Sie speist sich auch aus dem schlechten Gewissen, unter dem die intellektuelle Elite leidet. Viele müssen befürchten, lange auf der falschen Seite gestanden zu sein. Als wäre alle historische Erfahrung in den Wind geblasen, wüsste man nichts vom „Sympathisanten-Streit“ der 70er-Jahre, bricht mit der Vereinigung ein heftiger deutsch-deutscher Literaturstreit aus. Wieder geht es um die Rolle des Schriftstellers und des Intellektuellen im Verhältnis zur politischen Macht. Ins Visier geraten nun ausgerechnet diejenigen, die als staatskritische Elite gegolten haben. Diese Generalabrechnung der frühen 90er-Jahre geht zunächst aus vom literarischen Stellenwert der in der alten Bundesrepublik so geschätzten dissidentischen oder oppositionellen DDR-Literatur. Sie bezieht dann auch die politische Haltung der Denkenden und Schreibenden im Westen ein und setzt sich fort im Streit über den (mangelhaften) Unterhaltungswert der jüngeren deutschen Literatur überhaupt. Lautstark, hämisch und ungerecht wird hier mit Worten gefochten. ‚Maulhelden und Königskinder‘, so der Titel eines Buches, das die zentralen Texte der Debatte versammelt, gehen mit schwerem Säbel aufeinander los.

Jüngere Autoren fühlen sich von Grabenkämpfen etablierter nicht betroffen

Viele der jüngeren Autoren sehen dieser Schlammschlacht unbeteiligt und unbeeindruckt zu. Sie fühlen sich von den Grabenkämpfen der etablierten Intellektuellen nicht betroffen, setzen sich locker über die „political correctness“ hinweg. Ihr Bezugspunkt ist der Punk der frühen 80er-Jahre, wie ihn Rainald Goetz in ‚Subito‘ zum Ausdruck gebracht hat. Gegenwärtige gesellschaftliche Zustände mit kritischer, ironischer oder sonst wie gebrochener Distanz erzählerisch zu gestalten, kommt ihnen nicht in den Sinn.

Pop-Literatur – ein indirekter Zugang zur Literatur

Es sind junge Autoren. Die Protagonisten der Pop-Literatur entstammen zwar nicht alle der gleichen Altersgruppe – Christian Kracht ist 1966 geboren, Benjamin von Stuckrad-Barre 1975, Benjamin Lebert 1982 –, aber die Autoren verbindet ein eher indirekter Zugang zur Literatur. Sie sind aufgewachsen mit Computernetzwerken und haben ihre Erfahrungen im Medienbetrieb als Musiker, DJ oder einfach nur als Pop-Fan gemacht. Wie die Love-Parade, die während der 90er-Jahre mit Trucks und Techno-Musik durch die Straßen Berlins zieht und Hunderttausende von Jugendlichen anzieht, wird auch Literatur als Massen-Event gestaltet. Die Autoren haben keine Scheu davor, sich selbst zu inszenieren. Sie durchschauen die Mechanismen der Massenmedien und bedienen sich sehr effektiv der Strategien der Meinungsbildung. Die meisten Popliteraten arbeiten nicht nur multimedial, sondern schreiben auch für unterschiedliche Publikationsformen.

Die Grenzen verschwimmen

Die Grenzen zwischen E und U, zwischen anspruchsvoller und unterhaltender Literatur verschwimmen. Leslie A. Fiedlers Motto aus den sechziger Jahren „Cross the Border, Close the Gap" wird jetzt wirklich realisiert.

Pop hat zu dieser Zeit in der visuellen Kunst zu einem steilen Höhenflug angesetzt, begleitet von einem polemischen Diskurs, wonach endlich die „Hochkunst" vom Sockel zu stürzen und durch die niederen, publikumsnahen Künste zu ersetzen sei. Pop-Art zitiert dabei die Phänomene des Massenkonsums: die Coca-Cola-Flaschen und Campbell-Suppendosen Andy Warhols, die Dart-Scheiben, amerikanischen Flaggen oder schablonisierten Ziffern im Werk Robert Rauschenbergs. Popmusik dagegen ist das Bad in der Menge: Der kommerzielle Erfolg verdankt sich einer allgemeinen Verfügbarkeit, dem Anspruch von Unmittelbarkeit und glanzvoller Oberflächlichkeit, dem Wunsch, nicht mehr als die Leichtigkeit des Seins zu verkörpern.

Ausrichtung auf das Jetzt

In der Mitte der 90er-Jahre finden sich diese Phänomene auch in der Literatur wieder. Junge Schriftsteller treffen bei einem Massenpublikum auf unerwarteten Zuspruch. Sie wenden sich an ein jugendliches Forum, dessen durch die Medien geprägte Alltagswelt in ihren Texten wiedererkennbar wird. Markenlogos und Lifestyle-Accessoires werden als Kenntnisstand vorausgesetzt. Die Autoren suchen ihr Material gerade dort, wo die Hochliteratur sich indigniert fernhält. Sie wenden sich der Oberfläche zu, ohne dabei selbst oberflächlich sein zu wollen. An die Stelle von Erinnerungsprozessen tritt die Ausrichtung auf das Jetzt, gespeichert und reproduziert werden die flüchtigen und vergänglichen Momente. Eine erhöhte Aufmerksamkeit für die Oberfläche korrespondiert mit der Vernachlässigung von gedanklichem Tiefgang. Popliterarische Texte zeichnen sich durch formale Eingängigkeit aus, einfache Prosa- oder Lyrikformen, die mit Formeln der Umgangs- oder Szenesprache gespickt sind.

Benjamin von Stuckrad-Barre: ‚Soloalbum'

Pop-Literatur ist der Begriff, der ihnen am ehesten entspricht, auch wenn die Definition heillos durcheinandergeht. Gemeint ist eine Literatur, die nicht nur bedeutende Momente, sondern auch die scheinbar unbedeutenderen hervorhebt, die erwartbare Zusammenhänge verweigert, Alltagsphänomene zitiert, protokolliert, kopiert, inventarisiert.

Der erfolgreichste der Pop-Autoren ist sicher **Benjamin von Stuckrad-Barre**, ein versierter Selbstdarsteller, der die Medien gut kennt. Bevor er als Schriftsteller bekannt wurde, hat er als Gag-Schreiber, als Kolumnist für die ‚FAZ' und den ‚Rolling Stone' gearbeitet, eine eigene Literatursendung beim Musiksender MTV moderiert und mit dem Theaterregisseur und Performancekünstler Christoph Schlingensief zusammengearbeitet. Sein literarischer Durchbruch wird der Roman **‚Soloalbum'** (1989).

Benjamin von Stuckrad-Barre: ‚Soloalbum'

Auf solchen Parties bin ich immer schnell traurig über die horrende Anzahl von schönen Frauen, die man niemals sprechen oder gar küssen wird. Mit einer ziemlich schrecklichen Frau komme ich dann ins Gespräch über den Film. Ich schätze mal, über ihrem Bett hängt in DIN-A 0 der sterbende Soldat, auf dem Boden steht eine Lavalampe. Sie hört gerne Reggae. Scheiß Pearl Jam findet sie „superintensiv", auf ihre CDs von Tori Amos und PJ Harvey hat sie mit Edding geschrieben „♀-Power rules", selbst einem Comeback von Ina Deter stünde sie aufgeschlossen gegenüber. Als Nachthemd dient ihr treu ein zerschlissenes „Abi 1987"-T-Shirt, neben ihrem Bett (einer Matratze!) liegen lauter Armbändchen aus Ecuador oder so, solche, die auch zuhauf an Wolfgang Arschgesicht Petry dranhängen, die sie aber zum Großteil hat ablegen müssen, weil sie auf den Dreck allergisch reagiert. Auch allergisch reagiert sie auf die Spice Girls, die findet sie völlig scheiße. Harald Schmidt ist ein Nazi, Pippi Langstrumpf und Che kleben auf ihrer Zimmertür, und sie raucht keine Zigaretten, bloß Hasch manchmal, und ihr Fahrrad ist ganz alt, weil einem neue Fahrräder ständig geklaut werden, und Taxifahren findet sie „dekadent". Wenn sie ihre Eltern besucht, ißt sie da nur Salat, damit die Eltern sich Sorgen machen, in der WG aber gibt es Folien-Fleischwurst, kein Problem. Im Sommer ist sie mehrere Wochen in Griechenland, und Herbert Grönemeyer mag sie nicht mehr so wie aber früher mal. Sie trinkt Apfelsaftschorle.

Der Anlass der Romanhandlung ist so banal wie bezeichnend: Der Ich-Erzähler wird von seiner Freundin verlassen und erkennt erst jetzt, wie sehr sie ihm fehlt. Ein Standardthema in der Weltliteratur wie in der Pop Musik. Der Titel des Romans ‚Soloalbum' bezeichnet die Situation zutreffend: Auf sich gestellt, muss der Held den Alltag bestehen; „Soloalben sind fast immer scheiße", findet er mit einigem Selbstmitleid. Er sucht seinen Ausweg aus der Tristesse, indem er sammelt und archiviert – „zur Ablenkung (und zum Vergnügen)", was ihm zwischen die Finger kommt: Parties, Musik, „die nackten Mädchen aus der *Bild*-Zeitung".

Sammeln und Archivieren als Bewältigungsmuster

Der Textauszug zeigt den Protagonisten als Routinier von Beziehungen. Mit lässiger Arroganz stellt er sich als Blender dar, der vorgibt, Bescheid zu wissen, dabei gleichzeitig zu erkennen gibt, dass er den eigenen Vorurteilen folgt und doch vermutlich nicht ganz danebenliegt. Aus seinen Vermutungen über das Ambiente eines Mädchenzimmers schließt er auf die Einstellungen seiner Bewohnerin. Das funktioniert deswegen, weil er stilsicher einen Katalog von Beobachtungen zusammenstellt.

Der Erzähler als Blender

Das beginnt damit, dass der Erzähler die Haltung eines einsamen Wolfs einnimmt („Auf solchen Parties bin ich immer schnell traurig") und aus der Distanz heraus seine pointierten Beobachtungen formuliert. Er weiß nichts über die Frau, die er beschreibt („Ich schätze mal"). Aus seinen wilden Assoziationen kristallisiert sich ein Charakterbild heraus, das jeder konkreten Grundlage ent-

Wilde Assoziationen

behrt. Trotzdem ergeben die abstrusen politischen Einsprengsel von der „Lavalampe“ über die Accessoires „aus Ecuador oder so“ bis zu den widersprüchlichen Verhaltensweisen ein plastisches Bild dieser Frau. Am Schluss der Passage schlägt der Autor den Bogen zurück zur Ausgangssituation („Sie trinkt Apfelsaftschorle“).

Narzisstische Haltung

Der Erzähler sieht sich in seiner anfänglichen Einschätzung bestätigt („Mit einer ziemlich schrecklichen Frau komme ich dann ins Gespräch“) und kann seine narzisstische Haltung beibehalten. Dass Stuckrad-Barre diese Einschätzung für die Leser nachvollziehbar werden lässt, zeigt einen Balanceakt zwischen Originalität und Plausibilität, den er mit großer Stilsicherheit meistert.

Durchbruch der Pop-Literatur 1995 mit Christian Krachts Roman ‚Faserland‘

Der Beginn der Erfolgsgeschichte der deutschen Pop-Literatur setzt bereits drei Jahre vor Stuckrad-Barres Durchbruch ein. Er datiert mit dem Erscheinen von **‚Faserland‘** im Jahr 1995. Sein Autor **Christian Kracht** hat lange Jahre beim Zeitgeist-Magazin ‚Tempo‘ gearbeitet. ‚Faserland‘ ist sein Debutroman. Die Reise des Protagonisten quer durch Deutschland lässt ein „Fatherland“ der 90er-Jahre erkennen, das tatsächlich so zerfasert ist, wie sein Held es erlebt. Bedeutung kann es allenfalls als Märchentext finden, Sinn wird weder gesucht noch vermisst.

Der Autor als DJ – es geht um den authentischen Sound

Die Pop-Autoren greifen auf Techniken eines DJ zurück. Rainald Goetz etwa beschreibt in seiner Erzählung ‚Rave‘ (1998) auf mehreren Seiten, wie ein DJ vorgeht, der Platten auswählt, die Geschwindigkeit der neuen an die laufende anpasst, beide mischt, scratcht und die Reaktionen seines Publikums einbezieht. Abrupte Schnitte, rasche Wechsel, hohes Erzähltempo, Flashlights, Überblendungen, wechselnde Perspektiven sind Stilmittel, die er selbst auch in seinem Text benutzt. Wie bei einem Musikstück geht es der Pop-Literatur um den authentischen „sound“, das echte Lebensgefühl. Damit ändert sich auch der Kontakt zum – überwiegend jugendlichen – Publikum. Die Autoren überschreiten die Grenzen des traditionellen Literaturbetriebs. Häufig finden ihre Lesungen in Kneipen, Discos und Fabrikräumen statt, House und Techno spielen dabei eine wichtige Rolle.

„Poetry Slams“ suchen den Event

„Poetry Slams“ gehen konsequent auf diesem Weg weiter und suchen den Event. Sie „haben mit herkömmlichen literarischen Lesungen wenig gemein. Mit den Slams hat die Literatur endlich zurück in die Clubs und Bars (➤ S. 114), zurück ins Nachtleben gefunden.“ Ihre Vorbilder sind die Rap-Contests in den amerikanischen Großstädten, die vor allem in den schwarzen Communities ausgetragen werden. Poetry Slams weisen aber auch zurück auf die Tradition der DADA-Cabarets (➤ S. 120) in Zürich und Berlin. Sie geben der Literaturszene in den 90er-Jahren neue Impulse, indem sie ein Publikum ansprechen, das mit Belletristik im klassischen Sinn nichts mehr am Hut hat. Sie verfrachten die Literatur aus einer gepflegten bildungsbürgerlichen Nische mitten ins volle Leben hinein und geben ihr damit Kultstatus, eine Bedeutung, die der Literatur von den Kritikern von FAZ und Zeit bereits abgesprochen worden war.

Bestseller der 90er-Jahre

Unabhängig von allen Trends und Literaturszenen setzt sich in der Belletristik der 90er-Jahre eine Erfolgsgeschichte fort, die sich mit Patrick Süskinds Roman ‚Das Parfum' angekündigt hat: anspruchsvolle, spannend geschriebene Bücher, die auf die deutschen und internationalen Bestsellerlisten gelangen.

Bestseller der 90er-Jahre

Ein unbestrittener Welterfolg gelingt 1995 **Bernhard Schlink** (* 1944) mit seinem Roman **‚Der Vorleser'**. Er erhält zahlreiche internationale Literaturpreise und wird zu einem Oscar-preisgekrönten Hollywood-Film verarbeitet.

Bernhard Schlink ‚Der Vorleser'

Dabei ist das Thema des Romans, der Umgang mit der NS-Vergangenheit, nicht neu. Schlink versetzt es allerdings mit ungewohnten Zutaten: Sein Ich-Erzähler berichtet zunächst von seiner Schülerliebe zu einer zwanzig Jahre älteren Frau. Das Verhältnis beginnt in den 50er-Jahren, als der sexuell unerfahrene Gymnasiast seiner Geliebten, einer Straßenbahnfahrerin, begegnet. Sie führt ihn in die Liebe ein, er liest ihr klassische literarische Texte vor: „Vorlesen, duschen, lieben und noch ein bißchen bei einander liegen – das wurde das Ritual unserer Treffen." Ohne Erklärung verschwindet sie eines Tages aus seinem Leben.

1. Teil: Die Liebesgeschichte

Eine überraschende Wendung bestimmt den zweiten Teil des Romans. Der Erzähler studiert Jura und sieht seine Geliebte zufällig wieder, als er einen Prozess beobachtet. Sie steht als Angeklagte vor Gericht und wird beschuldigt, als Aufseherin im KZ Auschwitz für den Tod von Gefangenen verantwortlich gewesen zu sein. Sie wird vor allem durch einen Bericht für die SS belastet, den sie selbst geschrieben haben soll. Der Erzähler weiß, dass sie, die Analphabetin ist, dazu gar nicht in der Lage gewesen sein kann. Er könnte sie mit seiner Aussage entlasten, müsste dann aber zu seiner früheren Geliebten stehen und sein Entsetzen über ihr Verhalten beiseiteschieben. Er kann nicht über seinen Schatten springen. Seine ehemalige Geliebte wird daher zu lebenslänglicher Haft verurteilt.

2. Teil: Der Auschwitz-Prozess

Der dritte Teil wirkt wie ein Rechenschaftsbericht des Erzählers: Er nimmt wieder Kontakt zu der Inhaftierten auf und schickt ihr Literaturkassetten, die er selbst bespricht. Mit ihrer Hilfe soll sie lesen und schreiben lernen. Er bringt es aber nicht über sich, persönliche Bemerkungen beizufügen. Nach 18 Jahren Haft wird sie begnadigt. Der Erzähler soll ihr bei der Wiedereingliederung in die Gesellschaft helfen. Am Tag vor der Entlassung erhängt sie sich.

3. Teil. Der Rechenschaftsbericht

Alle Querverweise im Überblick:

Sinnliche Erfahrung – Naturbegriff: S. 187 ➛ 32
Peter Schneider – ‚Lenz': S. 188 ➛ 82
‚Werther': S. 193 ➛ 28 ff.
Bars und Cabarets: S. 202 ➛ 114
Poetry Slams – DADA: S. 202 ➛ 120

Zusammenfassung:

Gegenwartsliteratur 1970 – 2000

Die 70er-Jahre beginnen mit dem **Versprechen politischer Entspannung**, wirtschaftlicher Sicherheit und innerer Reformen. Die hoffnungsvollen Perspektiven weichen jedoch der Einsicht in die Begrenztheit einer nationalen Reformpolitik angesichts internationaler Spannungen und einer Weltwirtschaftskrise. In der zweiten Hälfte des Jahrzehnts verdüstern sich die Zukunftserwartungen der Deutschen. Zahlreiche interne und externe, gesteuerte und spontane Prozesse führen schließlich zu dem, was man als gesellschaftspolitische **„Wende"** bezeichnet, die politisch mit dem Regierungswechsel 1982 von der SPD/FDP-Koalition zur CDU/FDP-Koalition" einsetzt.

Als **„Erfahrungshunger"** kann man den Ansatz von Autoren in den 70er-Jahren beschreiben, die eigenen Erfahrungen authentisch zu vermitteln, autobiografische Erfahrungen als Grundlage des Schreibens zu wählen. **Selbsterfahrungstexte**, **Memoiren**, **Tagebücher** treten an die Stelle von Protokollen oder Dokumentationen in der politisierten Literatur der 60er-Jahre.

Gegen Ende der 70er-Jahre stehen **enttäuschte Figuren im Zentrum der Romane**: Sie zeigen die tiefe Verunsicherung, mit der gerade die Intellektuellen auf die frustrierten Hoffnungen, die während der Aufbruchsjahre der Studentenbewegung geweckt wurden, reagieren. Auch das **Drama der Neuen Subjektivität** schildert Figuren, die sich vor allem in **Sensibilität**, **Überempfindlichkeit**, **Orientierungsverlust** und schließlich Ohnmacht äußern. Versuche, sich aus dem Zustand einer allgemeinen Entfremdung zu befreien, scheitern.

Der Konsens darüber, wie über die Gesellschaft nachzudenken sei, bröckelt. Eine neue Unübersichtlichkeit, eine Vielfalt von Konzepten prägt die Literatur der 80er-Jahre.

Anything goes, aber wenn alles geht, geht auch nichts mehr in vollem Ernst. Das Wissen um das Scheitern der vergangenen Konzepte lässt unterschiedliche Positionen zur gleichen Zeit zu, die mit augenzwinkerndem Unernst vorgetragen werden. Die **Postmoderne** stellt die Frage, welche Rolle Literatur in der modernen Gesellschaft noch spielen kann, nachdem als sicher geglaubte Positionen geräumt werden mussten. Die revolutionären Positionen der 60er-, die alternativen der 70er-Jahre gelten als überholt. Wirklichkeit und Erzählung seien nicht mehr zu unterscheiden, der historische Prozess löse sich auf; es gebe nur noch Vorstellungen darüber, wie Geschichte möglicherweise verlaufen sein könnte. **Merkmale der Postmoderne** sind demnach das **Verschwinden der Realität**, **Intertextualität**, d.h. ein Versteckspiel des Autors, und ein **Rückgriff auf die Welt der Mythen**.

Die Autoren der DDR sehen die Ära Honecker als Chance, aus dem engen Korsett des sozialistischen Realismus auszubrechen und die eigene Wirklichkeit kritisch zu hinterfragen. Auf eine kurze Liberalisierungsphase folgt allerdings die Desillusionierung. Der Traum einer Versöhnung von Literatur und Politik wird durch das **Verbot von Veröffentlichungen** und die **Ausweisung von Autoren** beendet – letztlich vergebliche Bemühungen, den eigenen Machtanspruch aufrecht zu erhalten. Der **Zusammenbruch der DDR** verläuft in einem für alle Beteiligten ungeahnten Tempo. Kurz nach den Feiern zum 40-jährigen Bestehen ist alles zerschlagen, was diesen Staat einmal ausgemacht hat.

In den **90er-Jahren** werden sehr bald auch die **sozialen und ökonomischen Kosten der Einheit** deutlich. Die Enttäuschung in beiden Teilen Deutschlands ist groß.

Die Literatur in den neuen Bundesländern in den 90er-Jahren kommentiert die Veränderungen der Nachwende-Zeit mit viel **Ironie** und **Sarkasmus**. Die Rolle der Intellektuellen als moralische Autoritäten ist nicht mehr gewünscht. Es geht jetzt darum, die alltäglichen Lebenserfahrungen der Menschen nachzuzeichnen.

Pop-Literatur wendet sich der Oberfläche vor allem **jugendlicher Alltagswelten** zu, will dabei aber nicht oberflächlich sein. Die Autoren sind an der Gegenwart interessiert, sie wollen genau beschreiben, aber keinen tieferen Sinn suchen. Sie gehen deshalb aber nicht unkritisch mit der von ihnen wahrgenommenen Warenwelt um.

Spannend geschriebene und **unterhaltsame Literatur**, die sich auf den internationalen Bestsellerlisten etablieren kann, gibt es auch in der deutschen Literatur der 90er-Jahre. Um wirklich erfolgreich zu sein, darf sie sich vom „Mainstream" allerdings nicht zu weit entfernen.

Poetry Slams und **Netzliteratur** sind Formen von Literatur bzw. von Literaturinszenierungen, die sich von der Vorstellung lösen, Texte müssten zwischen zwei Buchdeckeln erscheinen. Sie legen auf die mündliche Präsentation in einer jugendlichen Szene, auf **Computer und Internet als Verbreitungsmittel** und als **neue Gestaltungs- und Lesemöglichkeiten** Wert.

M

N

O

P

R

S

T

U

V

W

Z

Bildquellennachweis

Seiten 6, 70, 71, 76, 124: AKG, Berlin; Seite 11: Wikimedia Foundation Inc., St. Petersburg FL; Seiten 16, 48, 54, 60, 104: Schiller-Nationalmuseum, Marbach; Seiten 17, 97: Philipp Reclam jun. Verlag GmbH, Ditzingen; Seite 26: Gloel, Heinrich: Goethes Wetzlarer Zeit. Bilder aus der Reichskammergerichts- und Wertherstadt, Berlin 1911; Seite 27: ÖNB Bildarchiv, Wien: NB 501.514-B; Seite 40: Staatsgalerie Stuttgart © Foto: Staatsgalerie Stuttgart; Seiten 41, 84, 85: BPK, Berlin; Seite 48: SWKK, Weimar; Seite 55: Museum Georg Schäfer, Schweinfurt; Seiten 80, 133, 169: Ullstein Bild GmbH, Berlin; Seite 89: Wikimedia Foundation Inc.; Seite 96: museum kunstpalast, Düsseldorf, Gemäldesammlung; Seite 108: Foto: AKG/Erich Lessing, Berlin / © VG Bild-Kunst, Bonn 2009; Seite 108: AKG, Berlin, © The Munch Museum, The Munch Ellingsen Group, VG Bild Kunst, Bonn 2009; Seite 112: Ullstein Bild GmbH (Thomas-Mann-Archiv), Berlin; Seite 128: Deutsches Literatur-Archiv, Marbach, www.dla-marbach.de; Seite 129: Städtische Kunsthalle Mannheim, Foto: Kunsthalle Mannheim, Margita Wickenhäuser; Seite 142: AKG, Berlin / © VG Bild-Kunst, Bonn 2009; Seite 151: Ullstein Bild GmbH (Granger Collection), Berlin; Seite 158 und 159: Ullstein Bild GmbH (H-D. Sallein), Berlin; Seite 174: Picture-Alliance (akg-images), Frankfurt; Seite 178: Picture-Alliance (Berg), Frankfurt; Seite 184: © VG Bild-Kunst, Bonn 2009, Estate of Roy Lichtenstein, N.Y.; Seite 185: archivberlin (J. Henkelmann), Berlin

Textquellennachweis

Seiten 98/99: Gerhart Hauptmann: Die Weber (Textauszug). Gesammelte Werke. Dramen. Propyläen, Berlin 1967; Seite 115: Jakob van Hoddis: Weltende. Aus: Dichtungen und Briefe. Hrsg. von Regina Nörtemann. Arche Verlag AG, Raabe + Vitali, Zürich 1987; Seite 118: Georg Trakl: Grodek. Das literarische Werk. Aufgrund der historisch-kritischen Ausgabe von Walther Killy und Hans Szklenar. Deutscher Taschenbuch Verlag, München 1972; Seiten 122/123: Frank Kafka: Brief an den Vater. Fischer Taschenbuch Verlag, Frankfurt/M. 1975, S. 10 f., 50 f.; Seiten 131/132: Alfred Döblin: Berlin Alexanderplatz. Deutscher Taschenbuch Verlag, München 1997; Seite 134: Erich Kästner: Sachliche Romanze. Aus: Das Große Erich Kästner Lesebuch: Deutscher Taschenbuch Verlag, München 1999, S. 115; Seite 136: Bertolt Brecht: Das Theater als Sport (1920). Zitiert in: Sabina Becker: Neue Sachlichkeit. 2 Bände. Bd. 2. Quellen und Dokumente. Bühlau, Köln/Weimar/Wien 2000, S. 242; Seite 137: Irmgard Keun: Das kunstseidene Mädchen. List Verlag, München, 2003, S. 8, 45; Seite 146: Oskar Loerke: Der Silberdistelwald. Aus: Die Gedichte. Suhrkamp Verlag, Frankfurt/M. 1958, S. 402; Seiten 149/150: Bertolt Brecht: Der gute Mensch von Sezuan. Suhrkamp Verlag, Frankfurt/M. 1968, S. 144; Seite 152: Klaus Mann: Der Wendepunkt. Rowohlt Taschenbuch Verlag, Reinbek 1984; Seite 160: Wolfgang Borchert: Das ist unser Manifest. In: Heinz Ludwig Arnold (Hrsg.): Die deutsche Literatur 1945 – 1960, Bd. II: „Doppelleben" 1949 – 1952. Deutscher Taschenbuch Verlag, München 1995, S. 67 f.; Seite 161: Wolfgang Borchert: Draußen vor der Tür. Rowohlt Verlag, Reinbek 1967; Seiten 162/163: Ingeborg Bachmann: Früher Mittag. Aus: Die gestundete Zeit. Werke, Bd. 1. Piper Verlag, München/Zürich 1978, S. 44 f.; Seiten 167/168: Günter Grass: Hundejahre. Aus: Das literarische Werk in 17 Bänden. Bd. 5. Steidl Verlag, Göttingen 1997, S. 597; Seite 173: Max Frisch: Andorra. Aus: Gesammelte Werke in zeitlicher Folge in sieben Bänden. Suhrkamp Verlag, Frankfurt/M. 1968, S. 144; Seite 175: Friedrich Dürrenmatt: Theaterprobleme. Diogenes Verlag AG, Zürich 1998; Seiten 176/177: Friedrich Dürrenmatt: Die Physiker. Diogenes Verlag AG, Zürich; Seite 179: Christa Wolf: Der geteilte Himmel. Deutscher Taschenbuch Verlag, München 1973, S. 161 ff.; Seite 187: Peter Schneider: Das Licht am Ende des Erzählens. In: Heinz Ludwig Arnold (Hrsg.): Bestandsaufnahme Gegenwartsliteratur. Text und Kritik Sonderband. München 1983; Seiten 187/188: Peter Schneider: Lenz. Rotbuch Verlag, Berlin 1973; Seite 190: Bernward Vesper: Die Reise. Rowohlt Verlag, Reinbek 1983; Seiten 192/193: Ulrich Plenzdorf: Die neuen Leiden des jungen W. Suhrkamp Verlag, Frankfurt/M. 1976; Seiten 195/196: Patrick Süskind: Das Parfum. Die Geschichte eines Mörders. Diogenes Verlag, Zürich 1985; Seite 201: Benjamin von Stuckrad-Barre: Soloalbum. Roman. Goldmann Verlag, München 2003

Nicht in allen Fällen war es uns möglich, den Rechteinhaber der Abbildungen und Texte ausfindig zu machen. Berechtigte Ansprüche werden selbstverständlich im Rahmen der üblichen Vereinbarungen abgegolten.